汲古叢書143

松崎つね子 著

睡虎地秦簡と墓葬からみた楚・秦・漢

汲古書院

目　次

睡虎地秦簡と墓葬からみた楚・秦・漢

解題に代えて

髙村武幸

本書は、元明治大学文学部教授・松崎つね子氏が公刊した論考の中から一〇編を選んで、一書にまとめたものである。

松崎氏は病気のため、二〇〇二年度を以て明治大学を退職されたが、在職中に数名の大学院生等に論考をまとめる意思のあることを述べていた。ただ、病気のため、退職後、論考をまとめて公刊することが難しい状況であった。また、『睡虎地秦簡』（明徳出版社、二〇〇〇年）の著作があるように、松崎氏は睡虎地秦簡を用いた研究でも学界に知られていたが、退職と時を同じくして張家山漢簡「二年律令」の公開があった。そのため、内容上、一書にまとめるにあたっては睡虎地秦簡だけではなく、「二年律令」の内容を踏まえた書き直しを考慮する必要などもあったため、退職後間もなくの出版は断念せざるを得なかった。

ただし、本書に収めた論考を一読すればわかるように、松崎氏の睡虎地秦簡を用いた論考は、必ずしも「二年律令」の内容を踏まえなければならないという内容ではない。その点でいえば、同種の史料としてひとくくりにされがちな睡虎地秦簡と張家山漢簡の史料的性格の差異を明確化しうる意義がある。また、実際に日常的に松崎氏の講義などを聞いていた人間にとっては、漆器や墓葬といった考古学的資料を大量に用いた議論を展開し研究を進めていた印象も強い。事実、論文もそうした内容のものがかなり多く、これらは二〇一六年現在、根拠となった考古学的資料はやや古めではあるものの、学術的価値が失われているとは考え難い。さらに状況を大きく変えたのが里耶秦簡の公開である。二〇〇三年にごく一部の内容が公開された里耶秦簡は、その後の湖南省文物考古研究所編『里耶秦簡　壱』（文物出版社、二〇一二年）の出版などによってその内容が明らかになってきたが、統一秦の公文書群として貴重であるばかりか、かつての楚領域の中に存在した秦の遷陵県の公文書群であるという史料的性格が、松崎氏の論考の論点と関わるところが少なくなかった。

こうしたことから、現在の研究状況に鑑みて関心を持たれそうな論考を選んで一書にまとめる方向で、二〇一五年六月に松崎氏から出版への御許可を得た。その後、かつて学部・大学院や、財団法人東洋文庫での研究会の際に、松崎氏に教えを受けた経験のあるものが、松崎氏の論考をスキャンしてOCRに読み込ませ、それを手直しする形で編集して原稿化し、このたび書籍として出版することとなった。

なお、収載した各論考については、前述した通り、松崎氏ご本人が大幅に原稿に手を入れることが難しい状況であることに鑑み、基本的に誤字脱字等の訂正と、語句のある程度の統一、ならびに図表の取捨選択を実施した他は、初出時のままとしてある。そのため、各論考と現在の研究状況とにどのような関連性があるのか、わかりにくい場合もあろうかと思われる。そこで、里耶秦簡をはじめとする現在の日本国内を中心とした研究状況なども踏まえて、以下に簡単にではあるが各論考について、解題に代えた紹介を付した（一～八は文責高村、九・一〇は文責鈴木直美）。それぞれの紹介については、論文内容の紹介はごく一部にとどめ、現在の研究状況などからどの部分が関心を持てるか等に絞って述べた。

第一章　睡虎地一一号秦墓竹簡「編年記」よりみた墓主「喜」について

初出：『東洋学報』第六一巻第三・四号、一九八〇年

本論考は、睡虎地一一号秦墓の被葬者「喜」について、主に睡虎地秦簡「編年記」の記載を主とし、その出自が秦人か楚人かについて考察したものである。この論考に引き続いて、二の論考でも別の視角からこの問題を論じており、また三の墓葬に関する論考も、この問題意識の延長線にあるものとみることができよう。

「喜」の出自について議論することについては、すでに『史記』にも明らかなように、前二七八年に楚都の郢が陥落し、睡虎地秦墓所在地でもある近隣の安陸が攻略されたことが、他ならぬ「編年記」に記されている。その後、前二六二年に「喜」が生まれたことが「編年記」にみえる以上、国家的あるいは政治的な視点でいえば秦人ということになる。また、たまたま発掘されただけの墓の被葬者であり、一地方官吏に過ぎない「喜」の出自を問うこと自体、睡虎地秦簡出土の衝撃が大きかった時期ならではの問題意識、という見方もできよう。

しかし、秦に対する強烈な反感を残したことが『史記』において語られ、また秦とは異なる独自の文化伝統を有した、楚の地域の出身者が、政治的には「秦人」となったとはいえ、文化的な面やアイデンティティの面に至るまで「秦人」となっていたか、という問題は、単に竹簡の出土で一躍注目された墓の被葬者という一個人の問題を超えて、戦国から秦の統一を経て漢の成立にいたるまでの歴史の展開を考察する上で、極めて重要であろう。

実際、この問題は里耶秦簡の公開後、再度大きな問題点となってきているように思われる。渡邉英幸氏によって指摘されたように、里耶秦簡中にはこのような文化伝統をめぐる、当時の人々の認識を示す史料が存在している[1]。

⧄黔首習俗好本事不好末作其習俗槎田歳更以異中県　(J1⑧355)

里耶秦簡には、「中県」とは異なる「槎田歳更」なる習俗を保持している黔首の存在が明確に語られている。かれらがかつての楚人なのか、あるいはまた別の民族であったのかは不明であるが、政治的には「黔首」となってなお、

「異」なると認識される習俗を持っていた人々の姿が記されている。また、里耶秦簡の戸籍様簡牘にも、「荊不更」（K17・K27簡など）との記載がある。荊とはすなわち楚のことであると考えられるので、「不更該当の楚爵」といった意味に理解できる。これが楚爵を秦爵に換算したものであるとすれば、旧楚人に楚爵の保持を何らかの形で認可しつつ、秦の制度に合わせようとしていた過程の産物ともいえる。(2) このような史料の登場により、本論文の問題意識が学術的意義を改めて持ったことが理解されよう。

一方、睡虎地一一号秦墓の副葬品などから推測できる「喜」の経済力に対して、彼の「治獄」など地方少吏であったことが明確な官吏としての地位の低さのズレを指摘し、この墓が百石程度の墓の基準とはならないとしている点などは、地方少吏層に求められる財産などの様々な条件を加味して考えると、(3) あまり問題とすべきではないようにも思える。また、「編年記」を「喜」が楚人の立場で記したという松崎氏の視点を支える論拠の一つとなっている、始皇帝の諱の忌避についての言及（松崎氏は「喜」が「編年記」を書いたとの前提で検討しており、「編年記」には始皇帝の諱が忌避されていない点に「喜」の立場がのぞいているとみる）も、里耶秦簡の研究により、公文書であっても諱の死後忌避が原則であったとの指摘がなされている。(4) こうした点は、現在の研究成果からは批判されるべき、多少の古さを感じさせる部分といえる。

しかしながら、前述したように、秦の統一を中心とした前三世紀後半の歴史的展開を考える上で、睡虎地秦墓の被葬者の出自を問うてみる意義は、今日なおいささかも減じていないばかりか、里耶秦簡の出土で高まっている。その点で、本論考の学術的価値は高いと結論し得る。

第二章　湖北における秦墓の被葬者について——睡虎地一一号秦墓、被葬者「喜」と関連して——

初出：『駿台史学』第七三号、一九八八年

一に引き続き、本論考でも「喜」が楚人か秦人かを含めた議論が展開されるが、一と異なり、睡虎地秦墓の副葬品が秦系統の伝統に基づくものが多いという点を論拠にした「秦人説」に対して、被葬者の葬られ方や、副葬品の問題など、考古学的視点を中心とした検討が行なわれている。

松崎氏は、秦系統の伝統を有する器物を墓に副葬するという事実が、そのままその墓の被葬者が秦人であった事実を証明することにはならず、旧楚人でも、秦の占領・統一により秦系統以外の器物の入手が困難となったとすれば、秦系統の器物を用いることとなったのではないか、すなわち、秦系統の遺物が秦人という証明に必ずしもならないのではないか、という主張を展開されている。

この問題意識については、近年では里耶古城、すなわち楚・秦の遷陵県の住民をどう考えていくか、といった問題と直結している。発掘報告書によれば、里耶古城出土の遺物は第一期の戦国中晩期（楚系遺物）・第二期の秦代・第三期の前漢代の三期に大きく分かれるが[5]、これについて厳密にいえば楚系文化遺物の存在と楚人の存在が等号で結べるわけではない、といった籾山明氏の指摘は[6]、楚を秦に入れ替えれば、睡虎地秦墓にもあてはまる指摘といえるだろう。

無論、遷陵県の場合は、楚系の書体により「遷陵」と記してある里耶秦簡（里耶楚簡？）の存在から[7]、少なくとも秦の支配下に入る前は楚系の書体を使う人々の勢力圏下にあったと推測され、その点では楚人の存在を想定しても許されるであろう。となると、その後の秦系統遺物の存在は、この地の住人が秦に占領された後に大幅に入れ替わったのか、それとも新来の住人の他に、旧住人もかなりの数がそのまま存在しつつ秦系統文化を受容したのか、といった点の検討を必要とすることとなり、本論考で議論された内容と関わってくるのである。

また、睡虎地墓群以外の墓葬についても論及し、春秋期以来戦国期まで用いられた江陵近郊の雨台山楚墓群が、秦の支配下に入ってから墓地としての役目を終えたという指摘もあるが、これも里耶古城東北の麦茶墓地（第一期の墓地とされる）と、酉水を挟んで川向こうにある清水坪墓地（第二期・第三期の墓地とされる）との関係を考える際に、参考となる。

本論文には、単に「喜」なる一個人のアイデンティティ探索の枠を大きく超え、秦の統一がもたらした旧東方六国地域の文化的変容の実態に対する、楚を事例とした研究という評価ができるのではないだろうか。

第三章　楚・秦・漢墓の変遷より秦の統一をみる――頭向・葬式・墓葬構造等を通じて――

初出：唐代史研究会編　唐代史研究会報告第Ⅷ集『東アジア史における国家と地域』刀水書房、一九九九年

本論文は、一・二の論考に引き続いて、楚における秦の統一の考察を主題に据え、その問題について、埋葬に関わる習俗、特に墓の頭向を中心に検討したものである。頭向とは、被葬者を葬る際に、頭を向ける方角のことであり、秦は春秋以来西向である一方、楚は南向であった。旧楚の中心であった湖北省江陵・雲夢一帯は、戦国期に秦将・白起により占領されてから秦の滅亡まで約七〇年にわたり秦の支配下にあったが、本論文ではこの地域を検討の中心に据えて、頭向の変化の動向を追うという手法で、統一がもたらした影響を追う。

歴史学の問題を検討するにあたって、考古学的成果を利用することは、特に古代史においてはよく行われるが、このように一見すると考古学の論文とみまがうほど大々的に墓の構造や被葬者の安置方向などを集計した研究は現在でも珍しいのではなかろうか。無論のこと、こうした研究は利用資料の多さと、統一された基準での集計処理がものをいうのであって、現状では付け加えるべき新たな資料も増えている。また、それこそ二で示した麦茶墓地や清水坪墓地が好例となるであろうが、同じ旧楚地でも江陵以外の地域との比較なども重要となる。本論文の結論が現在なお通

用するかは、これらの新しい情報を加味して判断されるべき事柄であろう。こうした部分で、本論文公刊後十数年の年月の経過を感じないわけにはいかない。

だが、学問の性質上やむを得ないこととはいえ、簡牘出土が報じられない遺跡や墓群の発掘報告書は文字通り目を通すだけで研究にほとんど生かしていない歴史学研究者にとって、本論文は「考古学的成果の利用」とは簡牘出土遺跡に限られるものではないことを如実に示していよう。少なくとも、簡牘が大量に出土した里耶遺跡でさえ発掘報告書の『里耶発掘報告』を開くのは、里耶一号井や里耶古城の基礎データの確認のためだけになりがちな解題筆者にとっては、今一度、その他の部分にも目を通しておく必要を感得させられた。特に、里耶秦簡の公開を機に、秦の勢力拡張と統一に伴う地域社会の変容が大きな研究テーマとなりつつある現在、本論文の視点と手法はなお学術的価値を保っている。

また、単に秦・楚のみならず、中原系の影響や、漢代に入っての変化にも論及してあり、墓からみた戦国史ともいうべき内容にもなっている[8]。睡虎地秦墓の被葬者のアイデンティティを出発点とする議論は、一～三の論文でひとまず終結しているが、ここから派生して、副葬品としての漆器や、墓そのものに関する論考が生み出されている。

第四章　戦国楚の木俑と鎮墓獣について　　初出：『駿台史学』第八二号、一九九一年

本論文は、楚墓の判断基準ともされる鎮墓獣と、木俑について検討している。ここでも、墓の考古学的な知見を多く利用して、鎮墓獣副葬墓・木俑副葬墓の状況を検討するなど、三と同様の手法がとられていて、非常に考古学的色彩の強い論文となっている。

本論文の学術的意義は、楚の木俑が中原地域の陶俑に先行していると考えると、単純に人殉の代替と直結させてよ

いとはいえなくなるという点について、同じく墓に副葬される鎮墓獣に仕えるものとして木俑が副葬されたという視点を提示し、かつまた、鎮墓獣が楚的色彩の強い副葬品であるがゆえに衰退し、俑がひとがたであるという普遍性を持つ副葬品であるがゆえに、以後副葬品として広まったという仮説を立てたところにあろう。併せて木俑が後に陶俑にとってかわられる点を捉えて、南北の文化融合と、北方優勢の状況を看取する。

概説・通史的な話をする際に行なう、秦公一号大墓などの人殉事例の紹介の後に、後世これが俑に変化した、という説明が単純に過ぎる――少なくともそこに楚の木俑を事例として示してしまうことに慎重にならねばならない――可能性がある点、また南方の楚が残した後世への歴史的・文化的影響として、唐三彩などにまでつながる俑の文化を挙げられる可能性がある点などは、現在なお、批判的にではあっても継承されるべき視点である。

現在の研究状況からみると、咸陽市出土の戦国期（前四～前三世紀頃）の騎馬俑などは[9]、長江流域の木俑が陶俑に先行するという理解をし、楚の木俑の副葬が前四世紀から始まったとする本論文にとっては、比較対象として検討に加えておいてもよい資料といえる。また、戦国楚を主たる検討対象に据えた本論文ではあるものの、松崎氏本人も論文中で注記しているように、秦始皇帝陵兵馬俑や漢の景帝陽陵出土俑との関連性についての議論がない部分が惜しまれる。松崎氏自身、退職以前に陽陵の俑について大学院生等に話されることもあったが、現在、俑の歴史を考察する上では、これらの皇帝陵の俑についても触れないわけにはいかないであろう。

ただ、こうした部分は、本論文公表後、四半世紀を経過し、考古学的資料が増大の一途をたどっている点を鑑みれば、やむを得ない。本論考の最大の価値は、俑を通じて、戦国楚を中国史の中でどのように評価し位置づけるかについて、一つの有力で面白いプランを提示し得た点にあり、これは現在でも失われていない。漢によって基本的に秦制の継承がなされたために、政治・制度史的にみれば南越の滅亡後[10]、楚の存在感は急速に失われるが、本論文によれば、文化史的な面では、俑を通じて中国史上に命脈を保ったという見方もできよう。

第五章　戦国秦漢の墓葬に見る地下世界の変遷——馬王堆漢墓を手がかりに——

初出：『古代文化』第四五巻第五号、一九九三年

本論文は四に引き続き、戦国楚の地域性について墓葬を主軸に据えた議論を展開しているが、主要な検討対象は湖南省長沙で発見された前漢の馬王堆漢墓である。秦が先導する形で、墓葬構造の変化（竪穴木槨墓から洞室墓へ）・墓葬内部の変化（礼的世界から日常的世界へ）が進む中、旧楚地域では竪穴木槨墓が前漢一代にわたり維持され続けた。こうした点に着目し、旧楚地域の墓葬に秦と同様の変化がみられなかったのかを、馬王堆漢墓を事例として検討する。周知の如く、馬王堆漢墓からは遣策も発見されており、本論文でも遣策の記載と出土遺物やその出土位置とを照合しつつ検討がなされるなど、現在の簡牘を用いた研究で必要な作業が実施されており、手法としては二〇年以上経過した現在でも通用する。出土簡牘が増加し簡牘に対する研究が進んだ現在からみると、遣策に記された器物の数量や配置と、実際の墓葬で発見された器物の数量や位置とが異なる場合、遣策の記載を本来あるべき状況と捉える点については、説得力は充分あると考えられるが、遣策は副葬品リストであると同時に、リストであるという点から簿籍としての性格も強い。簿籍としての遣策に、もう少し検討を加えてもよいかも知れない(11)。

文献に残されていない旧楚地域の墓や喪葬観念の変化について、副葬品や俑の配置などから、秦と同様に日常的世界化が進行していたとしつつ、それが社会上層にとどまっていたため墓葬構造の変革までには至らなかったとし、秦における墓葬構造の変化が社会上層以外の人々によって担われた点と比較して、秦・楚の差異を指摘している点は、現在の研究状況においても無視できない。秦・楚の差異を、統一という結果に加え、文献史料にも残りやすい政治制

度や軍事制度に代表させることが多いが、文化的特徴が表れやすい墓や喪葬などといった部分から差を指摘する考え方は、政治制度などを基盤として支える社会や文化を考えるにあたって有効な視角である。

本論文も遺策を用いる他は、多くを考古学的資料に拠っており、一見すると歴史学の論文にはみえないが、文献に残りにくい部分は文献以外の資料を活用して歴史学の研究を行う必要性は古代史の場合特に強い。

第六章　漆器烙印文字に見る秦漢髹漆工芸経営形態の変遷とその意味

初出：『堀敏一先生古稀記念　中国古代の国家と民衆』汲古書院、一九九五年

本論文は、漆器におされた烙印を手がかりとして、漆器製作における経営形態がどのように変化したかを検討する、手工業の検討を主とする経済史的色彩が強い論文であるが、内容上は、一〜三の続編というべき性質も併せ持っており、「秦系統の器物が副葬されているから被葬者は秦人」という図式への批判もなされている。

この論文では、陶業の状況も参考にしつつ、重要な指摘が複数なされている。その一つが、秦の髹漆工芸は県レベルの官営を主体とするが、製作地を示す烙印や刻印が極めて限られており、特定の県のもとにある市亭でしか行われていなかった、という指摘であろう。解題筆者などは、遷陵県の状況から秦の県が画一的な構造を有しており、大・中・小県の差こそあれ、地域の状況とあまり関係を持たずに設置されていたと推定しているが[12]、場合によっては特定の県のみに存在する機構があった可能性を考慮する必要もあろう。それは、本論文における重要な技術と手工業が国家権力との関係のもとに存在していた点の指摘ともつながる。秦代の漆器烙印にみえる咸陽・成都は、秦にとっては都と巴蜀支配の中心都市という、国家的にも重要な都市であるが、そこに重要な手工業の管理・製作機構が置かれたということになれば、秦・漢期における両都市の重要性がより明確になる[13]。

秦の漆工芸については、里耶秦簡に漆に関わる記載がみられることが注目される。

貳春郷主髤発　　　　　　　　　　　　　　　　　　　　（J1⑧1548）

卅七年遷陵庫工用計受其貳春郷漆▨

漆三升●飲水十一升乾重八　▨　　　　　　　　　　　　（J1⑨1138）

遷陵県で果たして官営髤漆工芸品が生産されていたか、それとも単に漆原料の生産のみを行なっていたのか、今後の史料の増加を待たねばならず、不明確なことも多いが、本論文による指摘はこうした県レベルの手工業のあり方を考える際に重要なものとなろう。

同時に、楚器が秦の占領後に旧楚地から姿を消したのも、技術が秦の管理下に入って「楚器」の存在する余地が消失したためと考えた点は、秦の占領に伴う楚系文化の一要素の消失を、秦の技術・手工業管理体制の面から説明し、一～三で議論した秦の支配下におかれた旧楚の地域の人々のアイデンティティの問題と関連した議論となっている。これも、前掲注（6）の籾山氏の指摘などと通ずるものであり、戦国後期から秦・漢へという時代の変遷を考察するための手がかりとして、有益な視点といえるだろう。

第七章　「涓」について――『秦律』「効律」解釈を通じて――

初出：『明治大学人文科学研究所紀要』第三七冊、一九九五年

本論文も六と同様に漆に関わる論文であるが、法制史の分野の論文とみるべき内容となっている。まず漆器の製作過程の議論を通じて「涓」なる文字の意味を探り、その結論を元に、難解で先行研究に諸説あった睡虎地秦簡秦律・効律四三・四四・四五簡の解釈を行なうという形をとっている。四五簡に「涓」字が用いられているが、これ単体で

は解釈が難しいため、関連する四三・四四簡も併せて解釈し、併せて律文書写の過程で省略されたと思われる字句の復元を試みている。

近年の古文字学の成果からみて、この論文内で示された松崎氏の「汨」の解釈が正しいのかどうかについて判断する能力を解題筆者は持たないが、少なくとも松崎氏の解釈で当該律文についての筋が通る解釈は可能である。批判もあるとは思われるが、效律の理解について重要な学説の一つといえるであろう。また、併せて律文の書写時の省略の問題についても触れているが、この問題は出土史料中の律文をはじめとする各種規定の理解に際して留意すべき問題であり、特に睡虎地秦簡のように副葬品であった場合、私的な写しとして作成された可能性も高く、省略が行なわれた可能性もまた高くなろう。こうした点にも、どのような場合に省略が行なわれるかについての一例を示した本論文の価値があると考えられる。

第八章　睡虎地秦簡にみる秦の馬牛管理
——龍崗秦簡・馬王堆一号漢墓「副葬品目録」もあわせて——

初出：『明治大学人文科学研究所紀要』第四七冊、二〇〇〇年

本論文は、馬牛の管理の検討を通じて、馬や牛を国家がどのように利用しようと考えていたか、といった問題を検討している。

本論文では県における各種管理規定などを中心とする睡虎地秦簡と、禁苑を中心とした記述の龍崗秦簡とを用い、両者の史料的性格の差を利用して、馬牛の労働力としての働きの利用を重視する場面（睡虎地秦簡）と、獣について食用を含め君主の田猟用としての意味が強い場面（龍崗秦簡）との存在を指摘し、同じ秦の中でも家畜利用が場面や

状況によって多面性を有することを示している。
また、睡虎地秦簡内の家畜関連の条文を集成してあるが、これは里耶秦簡中の家畜関連の内容を持つ公文書・簿籍類の解釈に役立つ成果である。当然ながら、睡虎地秦簡は県や都官の管理業務に関する律文を集めた[14]、個人的なノート、書籍の類と考えられ、これだけで秦の馬牛を中心とする家畜管理を考えるのは限界がある。その点では、里耶秦簡を用いることができる研究の現状からすると、不足を感ずる研究者もあると思う。ただ、逆に考えれば、本論文の限界が睡虎地秦簡を利用した県の家畜管理研究の限界でもあるわけで、里耶秦簡から睡虎地秦簡に記されていない部分を含めた戦国秦・統一秦の県での家畜管理の実態を検討するにあたって、批判的にみるにせよやはり参照しておく価値は高いといえよう。

第九章　睡虎地秦簡よりみた秦の家族と国家　初出：『中国古代史研究』第五、一九八二年、雄山閣出版

第一〇章　睡虎地秦簡における「非公室告」・「家罪」　初出：『中国古代史研究』第六、一九八九年、研文出版

この両論文では、睡虎地秦簡にみえる家族関連用語の検討を通じ、秦における家族支配のあり方と、家族内での父（主人）の法的地位について論じている（以下、前者をA論文、後者をB論文と呼ぶ）。B論文では、A論文での「公室告」・「非公室告」、「家罪」についての定義を改め、家族における父（主人）の専権に対する、国家や共同体による規制力をより重く見る方向に見解を修正している。

周知のように、睡虎地秦簡の公表によって一九八〇年代に秦律研究は空前の熱気を帯びたが、特に注目された分野のひとつが家族法史と家族史である。特に日本では一九三〇年代以来、牧野巽・守屋美都雄・宇都宮清吉三氏によって、家族の規模と形態について論争が繰り広げられてきたこともあり、松崎論文以前から家族史への注目度は非常に

高かった。

松崎論文前後の諸研究は、戦国中期から後漢にいたるまでの長い射程において、秦律が果たした役割を位置づけることを主眼としている。商鞅変法によって「析出」された家族がその後どのような形態変化を遂げたのか、前漢後期から力を持つ豪族の家族がいかにして生成されたのかということが最も主要な関心事であった。

こうしたなかにあって、秦律用語の解釈と、秦による家族支配の解明に終始する松崎論文は、ともすれば消極的にも映ったかも知れない。しかし、いま両論文を再読してみて気づく二点の特色がある。第一点は、伝世文献にみえる家族についての記述と秦律用語を無媒介に結びつけなかった点である。商鞅変法についての『史記』の記述はあまりに簡潔であり、そもそも商鞅変法と睡虎地秦簡とは一世紀以上の隔たりがあることを考慮すれば、秦律は秦律の論理のなかで読み解くのが手堅いであろう。第二点は、A論文で睡虎地秦簡を検討する際に、「法律答問」などが実際に使用された秦律運用マニュアルだと意識したうえで、「法律答問」・「封診式」・「編年記」など、カテゴリごとの引用と検討を行っていることである。行論中に「法律答問」などにみえる家族像がより現実に近いものであると述べているが、史料の性格を踏まえているため、一定の説得性が保たれている。この行論の仕方は同時期の他の研究にはまだみえない特色ともいえる。

松崎氏が研究から離れることを余儀なくされたころ、張家山漢簡がようやく全面公表され、家族史研究はみたび活況を呈した。ただ現在でもなお、A・B論文で取り上げられた秦律用語について盤石な定義をみるにいたっていない。[15] 何故なら、張家山漢簡には「室人」がみえないなど、睡虎地秦簡と張家山漢簡では使用される用語にズレがあるため、比較検討ができないからである。これは、みえない用語が漢律にいたるまでの間に消滅した、あるいは制度や場面によって異なる用語が使われていたなど何らかの理由が背後にあるに違いない。実際、里耶秦簡「更名篇書」（J1⑧461）

では「公室」の語が「県官」に改められており、秦の統一前後で法制用語が大きく改編され、松崎論文の扱った「公室告」・「非公室告」もまた他の語に置き換わった可能性がある。

近年、岳麓秦簡秦律の公表も進んでおり、今後の秦律研究は層位的で精緻な方向に向かうはずである。また里耶秦簡に残された行政文書や帳簿類は、松崎氏の重視した基層社会の家族実態を明らかにする材料を含む可能性がある。その意味で、論文の公表からすでに三〇年前後が経過してはいるが、その手法や視点は振り返るに足る価値を有していよう。

注

(1) 渡邉英幸「『槎田歳更』小考」（東京外国語大学アジア・アフリカ言語文化研究所共同利用・共同研究課題「中国古代簡牘の横断領域的研究」ホームページ、http://www.aa.tufs.ac.jp/users/Ejina/note/note02(Watanabe).html、二〇一三年九月一八日）。

(2) 邢義田「従出土資料看秦漢聚落形態和郷里行政」（同氏『治国安邦――法制・行政与軍事』中華書局、二〇一一年）、鈴木直美「里耶秦簡にみる秦の戸口調査――同居・室人再考――」（同氏『中国古代家族史研究――秦律・漢律にみる家族形態と家族観――』第一章、刀水書房、二〇一二年［初出二〇〇八年］）。

(3) 永田英正「礼忠簡・徐宗簡研究の展開――居延新簡の発見を契機として――」（『史窓』五八、二〇〇一年）、拙稿「漢代官吏任用における財産資格の再検討」（拙著『漢代の地方官吏と地域社会』第一部第一章、汲古書院、二〇〇八年［初出二〇〇五年］）など参照。

(4) 渡邉英幸「里耶秦簡『更名扁書』試釈――統一秦の国制変革と避諱規定――」（『古代文化』第六六巻第四号、二〇一五年）。

(5) 湖南省文物考古研究所編『里耶発掘報告』（岳麓書社、二〇〇七年）。

（6）籾山明「山は隔て、川は結ぶ――『里耶発掘報告』を読む」（『東方』三一五、二〇〇七年）。
（7）この簡牘（J1⑤5）については、劉楽賢「談里耶簡中的〝遷陵公〟」（武漢大学簡帛網簡帛文庫、http://www.bsm.org.cn/show_article.php?id=1654、二〇一二年三月二〇日）、邢義田「〝手〟・〝半〟、〝曰啎曰荊〟与〝遷陵公〟」（武漢大学簡帛網簡帛文庫、http://www.bsm.org.cn/show_article.php?id=1685、二〇一二年五月六日）、大西克也「秦の文字統一について」（中国社会科学院歴史研究所・財団法人東方学会『中国新出資料学の展開』所収、汲古書院、二〇一三年）参照。
（8）本書には採録しなかったが、松崎氏には「墓葬より見た中国古代社会――新石器から前漢武帝まで――」（『駿台史学』九三、一九九五年）もあり、墓を中心に通史的に中国古代史を概観した論考となっている。
（9）西安市文物保護所『西安南郊秦墓』陝西人民出版社、二〇〇四年。近年では、二〇一五年、「特別展　始皇帝と大兵馬俑展」にて、東京国立博物館などで展示された。
（10）南越が楚制を用いていた点については、吉開将人「印からみた南越世界――嶺南古璽印考――」（前篇・中篇・後篇、『東洋文化研究所紀要』第一三六・一三七・一三八冊、一九九八～二〇〇〇年）などを参照。
（11）例えば、遣策の数値の違いなどについては、簿籍としては未完である旨を指摘する鈴木直美「馬王堆三号墓出土簡にみる遣策作成過程と目的」（籾山明・佐藤信編『文献と遺物の境界――中国出土簡牘史料の生態的研究――』所収、六一書房、二〇一一年）など参照。
（12）髙村武幸「秦代遷陵県の覚え書」（『名古屋大学東洋史研究報告』第三九号、二〇一五年）。
（13）「二年律令」・秩律四四三～四四四簡では、成都令は櫟陽・長安・雒陽などと並び千石令の配置となっている。
（14）江村治樹「雲夢睡虎地出土秦律の性格」（同氏『春秋戦国秦漢時代出土文字資料の研究』第三部第四章、汲古書院、二〇〇〇年［初出一九八一年］）。
（15）松崎論文が取り上げた秦律用語について、張家山漢簡など新出史料を加えて再検討した論考には以下がある。鷲尾祐子「漢初の戸について」「出土文字資料にみえる秦漢代戸籍制度――湖南省里耶古城出土秦名籍と江蘇省天長県西漢墓出土戸口簿・筭簿」『中国古代の専制国家と民間社会――家族・風俗・公私』立命館東洋史学会、二〇〇九年、第二・三章［初出二

〇〇六年・二〇〇七年〕。鈴木直美「『里耶秦簡』にみる秦の戸口調査――同居・室人再考――」「『睡虎地秦簡』「公室告」再論――秦律における親子の「関係」と公的秩序――」『中国古代家族史研究』刀水書房、二〇一二年第一・五章〔初出二〇〇八年・二〇〇九年〕。劉欣寧「秦漢律における同居の連坐」『東洋史研究』第七〇巻第一号、二〇一一年。韓樹峰「漢魏時期的同居」『漢魏法律与社会――以簡牘、文書為中心的考察』社会科学文献出版社、二〇一一年、下篇第四章。

〇本書の編集にあたっては、著者本人による校正が十全に行なえないという点に鑑み、明確な誤記・読者が読みづらいと思う表記や、めだった表記不統一（例：乃至・ないし、尚・なお、参考文献巻号表記など）、引用の際の誤記などを除き、原文の表記を保持することに努めた。従って、基本的に各種の表記は各章ごとの統一となっている。また、初出原稿において掲載されていた図版については、おおむね原載の図版がそれほど精細なものとはいえず、行論上特に大きな問題を生じないため、削除してある。引用された睡虎地秦簡の簡番号や釈文については、各章の執筆時期の違いなどで依拠テキストが異なっているため差異がみられるが、読者の便のため、行論に関わらないことを確認した上で全て睡虎地秦墓竹簡整理小組『睡虎地秦墓竹簡』（文物出版社、一九九〇年）の簡番号と釈文に統一した。そのため、各章に付された睡虎地秦簡テキストに関係する注記とは齟齬が生じている。あらかじめご諒解願いたい。また、ＯＣＲソフトによる読み込みを経て原稿データを作成したため、予期せぬ誤脱が生じる恐れがあり、編集に従事した我々の手で遺漏なきを期したが、なお誤脱の残存もあろうかと思われる。読者諸賢の御指正を乞うものである。

（髙村武幸）

第一章　睡虎地一一号秦墓竹簡「編年記」よりみた墓主「喜」について

はじめに

一九七五年、湖北省雲夢県睡虎地秦墓一二基の発掘は、従来例の少ない秦墓であったため関心を呼んだが、そのうちの一一号墓から大量の竹簡が出土し、その大半が法律及び法関係文書であることが明らかになるに及んで、更に大きな注目をあびた。このことから当然、研究の関心は一一号墓竹簡に集中することになり、中国での初期の研究は、発掘時点における折からの「儒法闘争史観」の盛行と結びついて行われることになった。出土秦簡の大半が法律及び法関係文書であったことが、そうした立場からの分析を容易にさせ、そのうえ官吏に法の厳しい執行を迫っている同出の「語書」（南郡守騰文書）[1]、及び秦の近隣諸国への連年の戦争や、一一号墓々主「喜」が法律関係の官吏であったらしいことを記している「編年記」等の存在が、そうした解釈を更に補強する材料になった。

現在そうした見方は「影射史学」として否定され、より実証的な研究がなされるようになった。しかし秦の統一を歴史の必然とみ、その動きに反対する勢力をすべて反動とみることを前提とする以上、儒に対する見方など（同出の「為吏之道」の中に儒教思想の存在を指摘するなど、より客観的になった点はあるものの）、根本の所ではそれほどの違いはないように思う。

以上のように、この墓群をめぐる関心は、一二基の秦墓から一一号墓へ、更に出土秦簡へと集中することになった。

この点は日本でも同じである。今や研究者の関心は、竹簡を出土した墓を離れて、竹簡文書、特にその中の法律関係文書に集中している観がある。大庭脩がいうように、これを「『律の書』が発掘された」[2]とみれば、それが従来類のないものであるだけに、そこに研究者の目が集中するのも当然ではある。

しかしこれらの出土秦簡を、墓主「喜」の「蔵書」とみれば、これは喜という人物の一面を示す史料としてみることもできる。またその中の「編年記」には、墓主「喜」の経歴及び彼の家族の出生・死亡などが記されていて、出土秦簡の中で墓主と直接つながる唯一の文書である。たとえそれが非常に不備なものであっても、墓主の生涯を知らせる文書を伴なうことは、こうしたクラスの墓では稀なのである。

また黄盛璋は「編年記」に示される喜の最終の官「治獄」を考証して、「秦の獄掾と等しく、秩は大体百石であろう」[3]としている。『漢書』巻一九上「百官公卿表」上によれば、

百石以下有斗食・佐史之秩、是為少吏。

とあり、百石以下を県吏の下級に位置づけている。「百石程度の下級官吏」である「治獄」と、墓や副葬品の規格が示す喜の経済力との間には、大きなズレが感ぜられるが、果してこの間には相関関係があるのか、ないのか。

以上のように「編年記」の出土はこの時代の民衆墓クラスの埋葬者を考察する上で貴重な機会を我々に提出してくれたのである。そこで「出土秦簡」の研究にとりかかる前に、まず墓主「喜」について少しでも明らかにできればというのが、本章の目的である。

以降、本章のメインテーマである喜と「編年記」の関係については第二節でとりあつかい、まず第一節で、喜の墓である一一号墓を含む睡虎地秦墓一二基の発掘報告を中心に、更に検討材料として、湖北省の同地方の春秋末より前漢初期までの民衆墓群についての発掘報告を加えて、墓や副葬品の面から喜及びその周辺について考察してみたい。

一

まず、睡虎地秦墓一二基中における一一号墓の位置づけを、墓の規模や副葬品の面からみてみたい。

雲夢睡虎地秦墓一二基の発掘報告は、「湖北雲夢睡虎地一一号秦墓発掘簡報[4]」と「湖北雲夢睡虎地一一座秦墓発掘簡報[5]」の二つであり、題名の示すように、前者は墓主喜が埋葬されていた一一号墓一基についての発掘報告であり、後者は残りの一一基の墓の発掘報告である（以後前者を「簡報」A、後者を「簡報」Bとする）。この二簡報をもとに、しばらく一二基の墓を概観してみたい。

まず墓の位置・大きさについて、一二基の墓は「やや密集して睡虎地山の山の端に分布し」（「簡報」B―五一頁）、墓の形式はすべて竪穴土坑墓・一棺一槨・一頭箱であり、副葬品のほとんどは頭箱内に置かれていた。墓の大きさは墓底でみると、長さ三・七二m、幅二・四四mの九号墓を最大とし、長さ三・一四m、幅一・二四mの一二号墓を最小とし、その間に他の各墓が位置している（同五二頁）。一一号墓については墓底の記載がないため一二基の中でどのあたりに位置するかわからないが、墓口の数字（長さ四・一六m、幅三m）からみて、九号墓に近い大きさをもつ墓と考えてよかろう。

次に各墓の副葬品についてみてみたい。**表一**は各墓の副葬品の数を示したものであり、左側の欄は始皇帝の統一以前の墓、右側の欄は統一以後の墓である[6]。

表一の副葬品の数は、一一号墓の他は単独の報告がないため特定できなかったので、便法として「簡報」Bの中で紹介され、あるいは図示されている副葬品番号の最高数をとった。表では一二号墓はゼロで表示されているが、これ

表一　睡虎地秦墓副葬品点数表

墓号	副葬品	墓号	副葬品
3	39	9	63
4	12	11	72
5	14	12	0
6	17	13	37
7	38	14	22
8	22		
10	17		
合計	159	合計	194

12基合計353点
11号墓を除く合計281点
統一以前副葬品平均　約23点
統一以後副葬品平均　約49（39）点

はけっして副葬品がないということではなく、「簡報」Bに全く例示がなかったからである。前述のように墓も最小であることからみて、多分数も少なく、また例示するに足るだけの副葬品がなかったのであろう。しかし頭箱の存在は副葬品のあったことを示しているし、また各墓の副葬品の数について、「簡報」Bは「九号墓は七〇点近く、三・七・一三号墓は四〇点前後、その他は二〇点前後」（五九頁）と概数を示しながら、副葬品ゼロの墓の存在については何もいっていない。従って「二〇点前後」の範疇に入る墓と考えてよかろう。では表に示した各墓の「最高数」の正確度が問題であるが、さきに引用した「簡報」Bの各墓の概数とそう離れた数字でないこと、また一一号墓を除く一一基の合計が、やはり「簡報」Bに「三〇〇余点」（五三頁）とあり、表の合計二八一点、これに一二号墓のプラスαが加わるわけであるから、「三〇〇余点」に近い数字となろう。以上、表に示した各墓の副葬品点数を、実際の数とそう遠くないとみてよかろう。ということで、しばらくこの表をもとに考えてみたい。

副葬品の平均は始皇帝統一以前が約二三点、統一以後が一二号墓を除くと四九点、一二号墓を入れても三九点であり、統一以前・以後を比較すると、後者の方が約二倍である。また質の点においても「当時では高価な」漆器（B—六〇頁）が、一一号墓では四〇余点で、「大部分保存がよく、色彩艶麗、まるで新しいもののようで、線も流麗、図柄も優美」（A—四頁）であり、九号墓では「副葬品は七〇点近く、そして軺車・木馬があり、そのうえ漆器の占める量が多い」（B—五九頁）という。これに更に一一号墓の竹簡一一〇〇余点が加わるわけで、副葬品の点数は、統一以後の方がはるかに勝っていたとみるべきである。では副葬品の点数を統一以前と以後の墓に分けてみると、統一以前では三号墓と編年の軸となった七号墓、統一以後では九号墓とやはり編年の軸となった一一号墓がそれぞれ上位二位を占めている。これを墓の位置関係でみると、一二基の墓は南北約一〇〇mの距離の所にほぼ一直線に北からの順に並んでおり（〇印は統一以前、□印は統一以後）、統一以前、統一以後の上位二墓がともに近接していることがわかる。

[14] ⑧ ⑥ ④ ⑤ ③ ⑦ [13] [12] [9] ⑩ [11]

一二基の密集した墓群は、血縁もしくは地縁的に近いものと考えられるが、それ以上に、各グループの上位二墓がそれぞれ近接しているのは、両者の関係が特に近いからではないのか。この点についてはのちにふれる。そしてこの二つの時期に分かれる墓主集団の副葬品が示す経済力の差は、同じ血縁もしくは地縁集団の、一定の時間的経過を経ての経済的発展を示すものとみることもできるのではないか。一一号墓と七号墓の埋葬年の隔たりは二五六－二一七＝三九年であり、一代のズレとみられないこともない。ちなみに「編年記」は始皇十六年（紀元前二三一）に父の死を、同二十年（紀元前二二七）に母の死を記している。一一基の墓の中に、二人の墓もあるのではないか。

以上睡虎地秦墓一二基の墓について、主として副葬品の数、及び墓の編年・位置関係等を検討し、またこの墓群が二つのグループに分けられることをみてきた。これらの結果を他の例と比較することによって更に考察を深めたいと思う。そこで睡虎地秦墓と地域的に近い春秋末から戦国期にかけての楚墓群の例を二つと、それに睡虎地秦墓より後の時代である前漢初期の墓群の例を検討材料として論を進めたい。

まず湖北省江陵県太暉観楚墓群の例をみてみたい。この墓群の中の戦国初期から中期にかけての墓と目されている五〇号墓は、一棺一槨・一頭箱の竪穴土坑墓で、副葬品は二五点、うち土器二〇点、漆器三点であり[7]、同じく太暉観楚墓二・三・四・六・一一・一二・一五・一七・一八・二一号墓の報告[8]によると、一〇基のうち五基が一棺一槨、五基が棺のみ、棺槨のある五基のうち二一号墓だけは槨室の頭部側に横隔板で仕切られた空間があり、すなわち頭箱にかわるものがあり、そこに副葬品が置かれていたが、他の四基にはそのようなものもなく、ただ棺と槨との間にあいた頭部側の空間が大体においてその役割を果たしていた。一〇基全体の副葬品約一〇一点、うち土器四二点、金属器四三点、漆器一三点、その他であった。以上の結果を表にすると**表二**のようになる。

表二　太暉観楚墓

墓号	槨有無	副葬品	備考
2	有	4	
3	無	2	
4	有	7	
6	有	47（4）	△
11	無	3	
12	無	3	
15	無	1	
17	無	3	○
18	有	14（3）	△
21	有	17（6）	○
合計		101（13）	
50	有	25（3）	○

備考欄
　△…春秋末～戦国初期
　○…戦国初期～中期
　無印…特定できず
副葬品欄
　（　）内数字は漆器の数を示す

この表をみると、この墓群内の副葬品点数に大きな差のあることがわかる。そして「鼎・簠・壺が出土する墓の年代は春秋戦国の際、あるいは戦国初期であり、鼎・敦・壺が出土する墓の時代は戦国初期から中期であろう」（三三六頁）とあるのに従うと、表の備考欄のようになり、この墓群は春秋末期から戦国初期にかけての墓と、戦国初期から中期にかけての墓の二つのグループに分けられ、睡虎地秦墓の場合と同じく、ここでもそれぞれのグループに副葬品のピークを示す墓があり、そうした墓に漆器が集中していることがわかる。そして頭箱のある墓、頭箱らしきもののある墓が、この墓群では後期のグループに属す、そして副葬品の数がピークをなす五〇号墓・二一号墓であることもつけ加えておく。なお表の備考欄の無印は、副葬品が少ないため、特定するに足る材料がなかったからである。

次に、同じく湖北省江陵県拍馬山楚墓二七基の例を**表三**にして示す。

墓の形式は二七基のうち一棺一槨墓は一六基、棺のみ九基、薄板のみ一基、無棺のもの（遺骸をむしろに包んだだけ）

一基であり、編年はこれらの墓の「発掘簡報」（一五九頁）[9]によった。この墓群は中後期のものが大半を占めるようであるが、棺槨の有無、副葬品の点数をみても、大変格差のあることがわかる。そして漆器はやはり副葬品の多いところにかたよっていることが指摘できる。

この地方は、男性の遺体がほぼ完全な形で出土した江陵鳳凰山一六八号漢墓などで知られる漢代の墓群のあるところであるが、すでに一八〇余[10]が掘られているそうである。そうした墓の中で、前漢の文帝から景帝に至る時期の墓である江陵鳳凰山八・九・一〇号墓について、黄盛璋は「三つの墓は互いに近接していて一〇mほど離れているだけで、……（八・九号墓は）夫婦の関係にあるのではないか。……三墓がこのように近くに埋葬されたのは、一家と考えるべきであろう。また一〇号墓によると張姓とすべきで、簡牘の中にも少なからず張姓があり、附近の墓も皆同じ姓を名のる者の墓群であろう」[11]と述べている。私はさきに睡虎地秦墓一二基は、血縁もしくは地縁的に近いものの墓ではないかと述べた。この漢墓の例を傍証にできないであろうか。ちなみに前述三墓の副葬品について「八号墓が四〇〇

表三　拍馬山楚墓

墓号	棺槨	副葬品	備考
1	一棺	6（1）	○
2	一棺一槨	35（12）	○
3	一棺一槨	3	△
4	一棺一槨	10（2）	○
5	一棺	25（6）	
6	無	0	
7	一棺一槨	7（2）	
8	一棺一槨	6（2）	
9	一棺一槨	3	
10	一棺	10（1）	△
11	一棺一槨	24（9）	○
12	一棺	8（1）	
13	薄板	0	
14	一棺一槨	6	
15	一棺	17	
16	一棺一槨	11（4）	
17	一棺一槨	3	
18	一棺一槨	5（1）	
19	一棺	14（6）	○
20	一棺一槨	6（1）	
21	一棺一槨	3（2）	
22	一棺一槨	9（6）	
23	一棺一槨	15（5）	○
24	一棺	5	○
25	一棺一槨	17（3）	○
26	一棺	13	○
27	一棺	0	
合計		261（64）	

備考欄
　△…春秋末
　○…戦国中後期
　無印…特定できず
副葬品欄
　（　）内数字は漆器の数を示す

余点に達し、九・一〇号墓がこれについで各々二〇〇余点」であるという。[12] 太暉観墓々群は、南北約四〇〇m、東西約二四〇mの所に四七基の墓が密集し、その北端の墓からさほど遠くない所に五〇号墓がある。拍馬山の楚墓群は、約三〇〇mの距離の所に七〇基近くの墓があるという。[13] いずれも非常に密集していることがわかる。ここでとりあげた太暉観墓が四七例中の一〇例、拍馬山が七〇例中の二七例、鳳凰山漢墓は一八〇余の報告もある如く、大変多いわけで、どの場合もここに言及したのはそのうちの一部である。また副葬品についても点数のみを目安にして論じてきたが、これは本来その質・内容にも立ち入るべき性格のものであるが、あえて省略してきた。ただその欠を補う意味で、漆器の数をあげてきた。これは、漆器が当時非常に高価なものなので、その存在の多寡が副葬品の内容をはかる尺度になると考えたからである。以上、不備を承知の上で、これまでのことを材料に、結論めいたことを少し述べてみたい。

これまであげてきた各墓群の副葬品の数をみると、各墓群の中で上位にランクされる墓の内容が、基本的には時代がさがるに従って、すなわち太暉観前期（春秋末期―戦国初期）、同後期（戦国初期―中期）、拍馬山（戦国中期―後期）、睡虎地前期（始皇帝統一以前）、同後期（統一後）と、次第に豊かになっていることがわかる。ということは、いつの時代にも拍馬山の無棺墓のような例が当然あるわけで、上が豊かになればなるほど格差は拡がってゆくということになろう。これを言い直すと、民衆墓クラスの墓が示すこの格差は、時代の進行とともに拡がってゆく民衆レベルでの経済力の格差を示すということになろう。更にこうした民衆墓群を、血縁もしくは地縁的に近いものの墓とみるなら、この各墓群のありようは、各時代の周辺地域の階層差をそのまま示しているとみてよかろう。

こうした中で睡虎地秦墓一二基の例は少し様相がちがうようなので、少し検討してみたい。まず墓群としては数も少なく、また副葬品・墓の大きさに差はあっても、拍馬山楚墓にみられるような差はなく、墓の形式も共通している。

またさきにこの墓群の墓の大きさを示すため、墓底の最大と最小の数字を紹介したが、これを前述の太暉観墓群・拍馬山墓群の墓底の大きさと比較すると、これらの墓の最大のものと、睡虎地秦墓の最小の一二号墓とが大体同じぐらいである。以上睡虎地秦墓一二基は、一定水準以上の内容をもった墓群とみていい。前述の鳳凰山八・九・一〇号漢墓の場合のように、有力な一家、あるいは非常に近い一族の墓と考えてもいいのではないか。いずれにしろ、どの墓群にもそのグループの中で、はっきりと頭を出している墓があるわけで、それはその墓群の各墓主たちが生きていた時の地位がそのままあらわれているとみてよかろう。そう考えると、一一号墓々主は地方の下級役人とはいえ、その地のある階層以上の一族の有力な人物とみていいのではないか。ちなみに、それぞれの時期の墓群の漆器の最高点数をみると、これは同時に副葬品点数のピークと一致している。大暉観前期四点、同後期六点、拍馬山九点、睡虎地一一号墓四〇余点である。鳳凰山八号漢墓の一三〇点（九号墓一〇二点、一〇号墓二八点）には比ぶべくもないが、しかしそれ以前の例に比して、一一号墓の内容が非常に高いことがわかる。

二

次に出土秦簡「編年記」の内容から、一一号墓墓主「喜」について考えてみたい。そこでこれまで発表された論者の説をまず紹介したい。

一一号墓の墓主の骨が四〇余歳の男性のものと推定されること、[14]出土秦簡「編年記」最終年の始皇三十年が「喜」四六歳の年にあたることから、墓主が「編年記」に記載されている「喜」であるということは、ほとんど見解の相違はない。では、この「編年記」の作成者についてはどうか。

まずこの竹簡を最初に紹介した季勲の「雲夢睡虎地秦簡概述[15]」、孝感地区第二期亦工亦農文物考古訓練班の「湖北雲夢睡虎地一一号秦墓発掘簡報[16]」ともに、この点については何も述べていない。また『睡虎地秦墓竹簡』の「編年記説明」にも、このことには特にふれてない。ただ編者である「睡虎地秦墓竹簡整理小組」の見解として「字体からみると、昭王元年から秦王政（始皇）十一年までの大事は、多分いちどに書かれたものであり、ここまで（始皇十一年まで—筆者）の喜及びその家族についての記載と、秦王政（始皇）十二年以後の簡文は、筆跡がややあらい。それはのちに書き加えられたせいであろう[17]」と述べている。これは読み方によっては作成者二人説ともとれる。「編年記」は二度にわたって書かれた。それは「筆跡にややあらい」部分と、そうでない部分があるからであるという。しかし、筆跡が「ちがう」とはいってないのであるから、「整理小組」の見解は、多分「書き手」は同一人とみているのであろう。私のみるところ、写真版のそれはたしかに筆跡のちがいとみるかどうかは措いて、「ややあらい」と表現されている部分の筆跡が、それ以前に書かれたとされている部分の筆跡より「肉太」であるということはいえる。

「編年記」について専論している黄盛璋もまた特にそのことにはふれていないが、ただ『史記』と「編年記」との間にくいちがいのある事項については、「特に秦始皇の記事については、喜はすでに成年に達し、自ら親しく見聞したことであるから、……本人の記すところに従うべきである[18]」と、「編年記」の記載に信を置いているところがある。これは黄盛璋がごく自然に「編年記」が喜の手になるものと考えている証拠であろう。前述のような、特にふれていない場合、黄盛璋のように考えている場合が多いのではないか。

はっきりと本人説を打ち出しているのに古賀登がおり、「筆跡は、右上りあり、右下りあり、かなり乱暴な書き方であるが、同一人物つまり喜自身の手になるものと認められる[19]」としている。「整理小組」と同じく筆跡を問題にしているが、そして本人説ということでは「整理小組」も多分同じ答えを出していると思うが、それでいて中味には少々ズレがある。

以上のような説に対して、『雲夢秦簡初探』を公にした高敏は[20]、「『大事記[21]』の作成者は、政治的観点を『喜』と同じくする者で、『喜』の弟、あるいは同族の兄弟であろう」（一七頁）とし、その理由として「『喜』は秦朝下で軍にゆき、戦争にゆき、役人になり、更に治獄の職についた。彼は秦始皇の統一戦争の支持者であり、参加者であり、また『法治』を執行する地方官吏であった」（一六頁）。「大事記」が示す政治的観点もこうした喜の政治的観点と同じであり、「『大事記』の言葉からみると、墓主『喜』及び『喜』の弟たちはみな名で呼び、『喜』の父を『公』としている。これは『大事記』の作成者が『喜』の父に対しては後輩、『喜』に対しては同輩と考えるべきである。従ってこの人間は、『喜』の弟、あるいは同族の兄弟であろう」（一六頁）と結論している。

では次に、この「編年記」の性格についてみてみたい。季勲は「秦の昭王元年から始皇三十年に至るまでの全国統一戦争の過程を逐年記録し、同時に一人の『喜』という人物の経歴と彼に関係する事項を記したもので、後世の年譜のようなもの」と記し[22]、「簡報」A（三頁）及び『睡虎地秦墓竹簡』（一九七八年、一頁）も、ほぼ同じ見解を出している。しかし高敏は「単なる墓主『喜』の年譜の性格をもつものなら、昭王元年から始めるのではなく、『喜』の生年から、即ち昭王四十五年から始めるべきである。……次に『大事記』は昭王元年から昭王四十四年に至るまで、書かれているのはすべて秦の軍政大事であって、一字として墓主『喜』及びその家の事にふれていない。これは最も年譜の体裁に合わないものである。然るに『大事記』の後半部は年譜に酷似しており、従って『大事記』は書き方において前半部と後半部とで、はっきりとちがいがある」（一三頁）と述べ、「このような大事年表と年譜を合せたような『大事記』を、どのような性格のものとすべきか」と問い、「家譜と墓誌を合せたようなもの」（一四頁）と結論する。この結論は、高敏が「弟ないし同族の兄弟」を作成者としていることからくる当然の結論であろう。ただ一言いえば、墓誌の要素があるなら、喜の死も書き加えるのが自然のように思えるが。

ところで作成者を推定する場合、先に引用した筆跡から作成時期を二期に分ける「睡虎地秦墓竹簡整理小組」の見解は、聞くべき内容をもっているように思う。昭王四十五年、喜の誕生を記してより、始皇十一年までの「小事」は、すべて大事のあとに書かれている。従ってこれはのちに書き加えることのできた位置にある。始皇十二年以降の小事には、大事の前に書かれている場合もある。のちにふれるので省略するが、「編年記」を仔細に検討すると、高敏のように小事がはじめて記される、すなおに喜の誕生を記した年を境に、前半と後半に分けるより、「整理小組」の見解の方が納得がいくように思う。

以下、諸氏の見解をふまえて考察を進めたい。「整理小組」の右の見解を入れて考えると、最初に昭王元年から始皇十一年まで、「大事」のみが書き入れられた時と、その後、書き継がれた時点とでは、この「編年記」の性格は変わってしまったのではないか。とすれば、あるいは作成者二人説ということも、考え方として成り立ち得るとはさきに述べた。ただここでは喜一人説で論を進めてゆきたい。文字通り最初の段階は「大事記」であった。それがのちにさかのぼって昭王四十五年以降、喜の誕生・経歴・家族の事などが書き加えられることによって「大事記」ではなくなってしまった。さかのぼって「小事」を書き加えた時、この「編年記」の作成者の目的は、「大事記」の作成から別の事に変わってしまったのではないか。それは「小事」が加わっただけでなく、始皇十二年以降の「大事」に類する事柄の書き方、関心の持ち方にもあらわれている。この関心の変化は、喜の心境の変化の一端を示しているのではないか。この「編年記」を読む者に、喜の誕生を記した年を境に、この年表の主体が喜に移っているように感じさせるのは、まさに喜の意志の反映であろう。以上のように「整理小組」の見解をもとに考えると、これが昭王元年から書き始まっていることの意味、昭王四十五年に突如「小事」が書き加えられて、この年表の性格を変えさせてしまっていることの意味を理解できるように思う。

古賀登は「編年記」の荘王元年以降、重要な戦役の記事がぬけていることから、「『編年記』は、昭襄王元年から孝文王元年ごろまでのことは、秦の大事を記した所謂大事記を写し、自己の生誕以後の見聞をそれに加筆し、荘襄王元年ごろ以降は、主として自己の関心にもとづき、事件を記していったものと考えられる。だとすれば、編年記は、秦の公式大事記と、喜の私的年代記をつなぎあわせたものといえる[23]」と、さきの「整理小組」の見解と若干ズレるものの、それに近い結論を出している。内容的検討から得られる一つの見解であるとは思う。ただ実物をみている「整理小組」の筆跡からみた結論は重いもののように思うが。

では次にこれまでのことをふまえて、「編年記」の記載内容について検討したい。さきに、同出した「秦律」等法律及び法関係文書などが、折からの中国での「儒法闘争史観」の盛行と重なったため、そうした観点から解釈されがちであったと述べた。その点では「六国統一戦争」を記す「編年記」も同じで、この記載内容から喜を、秦の統一戦争を支持し、同時に秦の法家路線を執行する地方官吏として位置づける上で大いに力になった。今日、かつてのような「儒法闘争史観」は否定され、高敏も前掲書の中で「四人組」の鼓吹した「史観」をしばしば否定している。それでいて喜をなんのためらいもなく、始皇の政策を支持する法家官吏として位置づけているのは、始皇帝の統一を大前提とする以上、当然の帰結なのであろう。しかし、六国統一戦争を記しているのは、それを支持しているためと、そう単純に「編年記」をみていいのか。しばらく「編年記」の書かれ方をみてみよう。

さきの「整理小組」の始皇十一年を「大事」の記載の区切りとみる見解に従ってみると、それ以前は二、三の例外を除いてすべて「攻〇〇」（〇〇は地名）という表現で示される戦争の記録である（以降、始皇十一年以前を「前期」、以後を「後期」と表示する）。そしてそのほとんどを『史記』の「六国年表」等にみることができる。ところが「後期」

についてみると、「前期」のような戦争の記録は「(始皇)十七年、攻韓」(「編年記」二四弐簡)、「十八年、攻趙」(二五弐簡)「廿二年、攻魏梁」(二九弐簡)の三回だけである。「前掲」の七一年間に比して「後期」は一九年間と、年数が短いとはいえ激減している。勿論、六国統一期を控えているわけで、「前期」とは状況がちがうのかもしれない。しかし「六国年表」にはこのころ秦の趙への戦争などが記されている。そして不思議なことに、六国併合期であるのに「編年記」には六国滅亡の記載が一例もないのである。「秦の統一戦争を積極的に支持した」喜が、あるいは「喜と考えを同じくする人物」が書いたものとすれば、これははなはだ不思議なことといわねばならない。始皇帝の統一を記さないのも、[24]共通する理由によるのだろう。

滅亡の記録が一例もないとは述べたが、なにもないのかというとそうではなく、先にあげた戦争の記録三例のうち、韓と魏はその年に滅んだのであるから、間接的表現とはいえる。しかし、ここから「滅亡」を読みとることは不可能である。では喜の祖国楚のその年は、とみると、「廿四年　□□□王□□」とある。この年「六国年表・楚表」に「秦虜王負芻、秦滅楚」とある。多分「編年記」には「秦虜楚王負芻」(三一弐簡)といった記載があったのではないか。また趙の滅亡の年は「廿五年」とあるのみで空欄になっている。その翌年が斉の滅亡、すなわち全国統一の年であるが、やはり「廿六年」とあるのみである。「編年記」には燕のことは一例も記載がないのであるから、趙と同年に滅んだ燕については勿論なにもない。ついでにいえば、斉の記載は一回だけである。

以上、韓・魏・楚についての記載を滅亡の記録としてみたとしても、間接的表現でしかなく、ましてあとの趙・燕・斉に至ってはそれさえない。ではこの「編年記」の作成者は、六国の滅亡に無関心であったのか。次のような記載をみるとどうもそうとも思えない。

廿年　七月甲寅、嫗終。韓王居□山。　(睡虎地秦簡「編年記」二七弐簡)

廿一年　韓王死。昌平君居其処、有死□属。（睡虎地秦簡「編年記」二八弐簡）

廿三年　興、攻荊、□□守陽□死。四月、昌文君死。（睡虎地秦簡「編年記」三〇弐簡）

廿四年　□□□王□□。（睡虎地秦簡「編年記」三一弐簡）

と、廿年から廿四年に至る時期に集中して、ある個人の動静・死を記している。「編年記」ではここ以外に、家族・昭王・孝文王・荘王を除いて、個人の死（この場合、王の死は「大事」に入ろう）を記しているのは、「（昭王）五十二年王稽・張禄死」（五二壱簡）以外ない。これらの記載は、喜がけっして六国の滅亡に無関心ではなかったことを示している。というのは、韓王の記事についていえば、それは「始皇本紀」十七年の条にある、「内史騰攻韓、得韓王安、尽納其地」につづく動静である。韓はここで滅びたのであり、『史記』には以降これに関する記録はなく、これは新しい史実の提示である。この「始皇本紀」に出てくる「内史騰」は、出土秦簡「語書」に出てくる「南郡守騰」であるということでは、大方の見解が一致しているのであり、とすれば、韓王が捕われていた場所「□山」、死んだ場所「□属」は、騰の支配下、南郡と考えてよかろう。

それにつづく「廿一年　昌平君居其処、有死□属」の昌平君についてであるが、従来「始皇本紀」の次の四条に出てくる「昌平君」は同一人物と考えられてきた。

（1）九年　令相国昌平君・昌文君発卒攻毐。

（2）二十一年　新鄭反、昌平君徙於郢。

（3）二十三年　荊将項燕立昌平君為荊王、反秦於淮南。

（4）二十四年　王翦・蒙武攻荊、破荊軍、昌平君死、項燕遂自殺。

しかし、「編年記」の廿一年の条「昌平君居其処、有死□属」をここに入れると、昌平君はこの年死んだことになる。すると、始皇二十三年・二十四年の「昌平君」は別人でなければならない。また「編年記」と「始皇本紀」の二十一年の条を合わせると、昌平君が「新鄭の反」に関わって徙された場所は、まさに楚のかつての都、郢であり、そこは南郡にされたところである。従って韓王安・昌平君が死んだ場所は南郡内と考えていいであろう。黄盛璋は、「編年記」廿三年の「興、攻荊、□□守陽□死。四月　昌文君死」は、「始皇本紀」二十四年の条に示される事柄と同一のことであり、ただし、この二十四年は、二十三年、すなわち「編年記」の年に合わせるべきだとしている。というのは、『史記』の「六国年表」「王翦伝」「蒙恬伝」「楚世家」すべて、この事件を二十三年のこととしているからである。そして項燕が擁立したのは「編年記」の示す如く昌文君とすべきで、『史記』に記される「昌平君」は「昌文君」の誤りであり、また「守陽君」は「項燕」のことであろうとしている。(25) とすると、「編年記」は韓王・昌平君・昌文君・守陽君（項燕）・楚王等、楚の地で死んだもの、楚と関わりの深い人物の死を、この時期集中的に記していることになる。まして昌文君・項燕の死は、反秦の旗上げをしたうえでの死であった。こうみてくると、六国滅亡期、すなわち統一期における喜の関心が、もっぱら「楚」の地にむけられていたことがわかる。「編年記」における視野が、「前期」には遠くに拡がっていたとすれば、「後期」のそれは狭く近くなっている。そしてもう一つ気のつくことは、滅亡についての間接的な表現さえもない趙・燕・斉が、喜にとって遠い国であるということである。彼のこのころの関心は、自らの住む世界を中心にして世の中を眺めていたのではなかったか。喜、三三歳の時、六国のうちの最初の韓の滅亡をみてから、四〇歳の時、祖国楚の滅亡を、四二歳で統一の完成をみるまで、彼なりの感懐で世の趨勢を眺めていたのではなかったたか。

では彼はどこの住人だったのか。手がかりとして、「編年記」にみえる喜が官吏として関係した土地を左に掲げる。

（始皇）三年八月　揄史。　　（睡虎地秦簡「編年記」一〇弐簡）

(同) 四年十一月 喜□安陸□史。 (睡虎地秦簡「編年記」一一弐簡)

(同) 六年四月 為安陸令史。 (睡虎地秦簡「編年記」一三弐簡)

(同) 七年正月甲寅 鄢令史。 (睡虎地秦簡「編年記」一四弐簡)

(同) 十二年四月癸丑 喜治獄鄢。 (睡虎地秦簡「編年記」一九弐簡)

安陸・鄢がそれぞれ二回であるが、このうち「安陸」が彼にとって縁が深そうなので、安陸と喜の関わりについてさぐってみたい。というのは、彼の周辺史料に「安陸」が多いからである。「編年記」にはもう二ヶ所「安陸」が出てくる。

(昭王) 廿九年 攻安陸。 (睡虎地秦簡「編年記」二九壱簡)

(始皇) 廿八年 今(始皇)過安陸。 (睡虎地秦簡「編年記」三五弐簡)

また喜の副葬品の土器六点すべてに「安陸市亭」の印が捺され、一四号墓の土器三点にも同じく「安陸市亭」の印が捺されていた。また四号墓の木牘に、

母操夏衣来、今書節(即)到、母視安陸糸布賤、可以為禅・裙・襦者、母必為之、令与銭偕来、其糸布貴、徒〔以〕銭来。[26] (睡虎地四号墓秦墓木牘一一)

とある。これは黒夫と驚という淮陽に従軍している二人の人物が家に書き送った手紙の一部で、夏着が必要なので、安陸の布が賤かったら買って衣服を作って送ってくれるよう、もし安陸の布が貴ければ、お金を送ってくれるようたのんでいる。「もしそちら(安陸)で布がやすく手に入るようなら云々」というわけであるから、手紙の受取人は、当然安陸の人間ということになろう。

以上、睡虎地秦墓に葬られている人たちは、安陸の人間と考えていいのではないか。こうみてくると、さきの「今

（始皇）過安陸」を「編年記」に書き込んだのも、単に始皇帝の巡幸を記したものではなく、そこに喜が立って、巡幸途中の始皇帝を遠く眺めている姿が浮んでこないだろうか。「編年記」の記載では「前期」に属する「廿九年。攻安陸」も、他の戦争の記事一般の一つではなく、この年表が、安陸の人間によって書かれたことの反映なのではないか。そもそもこれまで「安陸県」は『史記』に記載がなく、漢代に設置されたと考えられてきた。それが今回、この史料から戦国秦にも存在したことが明らかになったのである。前にも述べたように、「編年記」の大事の記録はほとんど『史記』にみられるのであるが、この「昭王廿九年」の年を「六国年表」でみると、「秦表」には「白起撃楚、抜郢、更東至竟陵、以為南郡」とあり、「楚表」には「秦抜我郢、焼夷陵、王亡走陳」とある。この年、楚の都、郢が落ち、王が陳に亡げ、この地域が南郡として秦の領域に繰入れられたのである。これらのことの方が「大事」であろう。この「編年記」は、喜が何かを下敷に書き写したものであろうが、それにはこれらの「大事」がなくて、「攻安陸」があったのだろうか。この廿九年の記載は、「前期」に書かれたものであろうが、自分たちの父祖の地・墳墓の地が秦の領域に繰入れられた時の戦いとして、喜の主観をまじえた表現にかえられたのではないか。とすれば、「後期」にみられるような喜の姿の片鱗をここにみることができるような気がする。

以上のような「編年記」の書かれ方をみると、喜が秦の統一戦争を支持していたというより、もっと複雑な心境を示しているように思われる。同出の「語書」は公文書であるから当然であるが、始皇帝の諱の忌避が厳重に守られている。ところが「編年記」には「正」の字が三回使用されており、このうち二回は始皇帝の時代である。ちなみに「正」の字は「語書」では「端」の字をもってかえている。私文書であるとはいえ、喜の心の一端をのぞかせてはいないか。喜は、父祖の地、楚が秦に編入されて一六年後にこの世に生を受け、彼が生涯を終える直前まで、楚はよその地で余喘を保ちつづけた。そういう状況にある時、前節で考察したように、彼のような在地に基盤をもちつづけてきた家の人間にとって、新しい支配者を迎えてすぐ、その忠実な官吏として転身できるのだろうか。勿論人間にはあらゆる場合が想定できるのであるが、しかし少なくとも「編年記」のありようは、戦争を記しているから、その戦争を支持していたなどといえるものではないといえよう。

秦が崩壊したとき、いったんは旧六国が復活した。最初に反秦の声をあげた陳勝・呉広の乱は、国号に張楚を名のった。また楚では「秦を亡ぼすものは必ず楚なり」(27)といわれていた。秦の統一の内容がそんなに単純なものでなかったことは誰も疑わない。それなのにこの喜を論ずる時、この辺を素通りして、同出の「秦律」や「語書」にひきつけて、秦の法家支配を率先執行した地方下級官吏として位置づけるのは、安易にすぎるように思う。まして彼は前章でみた墓の規模から考えられるように、その地方に、ある基盤をもった人物であった。彼の官吏としての経歴は、「編年記」によるかぎり二八歳のときの「治獄」が最後である。「編年記」最終年の始皇卅年まで一九年、彼がずっとこの官にあったとしては長すぎる。途中で辞して、その後民間人としてすごした可能性は十分にある。こう解釈すると、彼が地方下級官吏として終わったことと、彼の経済的背景とは別のこととして考えねばならない。とすれば、この場合、百石程度の官吏の墓の基準には必ずしもならないということになろう。また同出の「秦律」等は、これまで、喜が法律を専門とする官吏、あるいは法家支配を率先実行する官吏とするうえでの証拠とされてきた。しかし法に明るい有能な官吏、必ずしも秦に忠実とはかぎるまい。こうした観点から節をあらためて、喜について再考し、結論としたい。

三

前節で「(始皇)廿九年、今(始皇)過安陸」について述べた。この記事をみていると、『史記』に描かれる項羽が会稽で、劉邦が咸陽で、それぞれ遠く始皇帝の巡幸を眺めて

(項羽)曰「彼可取而代也[28]」。

(劉邦)喟然太息曰「嗟乎、大丈夫当如此也[29]」。

と発した彼等の「感懐」の様が思い起こされてくる。これに、六国統一後二年目、父祖の地を巡る始皇帝を眺める喜の感懐と重ね合せるのは、思い入れがすぎようか。

秦漢の際、陳勝・呉広の乱に端を発する反秦の波が起こったとき、秦の官僚組織の末端にいながら反乱側につき、その後大いに活躍した例を多くあげることができる。そうしたタイプに共通していえるのは、概して武ではなく、文で政権確立に力を発揮していることである。

例えば劉邦を助けて漢帝国の創立に力のあった蕭何は、「文、無害なるを以て、沛の主吏の掾と為った」。「以文無害」とは、「文とは律令文を指して言い、律令文に精通し、人を害すること深刻ならざる[30]」ことで、蕭何が主吏の掾となれたのは、法律に精通していたからであった。そして

秦御史監郡者与従事、常辨之。何乃給泗水卒史事、第一。秦御史欲入言徴何、何固請、得毋行。

と、泗水郡(これは秦での名で、漢では沛郡と改められた)の卒史に任ぜられ、成績第一であったことから中央に徴されたが、固辞してゆかなくてすんだという。蕭何は自ら昇進の道を拒んだのである。しかし彼の能力は時を得て十二分

に発揮する機会を得た。劉邦とともに秦の都、咸陽に入ったとき、

諸将皆争走金帛財物之府分之、何独先入収秦丞相御史律令図書蔵之。沛公為漢王、……漢王所以具知天下阸塞、戸口多少、彊弱之処、民所疾苦者、以何具得秦図書也。(31)

と、また、はじめて関中に入ったとき、

約法三章、……蠲削煩苛、兆民大説。其後……三章之法不足以禦姦、於是相国蕭何攈摭秦法、取其宜於時者、作律九章。(32)

と、帝国草創にあたって、なすべきことを着々と進めている。とともに蕭何が法律に通じ、また行政の熟達者であったことを、これらの記事は伝えている。そしてそうした蕭何にふさわしく、初期の段階から自分たちの集団の将来を、政権樹立を射程に入れつつ事をはこんでいる。彼がいかに先をみていたか、

是時蕭何為相国。而張蒼乃自秦時為柱下史、明習天下図書計籍。蒼又善用算律暦、故令蒼以列侯居相府、領主郡国上計者。(33)

と、蕭何は張蒼が秦の時、柱下の御史をつとめ、天下の図書・財政・戸籍に明るかったので、列侯のまま相国の府にとどめて郡国の財政報告を司らせたという。張蒼はのち恵帝の時、御史大夫で文帝の時、丞相となり、この時には刑法の改正にもあたっている。蕭何は自分の役割をひき継ぐべき者を用意しているのである。彼等はともに秦朝の下の法律に通じた官史であった。張蒼は「罪有りて、亡げ帰り」、のち劉邦集団に加わり、蕭何は中央への道を自ら捨てて、のちやはり劉邦と事を挙げている。法に通じていることと、忠誠心とは、彼等にとって別のことであった。

蕭何の漢帝国創立についての功績は、劉邦に忠実であったというより、自己に忠実であったというべきであろう。劉邦と事を起こしたとき、それをリードしていたのはむしろ蕭何であった。もともと山沢に亡匿していた劉邦は「山

賊」でしかない。蕭何の沛の城内でのお膳立てと結びついたからこそ、できた旗上げであった。秦の時、蕭何と劉邦との関係は、「何、数々吏事を以て高祖を護り、高祖、亭長と為りて、常に之（蕭何）に左右す」[34]といわれるように、いわゆる庇護者と被庇護者の関係であった。それでいながらこの反乱集団の長を決めるとき、

恐事不就、後秦種族其家、尽譲劉季。[35]

と、長になることを避けている。彼には「族」されることを恐れるだけの背景があった。後に論功行賞のとき、蕭何の厚遇に不満をならした連中に、高祖は「諸君独り身を以て我に隨う。多くて両、三人」、それなのに蕭何は「宗数十人、挙げて皆、我に隨う」といっている。[36] 彼が沛の「豪吏」[37]であったとともに、その土地で相当の基盤をもつ家の人物だったといえよう。もう一度、蕭何の生き方をたどってみると、秦朝の下での中央官僚への道をことわったのは、彼には秦のゆくえがみえていたためかもしれない。ともかく地方の官吏としてありつづけた。それだけ慎重だった蕭何が、時至ったとき、積極的に劉邦に手を貸して反乱行動に踏み切った。そこまでしながら、その集団の長を選ぶとき、「事、就らざるを恐れて」、長になることを避けている。彼の行動にはいつもある線があって、それ以上に出ない。

こういう例ではかつて東陽の令史であった陳嬰が王になることを請われたときの去就が思いおこされる。この時陳嬰は母の、

自我為汝家婦、未嘗聞汝先古之有貴者、今暴得大名、不祥。不如有所属、事成猶得封侯、事敗易以亡、非世所指名也。

という言葉に従って、項羽に王位をゆずっている。そもそも陳嬰が少年たちに推挙されたのは、

故東陽令史、居県中、素信謹、称為長者。[38]

ということからであるが、この背景には陳嬰の家の東陽県におけるある基盤を感じさせる。蕭何・陳嬰ともにかつて

秦吏であった。事にあたって重要な役割を果しながら、その長につくことは避けている。在地に基盤を持ちつづけてゆくものの、一つの身の処し方を示してはいないか。陳嬰の母の言葉はそれをよく示している。この点でいえば、劉邦も項羽もいうなれば亡命者であって、何も捨てるものはない。

第一節でみた春秋末から始皇帝期に至る各民衆墓の上位クラスの墓葬内容の豊富化は、そのまま在地有力層の成長を示すものではないか。そしてここにあげた蕭何・張蒼・陳嬰らを、その成長する層を代表する人物とみていいのではないか。そうした彼らが劉邦を立てて打って出たのは、統一後の秦の政策とぶつかったからではないのか。そうした意味では、前漢はそうした層の輿望の上に成立したといえないか。前述の前漢民衆墓群の内容の、前代に比較して飛躍的な豊富化は、そうした彼らの成長を具体的に示すものではないか。鳳凰山一〇号漢墓の墓主について裘錫圭は、墓主張偃は「江陵西郷の有秩あるいは嗇夫であろう」といい[39]、黄盛璋は、彼は「爵は五大夫であったが、これは納粟で得たもので、官職とは関係なく、……中クラスの地主兼商人であろう」といい、夫婦の墓とみた鳳凰山八・九号墓のうち、八号墓々主を「南郡の太守あるいは太守に次ぐ高位の官吏であろう」といい、「彼らはすべて一家に属し、官吏・地主・商人の間の関係が密接であったばかりか、同時に互いに替わり得るものであることを説明している」[40]と述べている。こうした彼らの在地性をもった上での成長した姿は、蕭何らが設計し創設した前漢帝国初期に生まれた一つの結果ではないのか。

最後にもう一度、喜にたちもどってしめくくりとしたい。彼が「治獄」のまま生涯を終えたのか、あるいはいつのころか官を辞して民間人として生涯を閉じたのか、いずれにしても彼が父祖の地を離れず、墓の規模から考えて、ある程度以上の経済的基盤をもった一家の長として生涯を終ったことは事実であろう。「治獄」という職位と、この墓の示す経済力が、パラレルな関係にあるとはとても考えられず、喜の経済的基盤は、体制とは関係なく楚の時代からひきつがれていたのであろう。彼は秦の官僚機構の末端につらなったこともありながら、終始自らの世界を守って、体制とは一線を画していた。彼が死んで七年にして秦は最初の反乱の波に洗われた。七年後の蕭何・張蒼等の生き方を、喜の上に重ねて考えるのは、そう非現実的なことではないように思う。また、鳳凰山八・九・一〇号墓々主たち一族に、喜及び彼の一族のその後の成長した姿を重ねてみることもできるのではないだろうか。

注

（1）「南郡守騰文書」の名称は、この文書の内容からつけられたもので、釈文発表当初からこの名で呼ばれ、一九七七年に発行された竹簡原寸大写真版の入った睡虎地秦墓竹簡整理小組による大型の『睡虎地秦墓竹簡』（文物出版社）にもこの名で発表されている。ところが、最近入手した同小組、同名書（文物出版社、一九七八年）によると、「最後の一簡の背面にもとの標題があった」（一四頁）ということでこの書ではじめて原題「語書」の名が使用された。

（2）大庭脩「雲夢出土竹書秦律の研究」『関西大学文学論集』第二七巻第一号、一九七七年、四二頁。

（3）黄盛璋「雲夢秦簡『編年記』初歩研究」『考古学報』一九七七年第一期、一三頁。

（4）孝感地区第二期亦工亦農文物考古訓練班「湖北雲夢睡虎地一一号秦墓発掘簡報」『文物』一九七六年第六期。

（5）湖北孝感地区第二期亦工亦農文物考古訓練班「湖北雲夢睡虎地一一座秦墓発掘簡報」『文物』一九七六年第九期。

（6）この編年は、七号墓槨室内に刻まれていた「五十一年曲陽徒邦」の「五十一」、すなわち昭王五十一年（紀元前二五六）を、この墓の埋葬年と考え、また一一号墓より出土した「編年記」の最終年「卅年」、すなわち始皇三十年（紀元前二一七）をやはりこの墓の埋葬年と考え、この埋葬年を「確定」できる二つの墓を軸に、他の墓は、土器の器形紋様などによって編年分類した（「簡報」B—五八～五九頁）ものである。

（7）湖北省博物館・華中師範学院歴史系「湖北江陵太暉観五〇号楚墓」『考古』一九七七年第一期。

（8）湖北省博物館「湖北江陵太暉観楚墓清理簡報」『考古』一九七三年第六期。

(9) 湖北省博物館・荊州地区博物館・江陵県文物工作組発掘小組「湖北江陵拍馬山楚墓発掘簡報」『考古』一九七三年第三期。
(10) 宮川寅雄・関野雄・長広敏雄編『中国文明の原像』上、日本放送出版協会、一九七八年、一六一～一六二頁。この文献は、宇都木章先生よりご教示いただいた。
(11) 黄盛璋「江陵鳳凰山漢墓簡牘及其在歴史地理研究上的価値」『文物』一九七四年第六期、七四頁。この時この三基の他に六基が一緒に発掘されている。八・九・一〇号墓から四〇〇余枚の木牘が出土したが、その中に張偃・張伯・張母・張父等の文字がしばしばみられる。また一〇号墓より一面に「張偃」、もう一面に「張伯」と刻した木印が出土している。これは「墓主が生前使用していた私印の明器であり、……張偃・張伯は同一人と考えるべきで『伯』は排行であり、伯・仲・叔・季をもってよぶ例が、同墓の簡文上に非常に多くみられる」（注（12）簡報五二頁）。
(12) 長江流域第二期文物考古工作人員訓練班「湖北江陵鳳凰山西漢墓発掘簡報」『文物』一九七四年第六期、四四頁。
(13) 注（9）簡報一五一頁。
(14) 注（4）簡報三頁。
(15) 季勲「雲夢睡虎地秦簡概述」『文物』一九七六年第五期。
(16) 注（4）簡報。
(17) 睡虎地秦墓竹簡整理小組『睡虎地秦墓竹簡』文物出版社、一九七八年、一頁。なお、これには他に帙入り大型版（写真・釈文・注釈。一九七七年）の同出版社、同小組による同名のものあり。
(18) 注（3）論文一六頁（傍点筆者）。
(19) 古賀登「雲夢睡虎地某喜墓の秦律等法律文書副葬事情をめぐって」、唐代史研究会報告第Ⅱ集『中国律令制とその展開――周辺諸国への影響を含めて――』一九七九年所収、一四頁。
(20) 高敏「《大事記》的性質与作者質疑」『雲夢秦簡初探』河南人民出版社、一九七九年。
※以下本文の高敏の議論は、陳直が「略論雲夢秦簡」『西北大学学報』一九七七年第一期で、「編年記」の作成者を喜の父としている説に反論しているものである。陳直はこの中で「『大事記』は喜の父が書いたものとすべきで、それに喜等男女の出

生年を付記したもので」、「喜の父は全部で六男一女」をもうけたが、「七人の出生は前後四三年ものへだたりがあり、同母の生んだものではあるまい。喜の死んだ始皇三十年に、喜の父はまだ生きていたのだろうか」、と述べている。筆者同論文未見のため、高敏『雲夢秦簡初探』一四・一五頁に引用されている部分をここにのせた。

(21) これまで「編年記」と称してきたものを、高敏・陳直は「大事記」と表記している。この点について少しことわっておきたい。最初出土竹簡が発表された時（注（4）簡報・(15)論文及び『文物』一九七六年第六期に掲載された雲夢秦墓竹簡整理小組「雲夢秦簡釈文（一）」）、これは「大事記」の名で紹介された。それがのちに『睡虎地秦墓竹簡』（帙入、大型版、一九七七年）として刊行された時、「編年記」と命名がえされていた。ただしコメントなし。ちなみに黄盛璋は注（3）論文の注で、「雲夢秦墓竹簡整理小組は、この部分の竹簡に『大事記』の名をつけた。……今回整理小組の意見によって名を『編年記』に改めた」（一頁）と述べている。高敏が自己の見解で「大事記」の名称に固執しているのでないことは、本文の後論であきらかである。また「軍政大事を記載していることによって、『大事記』と名づけられた」（一二頁）といっていることでもわかる。なお、黄盛璋は自分の論文末尾に「編年記」の竹簡写真を載せているので、勿論原物ないし写真をみているることはたしかであるが、陳直・高敏は『文物』の釈文だけに拠っているようである。

(22) 注（15）論文二頁。

(23) 注（19）論文一八頁。

(24) 同右二〇頁で古賀は、「反秦感情から……事実を無視しようとして」秦の統一を記さなかったと述べている。

(25) 黄盛璋「雲夢秦簡辨正」『考古学報』一九七九年第一期、一二一頁。注（3）論文八頁。

(26) 注（5）簡報六一頁。

(27) 『史記』巻七「項羽本紀」。

(28) 同右。

(29) 『史記』巻八「高祖本紀」。

(30) 陳直『漢書新証』天津人民出版社、一九七九年（一九五九年初版）、二五九頁。

(31)『史記』巻五三「蕭相国世家」。
(32)『漢書』巻二三「刑法志」。
(33)『史記』巻九六「張丞相列伝」。
(34)注(31)書。
(35)注(29)書。
(36)注(31)書。
(37)『史記』巻五四「曹相国世家」。
(38)注(27)書。
(39)裘錫圭「湖北江陵鳳凰山一〇号漢墓出土簡牘考釈」『文物』一九七四年第七期、五六頁。
(40)注(11)論文七四～七五頁。一〇号墓々主の身分について裘錫圭と見解に相違があるが、ここではふれない。

第二章　湖北における秦墓の被葬者について
――睡虎地一一号秦墓、被葬者「喜」と関連して――

はじめに

一九七五年、秦の法律及び法律関係文書を主体とする一一〇〇余枚の竹簡の出土をみた睡虎地一一号秦墓は、その文書のもつ重要性から多くの関心を集めた。[1] その竹簡のなかに秦の六国に対する戦争等を記す「大事記」と、「喜」という人物及び彼の家族のことを記す「年譜」のような、二つの性格を合わせ持つ『編年記』と命名された文書があった。これには被葬者の名前・生年、彼がかつて県の役人であったことなど、記されていた。このように被葬者の生涯をある程度知りうること、秦の研究、特にこれまで空白であった秦の法律関係の研究にまたとない生の資料を今日に伝えてくれた人として、またその所有者として、「喜」の出自、特に彼が楚人か、それとも秦人か、についての関心が一つの焦点となった。

『編年記』の記録は、「喜」が秦始皇三十年（前二一七）ないしその年をあまりくだらない時期に四〇数歳で亡くなったこと（このことは棺に残された骨の鑑定とほぼ一致）[2]、彼が法律関係の官吏であったこと等を明らかにしていた。この秦の法官吏の墓の所在地が、当時「安陸」と呼ばれた土地で[3]、現在の湖北省雲夢県睡虎地、かつての戦国楚の国の領域であることが、人々の関心を呼んだのである。

この地域は、始皇帝の中国統一に先んずること半世紀以上前の昭襄王二十九年（前二七八）、秦の将軍白起が楚の都の郢（現在の湖北省江陵県北の紀南城）を攻略してその周辺地域に南郡を設置したとき、その治下に入ったところである。『編年記』によると「（昭王）卌五年（前二六二）……十二月甲午、鶏鳴時、喜産」[4]（睡虎地秦簡「編年記」四五壹簡）とあり、「喜」は、南郡設置より一六年後に生まれている。この記録を、「喜」は秦の故地で生まれ、その後のある時期に安陸に従ってきた秦人と理解するか、それとも旧楚地安陸で生まれたと読むか。もし後者とみるなら、「喜」は秦軍とともにやって来て占領支配の一翼を担った秦人の、あるいは「徙民」政策によってこの地に徙された秦人の、後裔とみるか、それともこの地出身の楚人とみるか。もし後者と考えるなら「喜」は被征服民でありながら、秦の支配機構の一端につらなったことになる。彼の出自に関心が持たれたのは、こうしたところにあった。

秦人説は主として考古学的見地から、楚人説は主として『編年記』の内容の分析を通じて、それぞれ提唱された。[5]現在、秦人説がほぼ定説化しているかの感がある。考古学的見地からの検討は、墓の構造、秦・楚それぞれの埋葬習俗の比較、出土陶器・青銅器の組合わせ、そしてそれが秦器か楚器かの検討、等を通じてなされていて、はなはだ説得力があり、そのうえ『編年記』の分析を通じて秦人説を提唱する論者もおられる。[6]であるのに、考古学的見地からの楚人説は、管見の限りではあるが、皆無である。秦人説が有力なる所以である。筆者はかつて楚人説を述べた小文を草したことがある。[7]かえりみて、『編年記』のみに注目し、考古学的考察をなおざりにしたこと深く反省するものがある。だが、その後「秦人説」に接するたびに、その説得力にこれで決着はついたかと思いつつ、最後のところで吹っ切れないものを感じてきた。考古学的分析が精緻であればあるほど、その感を深くするのである。その吹っ切れなさを一言でいえば、「秦式墓」の被葬者は全て秦人なのかという疑問であった。

「喜」の埋葬は始皇帝三十年（前二一七）以降、秦はあと一〇年ほどの命であった。この地の秦の支配七〇余年の歴史からみると、末期に属する。端的にいって、「喜」の墓に秦の要素を探ることにそれほど意味があるのか、あって当然、もし楚人だったとしても、楚の要素が少なくてあたりまえではないのか。更にその感を深くするのは、漢初の漢墓の形式がそれぞれ地方色を残しつつ、中国全土に同質化の傾向がでてきていることである。ということは、秦の中国統一の影響は、秦王朝一五年のみならず、統一過程の時間をも含めるべきで、であるからこそ漢初の墓葬に全国的に秦の影響を強くみせつつ、同質化の様相を呈しているのではないか。[8]「喜」の墓はまさにその直前の墓なのである。

秦人説が充分説得力を保持していることを承知しつつ、敢えてこうした疑問にこだわってみたいというのが本論である。但し池田雄一氏が「喜個人にかかわる議論は推論、附会を重ねることになりむしろ慎むべきことではないか」（五七頁）と述べておられること、自身のこととして思いあたることであり、「喜」の墓にこだわらずこの地域の秦墓一般について考えてみたいと思っている。ここでまず主として考古学的見地からの「秦人説」を紹介したい。ことわるまでもないが、念のため付言すると、秦墓とは秦支配下における墓葬のことであるから、この地域についていえば、白起がこの地を占領した紀元前二七八年以降に造られた墓葬のことで、勿論被葬者が秦人か、旧楚人かは問われない。

一

睡虎地秦墓は、一九七五年に一二基、一九七七年に六基（同時に同漢墓四基、計一〇基）、一九七八年に二四基（このとき同時に近くの「大墳頭二・三号漢墓」等三基、計二七基、「大墳頭一号漢墓」はすでに一九七二年に発掘）と三回にわたって、秦墓計四二基が発掘され（表参照）、それぞれ発掘報告が出された。[9]三回目の発掘報告『簡報』Dは、秦人の墓地とする立場から次のように述べる。

表　睡虎地秦漢墓発掘年及び発掘数

発掘年	秦墓	漢墓
1972	—	1基（大墳頭1号）
1975（第1回）	12基	
1977（第2回）	6基	4基
1978（第3回）	24基	3基（大墳頭2・3号）
合計	42基	8基

第一に、これらの墓に副葬されている陶器は、すべて日常生活用器で、楚墓につねにみられる陶礼器がみられない。

第二に、蒜頭壺・鍪・秦式鼎等の銅器が多く副葬されているが、これらは、当時高価で、そのうえ秦人の伝統的器物であって、被征服民の楚人が手に入れることは困難であった。従って副葬品として墓に入れることは更に難しかったであろう。

第三に、第一次発掘の睡虎地四号秦墓出土の二点の木牘と、一一号墓出土の『編年記』は、被葬者について研究する重要な文字史料であるが、『編年記』の記すところによると、一一号墓の被葬者「喜」は、かつて三回従軍し、あわせて安陸御史《ママ》・安陸令史・鄢令史・「治獄鄢」等、下級役人を歴任した。四号墓の二点の木牘の内容は、秦の楚に対する戦争に参加した黒夫と驚という二人の兄弟が母親に送った手紙であった。[10]秦の六国統一戦争の過程で従軍したり、下級役人の役を担ったのは、たいてい秦人である。従って彼らは当然秦人である。

以上、秦人説を唱える論者に、共通する論である。このあと続けて出土漆器について次のようにいわれる。

今回の発掘での重要な収穫の一つに、二〇〇点近い秦代の漆器がある。これらは、芸術的に優れたもので秦代の漆器がすでに高い水準にあったことを示している。これらの漆器に烙印や線刻文字・符号などのあるものがあり、そのなかに「咸市」・「咸亭」・「許市」「鄭亭」等の文字があった。これらの文字は現在の咸陽・許昌・新鄭等、漆器の生産地の名を示すものであり、従って副葬された漆器は秦の故地、遠隔の地からもたらされたことを示している。この他に漆器製作の各工程の工人の名前を示すものなどもあり、これは秦律の規定にもとづくもので、秦器にしばしばみられるものである。[11]このように漆器に文字を記す習慣は主として秦からであって、一般的には楚にはなかった。ここでは直接指摘しているわけではないが、副葬された漆器が秦の故地で作られたものであることも、秦人説の一つの根拠になっているようである。

他方、日本における秦人説に池田・間瀬氏がおられる。[12]間瀬収芳氏は、睡虎地一一号秦墓の被葬者「喜」の出自について論じられて、「喜」を秦人であるとする理由に屈肢で葬られていたことを強調する。

写真によると、[13]仰身、両膝をわずかに曲げて棺に納められている姿を『簡報』Aでは「仰身曲肢」（三頁）、『本報告』の本文では「仰身屈肢」（八頁）、同報告「墓葬形制登記表」では「仰身曲肢」（一一頁）と記録している。陳振裕氏は湖北の秦墓一般について、「多くの墓葬の人骨はすでに朽ちて葬式は不詳であるが、少数の人骨が存する墓についていえば、葬式には仰身直肢と仰身曲肢（微曲的曲肢葬）の二種がある」[14]（二〇二頁）と屈肢葬の存在については言及していない。一一号墓の葬式がはなはだ微妙であることがわかる。そのためであろう間瀬氏は、屈肢葬と断定するにあたって「不安」を感ずるむきもあろうかと、次のようにいわれる。棺内に残された骨の状況と棺の長さから「脚を伸ばすとこの被葬者はこの棺内に収まらない」、従って「この棺が屈肢葬を前提として作られたもので……この一事をもってしても一一号墓被葬者は楚人ではない」（五頁）と述べておられる。ちなみに『簡報』A、『本報告』ともに内法の記載はないが、棺長二mと記載している（「A」三頁、『本報告』一一頁の表）。筆者も「屈肢葬」と断定するには氏のいわれる「不安」を感ずるものの一人であるが、氏のこの論拠のうえに立った秦人説に、少し疑問を呈したい。

雲夢睡虎地秦墓は最初一二基が発掘され、この時一一号墓も発掘されたのであるが、前述したように、その後同地で漢墓四基を含む秦漢墓一〇基が発掘された。間瀬氏の論文は、この時点で書かれたものであり、氏は「これら二二基の秦漢墓の被葬者を同一集団に属したものとみなしその出自を考察の対象」（四頁）とする。従って、その他の二一基の被葬者も秦人ないしその後裔とみているわけである。ところが「喜」を秦人と断定する重要な決め手となった屈肢葬が、その他の二一基についてもいえるかというと、その点は先の陳振裕氏の指摘にもあるように、甚だ微妙なのである。

同地ではその後、漢墓三基を含む二七基の墓葬が発掘されている。いまやこれらも含めて考察の対象にすべきであろう（前掲表参照）。そこで漢墓八基及び一一号墓を除く四一秦墓と屈肢葬との関係についてみると、葬式については残念ながら判明する事例は極めて少なく、四一基中五例、内訳は仰身直肢が七・九・四三・四四号墓の四例、仰身曲肢が四五号墓、側身屈肢が二三号墓、それぞれ一例ずつである。屈肢葬の二三号墓の棺の長さ一九二cm、幅六二cmの記載はあるが、棺の内法の記載はない。かりに板の厚さ一〇～一五cmとみて、上下で二〇～三〇cm、すると内法一六二～一七二cm、この棺を屈肢が前提の棺とみるべきか。先の陳振裕氏の指摘、一一号墓の葬式についての見解のずれ、次に述べる四五号墓の例などを考えあわせると、二三号墓はあるいは「微妙」な「側身屈肢」なのかもしれない。

四五号墓は、『簡報』Dの本文では「仰身曲肢」と表現されているのに（四八五頁）、巻末表には「仰身屈肢」と記録されている。本文図（四八七頁）をみると仰身で脚を交叉させていて、所謂「屈肢葬」ではない。図の縮尺によると棺の長さ約二m、内法約一七六cm、足下に穀物の殻がちらばっていて足を伸ばす余地は充分にある。

更に葬式は不明なるも、棺長の採寸のあるもの四二基中二一基、全て一八〇cm以上、うち一二基が二m以上である。ちなみに四四号墓は仰身直肢の記載があり、棺長一九八cm、内法一七四cmである。[15] こうみてくると曲肢、屈肢と記載のある二例にしても必ずしも屈肢を前提とした棺とはいえず、棺からみても大勢として仰身直肢といってよかろう。

勿論間瀬氏も楚に屈肢葬が持ち込まれなかったことは充分承知しておられるわけで、そうしたなかにあって敢えて一一号墓に屈肢葬がなされたことに意味を見出しておられるわけで、次のようにいわれる。秦人の「集団結合の文化的基盤である伝統習俗は楚文化の中に融けて正に滅びようとしていたのである。その時、かえって、集団内のより上層の人物の埋葬に際して、権威を示す格式として殊更に強調されたのが屈肢葬」（一二三頁）であると。

だが韓偉氏の屈肢葬についての次のような指摘は示唆的である。陝西省鳳翔県の春秋時代の墓地に、大量の奴隷を殉葬する墓葬が現れるが、「一九七六年発掘された八旗屯墓地では、殉奴墓が発掘墓総数の五分の一を占め、殉奴が多い場合二〇名に達する。殉奴墓における奴隷主と奴隷は異なる葬式が採用され、奴隷主はみな仰身直肢葬で……このような貴族の葬儀はずっと秦末まで変わらなかった。しかるに殉葬奴隷はみな屈肢葬であった」[16]と述べている。屈肢葬の起源については、胎内にある胎児の姿とか、いろりばたで寝ている姿を模しているとか、諸説あるようであり、また戦国期秦の独立墓に屈肢葬が盛行した事についても未解決の問題であろうが、このような事実は、少なくとも春秋以後の秦において、「殊更に」名誉な葬儀の姿とは考えられていなかったことを示してはいないか。起源はどうあれ、秦から従ってきて、楚地の仰身直肢葬が普遍的であることを知った人々にとって、屈肢葬が不自然な姿に映ったのは自然な感情ではないか。とすれば敢えてその姿勢を保持するとは思えず、まして「上層の人物の権威を示す格式として」採用するとも思えない。秦で盛行していた屈肢葬が、楚に入った秦人によって直ちに捨てられてしまったこと、それをよく物語っているように思う。以上の点からいって、睡虎地秦漢墓の被葬者達を秦人と見なすにしても、殊更に喜の葬式を屈肢葬と強調する必要はないと思う。というより「特殊な一例」をもって全体を規定する必然性はないといえないか。

二

次に、これまでに紹介した秦人説も含めて一般的に、副葬されている青銅器・陶器・漆器等が秦器であることが秦墓の決め手にされていることについて、少し疑問を呈してみたい。蒜頭壺のような典型的秦器、秦の都咸陽産の漆器等は、被征服民の楚人が手に入れることは困難であったろうから、これらを副葬しているのは秦墓であるという。そう言い切っていいのか。秦に征服された直後ならまだしも、末期に至ってもなお征服・被征服が副葬品にそれほど反映するものだろうか。勿論伝統習俗としての埋葬習俗が保守的であるのは当然であるが、副葬品の生産を断たれる事態になれば、余儀なく代替の副葬品を求めざるをえないであろう。こうした観点から、漆器を例にすこし考えてみたい。

楚墓に漆器の副葬が多い事、それが楚地の漆器生産の繁栄を反映するものであるということは周知のことである。そして漆器の多量の副葬は楚の習俗であった。だが秦がこの地を占領して以後、副葬品の中から楚の漆器は忽然として消えてしまう。次に時期を接して旧楚地に現われるのは睡虎地秦墓群でみたように秦の地で生産された事を示す漆器なのである。鎮墓獣の有無が楚墓と秦墓を分ける一つの標識とされるが、そもそも鎮墓獣は漆製が主体であるから、もし秦がその習俗を受け継がなければ、楚の漆業と運命をともにするのは当然で、楚墓の消滅と共に姿を消すのもこれまた当然の事なのである。ちなみに秦が滅んだのちの漢墓における漆器の情況ではどうか。

睡虎地秦墓の墓地に程近いところに大墳頭漢墓の墓地がある。この一号墓から睡虎地秦墓出土のものと極めて類似した多量の漆器が出土し、それが咸陽産であることを示していた。(17) 後で詳しく触れるが、一九八五年、埋葬年が漢の呂后二年（前一八六）ないしその年をあまり下らない事を明らかにする文字史料を伴う江陵張家山二四七号漢墓が発掘され、そこから出土した漆器には成都製を示す刻字のある漆器があった。(18) 漢代成都が漆器の生産地であったことは、戦前では朝鮮の楽浪郡、最近では馬王堆、江陵鳳凰山等の漢墓からの出土でよく知られている事であるが、(補注1) 現在のところ成都製の漆器としては時間的にいちばん遡り得る例であろう。近年発見されたこの二つの漢墓は、漆器からみた漢墓の編年及び秦漢の漆器生産の編年に、貴重な史料を提供したのである。大墳頭一号漢墓は前代を引きずった漢の最初期の墓であろうし、後者は呂后二年という漢も早い時期に、漆器工業が咸陽から成都に移っていることを明らかにしている。これらの事は、重要な手工業の生産地が、政治権力の交替に伴って移動したことを物語っている。とすれば、楚器としての漆器の生産は楚の滅亡とともに、大勢としては終ったとみるべきであろう。旧楚人が従来の習俗に従って漆器を副葬しようとしても、楚器を手に入れようがなかったとすれば、秦器を求めざるを得なかったであろう。もっとも楚人には秦器を手に入れることが不可能であったということであればそれまでであるが。

秦人墓といわれる睡虎地秦墓は、漆器副葬の多さにおいては、楚の習俗に従っている。一一号墓の副葬品八〇余点の内漆器約三五点、数量、質において一一号墓につぐ九号墓は、六七点中三一点、七号墓は三九点中一四点、四号墓は二一点中九点、一三号墓は三六点中二六点である。ほぼ五〇％、一三号墓に至っては三分の二に及ぶ。[19]これらの漆器が咸陽等の地からもたらされたものであることは既に述べた。とすれば、楚人がそれを手にすることの可否を別にすれば、被葬者が秦人か楚人かを問わず、この墓地に秦の漆器が副葬されたのは当然である。まして一一号墓についていえば、埋葬時が秦末、秦の支配下に入って半世紀以上、この時点に至ってなお秦器の副葬を秦人、楚人の目安にするのは現実性に欠けるのではないか。江漢地域における秦墓発見の歴史は新しく、数も少ない。現在その報告に接し得るのは睡虎地の他に宜城楚皇城、[20]宜昌等で、[21]この他に江陵鳳凰山に一〇基の秦墓のあることが伝えられているだけである。[22](補注2)これからの発見、発掘が大いに期待されるところであり、それによって将来左右されること大いにあり得ると思うが、現在のところ睡虎地秦墓以下これらの墓地の被葬者のほとんどが秦人とされていることについては既に紹介してきた。陳平氏は「雲夢は、楚の大邑安陸、宜城は楚の故都鄢郢、江陵は楚の都郢、宜昌は楚の重要な守りである夷陵であり……そこが楚に属そうと、秦に帰そうと重兵を置いて守りを固めていた所で、従ってその地に多くの楚墓があるほかに大量の秦墓があるのは当然なのである。このため七一年より七二年にかけて（宜昌）前坪・葛州壩で発掘された数十の戦国秦漢の際の墓葬に大量の秦墓が存在するのは理の当然なのである」（六一頁）という。陳平氏がここでいわれている秦墓は秦人墓を意味しているが、この地域の旧楚人の存在を否定しているわけではなさそうである。だが同時代の楚人墓の存在の有無には言及してない。現在発見されている秦墓が少ないとはいえ、そのほとんどが秦人墓というのは、少々納得がいかない気がする。よしんばこの事実については納得しても、この感を更に深くするのは、もし秦墓に秦人墓、楚人墓の別が継続してあったなら、それは少なくとも漢初にも存在したはずである。だが、筆者の寡聞の範囲ではあるが、そうした形跡が感じられないのである。

三

楚地に秦人が居住するようになるのは、もちろん秦によって併合される過程においてであり、『史記』「秦本紀」に「（昭襄王）二十八年、大良造白起攻楚、取鄢・鄧、赦罪人遷之。二十九年、大良造白起攻楚、取郢、為南郡、楚王走」とあり、秦は前二七九年、楚の郢・鄧を攻めて、「赦罪人」をこれらの地に徙し楚の都、郢を攻落して、あたり一帯に南郡を設置した。『編年記』の同年の項に「（秦）攻安陸」（睡虎地秦簡「編年記」二九簡壱）とあり、安陸もこのとき南郡の治下にはいった。以後この地域には「赦罪人」の他に、占領支配の任務につく秦の役人層が移り住むようになったであろう。ここで問題なのは、秦人の徙民がどのようなかたちでなされたか、ということである。池田雄一氏は、昭襄王二十一年、秦が魏を攻めて安邑を獲得した時の「秦出其人……赦罪人遷之」等の記録の示す秦の「他国の邑の占領」にみられる一つの傾向と、当時の安陸周辺が戦略的に重要な地域であること等を勘案して、「昭襄王二十九年の時点では秦の統一も緒についたばかりで出人→徙民の方式も考えられることである」（四六頁）と、「根こそぎ」を推測されて、はなはだ説得力のある論を展開され「秦の占領政策の面においても睡虎地秦墓の墓主が秦人であった可能性が強い」（四六頁）、その上この一帯が「対楚前線基地」としての戦略的重要性は、秦人の居住を促したであろうともいわれる。氏が秦人の可能性が強いとするもう一つの理由に、この墓地が「東周遺址の文化層を破壊している。渠道内ではまた一個の土井が発見され、ここが東周時代には村落であって、戦国晩期以降、変じて墓地となった」（三六頁）[23]こと、がある。氏は、この「戦国聚落の破壊者が睡虎地秦墓の墓主たちに関るとすると、破壊された聚落の住民は楚人であった可能性が大きいため、秦墓の墓主たちはこの地に世々居住してきた楚人」のはずはないといわれ、つづけて、だが、破壊を秦軍の安陸占領の際と考え、その後原住民である楚人が廃居に隣接して新住居を再建、旧居住区を墓地にした可能性も考えられないことではないとしながら、最終的には「睡虎地秦墓と同時代の楚墓との間に副葬品の面で差異」（三六～三七頁）があり、それを比較検討すると、この「秦墓は、楚人と異なる習俗を残すものであった、との可能性を窺わせる」（四一頁）との結論を得ておられる。

氏は、（一）安陸の戦略的重要性から住民の総入替がなされた可能性の存在、（二）睡虎地秦墓が戦国集落の破壊の上に造られている、（三）「同時代の楚墓との間の副葬品の差異」、等から秦人説をとられる。（一）と（二）について今、筆者に何かを述べる用意はない。ただ（一）が否定されなければ成立しないが、氏もいわれている可能性として、楚人が破壊された旧住居跡を墓地にした可能性もあり得ないことではないという気はする。（三）についての筆者の考え方は、前節で示した。

ここで「安陸」より地域を拡大して、当時の南郡における楚人と秦人の関係をみてみたい。秦簡の中の『語書』（南郡守騰文書）という原題を持ち、「（始皇）廿年（前二二七）四月丙戌朔丁亥」の日付をもつこの文書は、南郡の郡守騰という人物が、治下の各県の官吏に、法の施行を厳しく迫っているもので、当時の社会を考えるうえに多くの示唆を与えてくれる。

古者、民各有郷俗、其所利及好悪不同……害於邦。是以聖王作為法度、以矯端民心、去其邪避（僻）、除其悪俗。……今法律令已布、聞吏民犯法為間私者不止、私好・郷俗之心不変、自従令・丞以下智（知）而弗挙論、是即明避（僻）主之明法殹（也）。而養匿邪避（僻）之民。如此、則為人臣亦不忠矣。若弗智（知）、是即不勝任・不智（知）殹（也）。智（知）而弗敢論、是即不廉殹（也）。此皆大罪殹（也）。（睡虎地秦簡「語書」一〜七簡）

ここで郡守は、すでに秦の法令が施行されているはずなのに、民は「郷俗之心を変えず」、「法を犯している」、それなのに県の令・丞以下の役人は、知っていて知らぬふりをしている。それどころか知っていてわざと処断しないでいる。これは主の明法を無視するもの、大罪であるときめつけている。ここでいっている「郷俗」とは、戦国楚以来の習俗と考えるのが素直であろう。とすれば、この「郷俗」を頑固に守っているのは旧楚人と考えるほかない。そしてその彼らを取り締まるべき官吏が、それに精を出していないといっている。ここにみえる表現はまさに官吏のサボタージュである。怠惰な人間、任に耐えない者については「不勝任・不智」といっているが、あるいはこのなかには頑固に「郷俗」を固守する民に手をつかねている吏も入るかもしれない。だが郡守騰がここで主として問題にしているのは、敢えてサボタージュする「不忠」「不廉」の役人に対してである。先に「喜」＝楚人説は『編年記』の分析を通じて主として主張されたと述べた。それは、『編年記』の内容に、その書き手である「喜」の屈折した心を「読み取った」からであった。[24] 秦人ないしその後裔必ずしもおかみに忠実とはかぎるまいが、この県クラス以下の官吏層の相当部分に旧楚人の存在を感ずるのは、不自然だろうか。渡辺信一郎氏は「小吏層はその郡県に属する人びとから任用された……こうした事情は、武帝期以前、秦の全国統一期にまで遡って確認できる」と述べておられる。[25] この文書は統一に先んずること六年前に出されたもので、この地における秦の支配はすでに半世紀に及んでいる。この時点に至ってなお旧楚人の抵抗を、そしてそれでもなお旧楚人出身の吏を用いざるを得なかった状況を示してはいないか。

また秦の戦争に参加したのは、すべて秦人なのか、征服された国の人間が投入されることはなかったのか。統一戦争を全て自国の民だけでまかなえるほど秦は人的資源に恵まれていたのだろうか。戦国時代、人々の国境を越えての動き・活躍はすでに始まっていた。遊説の士はもとより、商鞅・李斯を挙げるまでもなく秦の王室に代々他国の人物が用いられたこと、よく知られていることである。後のことになるが、劉邦をはじめとして、秦漢の際に活躍した人物に、「国境」のにおいを感ずること少ないように思う。なるほど一時は旧六国の王を担いで復活を試みる動きもあったが、大勢としては、旧六国の出身を取り払った人々の離合集散の集団の動きが、劉邦集団の漢統一に集約されていったといえるだろう。統一秦は、そうした社会の流れを戦国から漢へ橋渡しする役割を担ったといえないか。先に「郷俗」を固守する民の存在を強調し、今ここで、国境を取り払った人々の存在をいう、矛盾しているようであるが、この二者は両存しながら、次第に後者が大きな流れとなって、漢代へ受け継がれていったとみてよいのではないか。いずれにしろ、『語書』は、「郷俗不変」の民と、そうした民を取り締まることに熱心ではない県以下の役人の存在、それに手を焼いている南郡守騰、統一にあと六年の段階でなお、南郡がこうした状況にあったことを示している。

四

では次に、秦式墓に埋葬されているが故に秦人であるということについて、考えてみたい。

池田氏も間瀬氏も一一号墓の被葬者を秦人とするにあたって、墓の構造、副葬品の特徴が秦のものということも、一つの根拠になっていることはすでに述べた。先に一節で紹介した中国の考古学的方面からの主張ともあわせて考えてみたい。

まず時間的に前後するものを、即ち楚の時代の楚墓と、秦の支配下に入った旧楚地の所謂秦墓を比較することにたいする疑問である。たしかに前述したように、これまで報告された秦墓の例は、この地の楚墓から秦墓への変化の著しさを示している。とすれば被葬者の楚人から秦人への交替とみるのが本来なら素直なのかもしれない。

よく知られていることであるが、楚墓と秦の故地の秦墓の特徴の主要な相違点をあげると、楚墓によくある鎮墓獣・武器が秦墓にはなく、楚墓の倣銅陶礼器に対し、秦は日常用器であり、被葬者の頭向が主として楚が南ないし東なのに対し、秦は北ないし西、楚の仰身直肢葬に対し、秦は屈肢葬、また楚のいったいに派手な墓葬に対し、秦の故地のいったいに質素な墓葬などをあげることができる。これは、屈肢葬を除いてほぼ旧楚地における楚墓と秦墓との相違でもある。

以上のことから旧楚地における楚墓から秦墓への移行は明確に線を引くことができる。だがこれらの相違をただちに秦墓の被葬者を秦人か楚人かの決め手にするのは、不適当ではないかということについては、副葬品が秦器であるからといって、一概に結論づけられないこと、高級な技術を必要とするような場合として、漆器を例に先に二節で考えてみた。更にいえば、睡虎地秦墓出土の漆器が秦器であるのに、陶器には「安陸市亭」の印があって、現地のものが調達されていた。漆器が現地では手に入れ難かった事をこれは物語ってはいないか。現在、この地域での秦墓は大体において秦人墓とみなされている。まだ発見の数が少ないとはいえ、本来数の上では多数を占めているはずの楚人の墓が発見されず、秦人墓ばかりというのは、偶然のことなのだろうか。

陳振裕氏はその数少ない一例として江陵鳳凰山七〇号秦墓をあげている。この墓から篆書で「冷賢」の二字を刻す銅印・玉印各一個が出土したので墓主の名が「冷賢」であることが知られるが、「冷氏は楚国の楽官の同族で、従って冷賢は楚人とすべきである。だがこの墓の副葬陶器は礼器ではなくて生活用具の陶瓮・甑・盂等である」（二〇五頁）と述べている。残念な事にその報告に接することは出来ないが、[26]副葬陶器からみれば明らかに秦人墓と目される楚人墓の例を紹介している。この例は、副葬器物等の秦、楚の分類だけではかたづかないことを教えてくれている。ただ同氏もこれ以外については、「銅蒜頭壺・銅鍪・陶繭形壺等を副葬する墓は、銅器は当時高価な器物である上に、もともと秦人の用いる伝統的器物であり、恐らく征服された楚人が手に入れたり使用することは難しかったであろう。従ってこうした器物を副葬する墓は秦人の可能性が強い」（二〇六頁）と述べておられる。こうした点についての疑問も既に述べた。

近年江漢地域における春秋より戦国中期に至る楚墓の発見、発掘例は、五五八基の墓葬についての調査報告『雨台山楚墓』[27]が出版された例をはじめ、文物、考古関係の誌面に枚挙に暇ない。豊富な楚墓の発掘は、多くのデータを提供して、楚墓の編年、特色などを明らかにした。だが、秦墓の例は少ない。先に睡虎地秦墓群の発見が大きな関心をよんだと述べたが、それはそうした背景のうえに、前述したように編年を可能にする資料を提供したからであった。この地域は、戦国楚の都郢が秦の白起によって攻略され、都を陳（河南省淮陽県）に移すまでの、楚の一〇〇〇年近いといわれる歴史の大半を、楚の国の中心地域でありつづけた。郢についていえば、実に楚の都として四〇〇余年の命脈を保ったのである。従ってその周辺に限ってみても、前述の雨台山楚墓群をはじめとして、春秋より戦国時代に至る楚墓は郢の「城外にすでに数十箇所の楚墓区が発見されており、……一〇〇〇基近くが正式の発掘調査を終えている」[28]。そのうえ一九七〇年代にはいって江陵鳳凰山漢墓群が発見され、ここにこの地域における古墓は、春秋より漢代までつながったのである。こうした点からいっても、戦国から秦漢に至る墓葬の変遷をみるうえで中心的地域であることがわかる。そこで睡虎地以外の先に紹介した二つの墓群を材料に秦墓の被葬者について考えてみたい。

一九七六年、湖北省宜城県楚皇城を調査している過程で、数か所の墓地が発見された。そのうちの一つの雷家坡墓地はかつての楚皇城外西四〇〇mほどのところにあり、二八基の古墓が発見され、うち一〇基が調査された。そのうち陶鼎・敦・壺等を副葬する一・二・八・一〇号墓と、銅鼎・蒜頭壺・鉄釜等を副葬する三・四・五・六・七・九号墓に分類され（ただし、四・五・六号墓はほとんど破壊されていた）、前者は戦国中期の楚墓、後者は、上限は白起が楚を攻めた前二七九年、下限は前漢文・景帝期以前の秦漢墓とされた。[29] ということは、この地域での楚から秦への支配権力の交替にかかわらず、この墓地は、戦国楚より秦・漢にわたってずっと使われつづけた事になる。そして副葬陶器の形式が、前者は明確に楚墓の特徴を示し、後者は典型的秦器の蒜頭壺等を副葬し、そのうえ、秦墓の特徴である墓向が、破壊の激しい三基が不明であるのを除いて、すべて北向きであるという点で、前者が楚式、後者が秦式という事から、この墓地の被葬者に、楚人から秦人への交替があったとみている。

陳平氏も前者を楚墓、後者六秦墓を秦人墓とし（五八頁）、同一墓地における楚人から秦人への交替をはっきり認めておられる。もしそうなら、先述した池田氏のいわれる「出人→徙民の方式」（四六頁）に有力な証拠を与えている事になる。ただそこで一つ気になる事は、秦の占領を境にして地下の「住人」がそんなにきれいに入れ替わるものなのか。発掘報告では、二つの秦墓が一つの楚墓の両隅を切って造られている一例を紹介している他には、楚墓の破壊の有無については言及していない。何かをいうにしては発掘例が少なすぎるが、地上の土地は占領しても、楚人の墓地を自らの墓地としてそのまま継承するのだろうか。

ここで思い至ることは、雨台山楚墓群の例である。ここは春秋より戦国まで墓地として使用されつづけ、秦の支配下に入ってからは、墓地としての使命を終えている。後述する紀南城郊外の張家山墓地も春秋から唐代に至る数百の墓葬があるが、大半は楚墓といい、秦墓の存在を伝えていない[30]。秦人は雨台山墓地はたしかに、張家山墓地も継承しなかったようである。これは、郢が秦によって徹底的に破壊されたため、近接するこの墓地につながる住人が居なくなったということだけかもしれない。だが楚皇城といい、次にとりあげる宜昌といい、戦略的に重要な地点として秦人の駐留が多かったとしても、旧楚人の墓地の地下の住人がそれほどすんなりと入れ替わるものだろうか。

宜昌市北郊長江東岸の黄柏河が流入する地域の、中洲と東岸の台地上に古墓が多く存在することから、一九七一年三月より翌年の三月にかけて、第一回の発掘がなされた。以後数回にわたって発掘調査がなされているが、このとき、東岸の前坪と中洲の葛洲壩で四三基の戦国、前・後漢墓が発掘された。発掘報告では、そのうち六基を戦国墓、三〇基を前漢墓、七基を後漢墓と分類している[31]。

この分類に対し陳平氏は、その後の考古学的成果を勘案して、編年の仕直しを試み、発掘報告で戦国墓とした六基のうち三基を、戦国晩期の早い時期の楚墓、残りの三基を時期的にそれより少し後の、「最も早く江漢地域に入った秦人の墓」（五一頁）とみている。更に、前漢墓と編年されていた三〇基の墓について、そのうち一〇基については、戦国晩期より秦代に至る秦墓と時期を押上げ、これらの墓の被葬者を「最も早く江漢地域に入った秦人」の後裔と考え、それは更に前漢墓へつながってゆくと、最初の楚墓三基を除く全てを秦人ないしその後裔の墓葬と考え、戦国末から漢代まで継続的にとらえている。陳平氏はここでも同一墓地における楚人、秦人の交替をごく自然に考え、漢墓の被葬者を彼らの子孫と考えている。

議論を単純化するため、秦墓における楚的要素について、これまで言及することを避けてきた。ここでその点について少し触れたい。

江漢地域の秦墓における楚の影響が極めて濃いことは、誰しも認めるところである。仰身直肢葬はその最たるものであるが、ほかに墓坑のあり方、漆器の多量の副葬、楚器の副葬さえあること、皆周知の事である。これらの事柄について、秦人説を取る論者は、この土地の長い楚の文化的伝統を強調して、その影響を被ったのは当然といわれる。確かにそれは間違いないところであろう。この点についてはまた後で論ずることにして、では秦から漢への墓葬の移行形態はというと、急激な変化はなく緩やかに進行していっているのがわかる。漢は秦の統一を受けて、一般的には秦の諸制度を変更しなかったといわれている。その地上のあり方が、地下の墓葬のあり方にも反映しているということであろう。被葬者も継続性を持っていたであろう。

だが、楚から秦への移行はどうか。それは戦国楚墓から戦国秦墓への変化の差にはっきりと認められるように、戦国六国の伝統を否定しての軍事的統一は、特に統一される側の政治的、文化的変革を余儀なくしたはずである。勿論、この地にやって来た秦人の埋葬習俗も長い伝統を有する楚文化の影響を受けざるを得ない面があったであろうが、地下の世界にみられる楚から秦への急激な変化は、地上における文化の断絶とみてよかろう。ということは、この変化を被葬者の交替とみるだけでなく、楚人の側も従来の埋葬習俗を維持することが困難な状況に立ち至ったとみるべきではないのか。秦人墓における楚の影響を、楚地における当然の事とするのに、征服された側の楚人に与えた、秦の影響を顧慮しないことに問題はないのだろうか。秦人が征服地の影響を受けるのを当然とするなら、それ以上に占領地の民に与えた征服者の影響を重視すべきではないのか。このように考えるのは、先に秦から漢への移行が緩やかであると述べたが、前漢初期に至っての墓葬の形式が全国的に普遍化している事である。まさにこの地域の秦墓と漢墓とを繋ぐ接点とも言うべき時点に位置する前述「雲夢大墳頭一号漢墓」の報告の中で、この墓が、宜昌等近隣の前漢早期墓と多くの共通点があるのは当然として、四川成都地域や、関中地域の前漢早期墓の陶礼器や銅器の組み合わせ・器形・文様等と基本的に同じである事、つまり「これらの地域の同時期の漢墓の副葬品の文化的特徴の統一性は、まさしく政治的統一の局面を反映している[32]」と述べている。秦の政治的統一は、即ち、文化的統一・融合でもあったということであろう。とすれば、秦も最末期の「喜」の墓について、秦の伝統の有無を検証する事に、それほど重きを置く必然性はないのではないか。

五

最後に、この地域で秦から漢の時代に生きた一人物について紹介し、これまでの問題についての締め括りとしたい。

一九八三年一二月より一九八四年一月にかけて江陵張家山で漢墓三基、墓号二四七・二四九・二五八が発掘された[33]。この墓地は荊州城西門外二kmの所にあり、すでに一九六二年より一九六五年にかけて、春秋晩期より唐代に至る七〇〇余基の墓が発見され、大半は楚墓で、うち八〇余基の楚墓が発掘されている[34]。今回この三墓から合計一六〇〇余枚の竹簡が出土した。三墓のうち最も注目されたのは、一二〇〇余枚の竹簡の出土をみた二四七号墓である。この竹簡の中に五四〇枚の『律令二十六種』（六の字は八かもしれないという）があり、そのなかに「二年律令」の四字があり、この成文年は呂后二年（前一八六）と断定された。また埋葬の下限年代は、『律令』の成文年「呂后二年」と同年の『暦譜』一九枚が同出したことから、この年、ないしこの年をさほど下らない時期と考えられている。「『暦譜』は、墓主の生前の編年史であり、彼の一生の大事、例えば「□降為漢」、「病免」等の記録が記されていた。律令は、墓主の政治生活での大事であろう。この両者の下限年の一致は、その年が疑いもなく墓主の生命の最後を示す年限であろう」（G一一二五頁）。現在発表されている報告、論文によって、しばらく二四七号墓主の生涯をたどってみたい。

先に述べた『暦譜』の「□降為漢」は漢高祖五年（前二〇二）の記事と推断され、これは漢が楚地を攻略した事か、あるいは被葬者自身が漢に降ったことを記したものであろう。その後の恵帝元年（前一九四）の条に「病免」の記事がある事は、その間、漢に仕え、「病免」によって旧楚地の紀南城付近の故郷に帰り、これより八年後の呂后二年ないしその年をあまり下らない時期に、紀南城郊外の張家山の墓地に葬られたのであろう。「病免」の時、彼がすでに年老いていたことは、棺の中に納められていた老人に贈られる鳩杖がそれを物語っている。[35]「病免」の記録は彼がかつて官吏であった事を示すとともに、恵帝元年、すでに職を免ぜられているのに、その八年後の呂后時代の律令を所持していたことは、彼が官吏として所持していたのではない事は明らかで、このほかに法律書、医学書、兵書、数学書等の蔵書があり、副葬品に算籌があった。遣冊に「書一笥」「算一」とあるのはこれに対応し、「筆一有管」「研□有子」等には筆筒、硯等対応する文房具の副葬品があった。これらの副葬品は、法律のみならず数学等にも通じる多才な読書人であったことをうかがわせるとともに、彼は法律に通じた学者だったのではないか。先に、張家山墓地には七〇〇余基の墓が発見されていて、その大部分が楚墓であり、秦墓の存在を伝えていないと述べたが、もしそうならこの墓地は、秦支配七〇余年の空白を経て父祖の地に戻ってきた住民の墓地として復活したことにならないか。とすれば、この三墓の被葬者たちは楚人の後裔の可能性が強い。楚の中心であった江陵一帯が徹底的に破壊されたことは、紀南城城内の住民の墓地と思われる春秋より続いた雨台山墓地が秦の侵入とともに墓地としての機能を終えていること、また紀南城城内に多数の秦漢墓を有する鳳凰山墓地のある事等が証明している。紀南城内の鳳凰山墓地の存在は、かつての楚の都の城内に墓地が造られたということで、漢代にはすっかり田舎になっていたことを示すものであろう。以上の事から以下のように整理してみたい。

一、まずこの墓の埋葬年は呂后二年即ち前一八六年ないしその年をあまり下らない時期である。

二、彼は旧楚地の出身であった。漢の成立とほとんど時を同じくして、漢の官吏、多分法律関係の官吏になり中央に出た。退官後は故郷に帰り、死後、郷里の墓地張家山に葬られた。ただし彼の出自については、江陵周辺地域が秦の支配下に入って以降、これまで九〇余年、にわかに断じ難いが、楚人の後裔の可能性も考えられない事ではない。三、彼は、晩年の一六年間の前半を漢の官吏として、後半を退隠者として過ごした。鳩杖が副葬されていたことから逆算して、漢の役人としての生活は中年以後あるいは老年に近かったかもしれない。

以上、この被葬者は秦支配下の旧楚地で知識層として人生の大半を送り、晩年は漢との関わりのもとで終えた。では、出土物等からみた墓葬はどうか。詳しくは発掘報告等に譲って、結論のみについていえば、「江陵張家山三基の漢墓は、墓葬制、出土物の特徴及び副葬品の組み合わせ等、諸方面からみて、江陵地域の楚文化・秦文化及び文帝以後の漢文化へのつながりをよく映し出しており、……江陵地域における埋葬習俗の上に、明確な個性と秦文化の影響を色濃く残しているが、秦より漢初に至ってなお楚国の葬俗が長期にわたって保持されている」（G一一八頁）という。彼の生涯を「喜」との比較でたどってみると、彼は新たに迎えた漢政権の支配機構の一部に自ら参加、もしくは参加させられ、法律関係の官吏として生き、「喜」が後半生、官を退いたと思われるのに、法文書を所持していたのと同じく、彼も退官後に成った法文書を所持し、両者とも大量の法文書をたずさえてよみの国へ旅立った。これはまさに「喜」の漢初版である。ただ違うとすれば、新政権に参加する場合、楚から秦への権力交替の厳しさに比して、秦から漢への交替は前者ほどの落差は生じなかったはずで、「喜」の場合、彼がかりに楚人であった場合に生じたであろう葛藤ほどには、彼はそれを感じなくてすんだ、とはいえるだろう。ただ同出した『暦譜』に「□降為漢」と「降」と表現していることは、彼の出自・心境を垣間見せているようには思う。漢が占領地の民をこのように用いたようには、秦はしなかったのだろうか。統一事業は軍事的側面ばかりでなく、その後の施政が重要であることはいうまでもない。その衝にあたる人材を全て秦人でまかなえたのか。まかなえるということより、占領地の人材を取り込むことも、統一の一環のはずである。「六国統一戦争の過程で、従軍したり下級官吏の役を担ったのは、大抵秦人であった、ゆえにこの墓の墓主（喜）は秦人とすべきである[36]」と一概にいえるのだろうか。

おわりに

終わるにあたって、何とも歯切れの悪い文章を公にすること、じくじたるものがある。全て推論の域を出なかった。では何故このような文章を書いてきたのか。秦式墓＝秦人墓と断定する手続きに疑問をいだいたからである。積極的主張のない文章は、最初に述べた、この文章の動機となった「吹っ切れなさ」を逆に自分に対して助長したようである。

関係各位に、浅学非才による思い違い等、礼を失してはいないか、恐れている。御叱正と御寛容のほどを切にお願いしたい。

注

（1）竹簡の釈文は単行本として、次の三種がある。
a睡虎地秦墓竹簡整理小組『睡虎地秦墓竹簡』文物出版社、一九七七年、線装本、簡文の写真あり。

b同右『睡虎地秦墓竹簡』文物出版社、一九七八年、洋装本。

c《雲夢睡虎地秦墓》編写組『雲夢睡虎地秦墓』文物出版社、一九八一年、写真あり。なお、ここに初めて「日書」の写真・釈文が明らかにされた。この本は、第一回発掘、睡虎地秦墓一二基の発掘報告でもある。以後本文では『本報告』と表記する。

＊最初の釈文は『文物』一九七六年第六、七、八期に掲載された。
（2）注（1）のc、一三九頁。『編年記』の最終年を死亡年と考えると、満四四歳。
（3）副葬陶器に「安陸市亭」の印のあるものが多数あり、また同四号墓出土の木牘は戦場の息子が母に送った手紙とみられ、そのなかに「安陸」の文字がみられる事等から、この地域が「安陸」であった事は間違いないとみられている。
（4）『史記』等には「昭襄王」と表記されているが、『編年記』は「昭王」と表記している。
（5）〈秦人説〉
陳振裕「従湖北発現的秦墓談秦楚関係」湖北省社会科学院歴史研究所編『楚文化新探』湖北人民出版社、一九八一年。

陳平「浅談江漢地区戦国秦漢墓的分期和秦墓的識別問題」『江漢考古』一九八三年第三期。

楊剣虹「睡虎地秦簡《編年記》作者及其政治態度——兼与陳直・商慶夫同志商榷」『江漢考古』一九八四年第三期。

池田雄一「湖北雲夢睡虎地秦墓管見」『中央大学文学部紀要』史学科第二六号、一九八一年。

間瀬収芳「雲夢睡虎地秦漢墓被葬者の出自について」『東洋史研究』第四一巻第二号、一九八二年。このなかで氏は、考古学的側面だけでなく、『編年記』の分析を通じても自己の論を補強する傾聴すべき論を展開されているが、今回それらについては言及出来なかった。

〈楚人説〉

商慶夫「睡虎地秦簡《編年記》的作者及其思想傾向」『文史哲』一九八〇年第四期。

同　「再論秦簡《編年記》作者的思想傾向」『文史哲』一九八七年第六期。

古賀登「墓主喜を考える」『漢長安城と阡陌・県郷亭里制度』雄山閣、一九八〇年。

松崎つね子「睡虎地一一号秦墓竹簡「編年記」よりみた墓主「喜」について」『東洋学報』第六一巻第三・四号、一九八〇年（本書第一章）。
＊馬雍「読雲夢秦簡《編年記》書後」中華書局編輯部編『雲夢秦簡研究』中華書局、一九八一年。行論の過程では楚人説に近いが、最後に「判断の根拠に乏しい条件の下では、我々はただ沈黙を守るほかない」（三七頁）と、判断を留保し

ている。

＊以後、右の各論文を引用する場合、本文に頁数を注記する。

(6) 注（5)、楊剣虹論文。

(7) 注（5)、松崎論文。

(8) 湖北省博物館「雲夢大墳頭一号漢墓」『文物資料叢刊』四、一九八一年、二五頁。

(9) 〈第一回発掘報告〉（A）孝感地区第二期亦工亦農文物考古訓練班「湖北雲夢睡虎地一一号秦墓発掘簡報」『文物』一九七六年第六期。（B）湖北孝感地区第二期亦工亦農文物考古訓練班「湖北雲夢睡虎地一一座秦墓発掘簡報」『文物』一九七六年第九期。

〈第二回報告〉（C）雲夢県文物工作組「湖北雲夢睡虎地秦漢墓発掘簡報」『考古』一九八一年第一期。

〈第三回報告〉（D）湖北省博物館「一九七八年雲夢秦漢墓発掘報告」『考古学報』一九八六年第四期。

＊以後、各々『簡報』A、B、C、Dと表記する。

(10) 手紙文の釈文は、注（9)『簡報』B、六二頁。

(11) 注（9)『簡報』D、五一八〜一九頁。

(12) 注（5)、池田、間瀬論文。

(13) 注（1）bの巻頭及び同cの図版八・九にあり。

(14) 注（5)、陳振裕論文、二〇二頁。

(15) 以上は、注（9)『簡報』A・B・C・Dによる。特に多く『簡報』Dによっている。

(16) 韓偉「試論戦国秦的屈肢葬儀淵源及其意義」、中国考古学会編『中国考古学会第一次年会論文集　一九七九』文物出版社、一九八〇年、二〇四頁。

(17) 参考までに。この墓の被葬者は「遬」といい、睡虎地秦簡『編年記』昭王五十六年正月の条に「遬（速)、産まる」（三弐簡）と、「喜」より一一歳若い親族とみられる人物の誕生を記しており、名が同じ事、また墓地が近い事などから、同一人物と推論する論者もいるようである。注（8）発掘報告、二四頁。

（18）荊州地区博物館「江陵張家山三座漢墓出土大批竹簡」『文物』一九八五年第一期、七頁。

（19）注（1）、c「随葬器物登記表」六三～六七頁。

（20）楚皇城考古発掘隊「湖北宜城楚皇城戦国秦漢墓」『考古』一九八〇年第二期。

（21）湖北省博物館「宜昌前坪戦国両漢墓」『考古学報』一九七六年第二期。注（5）、陳平論文。

（22）注（5）、陳振裕論文、二〇一頁。注（26）、参照。

（23）注（9）『簡報』B、五一頁。

（24）例えば、『編年記』に始皇の統一の記載がない、官吏としてのトントン拍子の前半生を示す記録に対し、後半生の空白に「かなり屈折した筆者の感情」を読みとる（注（5）、古賀論文、五三七頁）。その他、秦王に対する表現の仕方が「不敬」である等、こうした論拠の上に楚人説を立てている。楚人説の論者に共通する観点である。

（25）渡辺信一郎「孝経の国家論――孝経と漢王朝――」川勝義雄・礪波護編『中国貴族制社会の研究』京都大学人文科学研究所、一九八七年、四二八頁。注（5）、池田論文では、大半の論者が「喜」下級官吏説であるのに対し、相当の地位にあった官吏とみておられる。この立場は、間瀬氏の立場でもあるが、この点についても言及したかったが、及べなかった。

（26）注（5）、陳振裕論文注記によれば、「湖北省博物館、荊州地区博物館、長辦考古隊『江陵鳳凰山秦漢墓』（未刊稿）」とある。

（27）湖北省荊州地区博物館『江陵雨台山楚墓』文物出版社、一九八四年。

（28）郭徳維「従江陵古墓葬看楚制、秦制、漢制的関係」張正明主編『楚史論叢』初集、湖北人民出版社、一九八四年、二四五頁。

（29）注（20）、発掘報告、一二二頁。

（30）注（28）論文、二四七頁。

（31）注（21）、発掘報告。

(32) 注(8)、二五頁。
(33) E、注(18)報告。
F、張家山漢墓竹簡整理小組「江陵張家山漢簡概述」『文物』一九八五年第一期。
G、陳耀鈞・閻頻「江陵張家山漢墓的年代及相関問題」『考古』一九八五年第一二期。
(34) 郭徳維「江陵楚墓論述」『考古学報』一九八二年二期、一八一頁「江陵楚墓(区)情況統計表」。楚文化研究会編『楚文化考古大事記』文物出版社、一九八四年、四七頁。
(35)『続漢書』「礼儀志」中「年始七十者、授之以王杖、……王杖長(九)尺、端以鳩鳥為飾。鳩者不噎之鳥也、欲老人不噎」。鳩杖は甘粛省武威磨嘴子漢墓、揚州甘泉山漢墓、海州(連雲港市)前漢墓等から出土している。
(36) 注(9)、『簡報』D五一八頁。注(5)、陳振裕論文二〇六頁。
(補注1) 梅原末治編『支那漢代紀年銘漆器図説』桑名文星堂、一九四三年(同朋舎、一九八四年)。兪偉超・李家浩「馬王堆一号漢墓出土漆器製地諸問題——従成都市府作坊到蜀郡工官作坊的歴史変化」『考古』一九七五年第六期、のち湖南省博物館編『馬王堆漢墓研究』湖南人民出版社、一九八一年、所収。

(補注2) 近着、雲夢県博物館「湖北雲夢木匠墳秦墓発掘簡報」『江漢考古』一九八七年第四期、によれば、睡虎地秦墓が発掘された同年の一九七五年、すでに同地より北約二〇〇mの所にある木匠墳墓地で木匠墳一号秦墓(戦国末から秦の統一前までの墓とみられている)、同二号墓(統一後のものと見られている)の二基が発掘されていたという。そして二号墓について、「なお楚俗を留める楚人の墓葬かもしれない」(四一頁)と述べている。

第三章　楚・秦・漢墓の変遷より秦の統一をみる
——頭向・葬式・墓葬構造等を通じて——

はじめに

一九七五年、湖北省雲夢県所在睡虎地一一号秦墓より大量の竹簡が出土した。釈文は翌年の『文物』誌上に「日書」（占書）を除くすべてが掲載され、その後写真版を合わせての刊行も続き、戦国秦漢史研究は新たな時代を迎えるに至った。[1] その初期、関心を呼んだテーマの一つに、被葬者の出自があった。出土竹簡の中で「編年記」と命名された文書は、被葬者が「喜」という名で、この墓葬所在の南郡治下の県吏を歴任した人物であることを明らかにしていたからである。このことは遺骸とともに棺に納められていた所謂睡虎地秦簡、即ち上掲「編年記」「日書」の他、秦の法律・裁判関係文書、法律用語の解説書等々、官吏としての彼の座右の書であることを物語っていた。それまで望むべくもなかった秦代の生の史料の出現は、これらの文書に多くの研究者の関心を向けさせたのはいうまでもないが、その所持者「喜」にも注意を向けさせ、彼は秦の植民地支配を担う者として秦軍とともに楚地にやってきた秦人ないしその子孫なのか、それとも在地の「楚人」が秦の地方官吏としてその一翼を担ったのか、秦の植民地支配とも関連させての研究を促すことになった。そして一時、秦人説、楚人説が提唱され、中国では秦人説優位にきたように思うが、議論は出つくした形で現在に至っている。[2] こうした問題関心を出発点に、楚における秦の「統一」について、埋葬習俗、特に「頭向」を主たる手がかりに考察してゆきたい。

一

頭向とはなにか。端的にいって埋葬時における「枕」の方向である。墓地が出現する新石器時代以降、秦末から漢初期に至る数千年にわたって、埋葬時に頭の置かれる方角、即ち頭向を意識した習俗が継続した。新石器墓地は頭向を同じくする単人墓が整然と並ぶ(3)。墓向が一定の方向をとるということは、墓地としての規格が施されれば自然のなりゆきであり、地形に従っている様もみてとれる。だが新石器墓地における「逆向墓」の存在は、単なる規格によるものではないことを明らかにしている。後述する地域による頭向の一致は、その地の「意志」とみてよかろう。では逆向墓とはなにか。文字通り一般墓とは逆方向に埋葬されている墓のことで、以下のような特徴をもっている。

1 ［墓地における位置］一般墓の頭向と反対方向、即ち足もとの方向の墓地の辺縁部に逆方向に埋葬されている。

2 ［埋葬姿勢］屈肢葬・俯身葬・二次葬等、一般墓の仰身直肢葬とは異なる「不正常」な姿勢を取っている(4)。なお、「埋葬時の姿勢」を中国の文献では「葬式」と表記しており、本稿では以降この用語を使用する。

3 ［副葬品の量］無か少量。

こうした埋葬状況は、被葬者生前の集団内における位置、あるいは「不正常」な死に起因することを想像させる(5)。こうした類の墓は、新石器初期段階、即ち墓の規格がほぼ同一（平等）の時期にはほとんどみられず、階層の発生を予測させる墓の個別化、即ち墓の規模、副葬品の質・量等の懸隔があらわになるに従って顕在化する(6)。人類史の階層分化の過程で、生ずる現象の一つといえよう。頭向を同じくする大多数の墓と、少数の「逆向墓」、こうした現象は、頭向が当時の人々の意識の上に大きな位置を占めていたことを示している。頭向が意味をもつという点でもう一つ注目すべきことは、「頭向の地域差」である。張正明氏は「華夏」は北、「西戎」は西、「東夷」は東、「南蛮」は南と、それぞれ異なる方向をとっており、「当時の墓葬の頭位方向は、民族のやって来た方角を表している」とされる(7)。民族の来た方角とするこの説は有力な一説ではあろうが、少なくとも「頭向の地域性」は今や定説といってよかろう。この習俗は、やがて北を頭向とする中原が、中国の中心になったことから、北向を正統の喪葬儀礼とする次のような記載が、経典類に留められることになったのであろう。

『礼記』檀弓下……葬於北方北首、三代之達礼也。之幽之故也。(北方北首に葬するは、三代の達礼なり。幽に之くの故なり)

『礼記』礼運……死者北首、生者南嚮、皆従其初。(死者は北首し、生者は南嚮す、皆その初めに従ふ)

『孔子家語』問礼……生者南嚮、死者北首、皆従其初也。(省略)

こうした観点からいっても、新石器墓地に始まる頭向は、長く中国古代人の精神世界の一部を支配してきたことは明らかである。

二

秦は春秋以降一貫して頭向は西を主とし、楚は南を主とした。南を頭向とする楚地が、秦に併合されて以降、この地での頭向は如何なる方向をとったのか。以降、主として雲夢・江陵を中心とする地域を対象にみてみたい。この地域は、秦将白起によって国都郢を陥されて秦の南郡となってより、秦王政の統一まで五七年、それより滅亡まで一五年、計七二年間、秦の支配下に置かれた。その間、軍隊の進駐、官吏の着任、徙民等による秦人の移住者は多数にのぼったはずであり、彼らの墓も当然造られたであろう。そして時を経るに従って二世、三世と子孫がその地を故地として墳墓を構えるようになるのは自然のなりゆきであり、同時に占領下に生きた旧楚人の墓が造られたのもまたいうまでもあるまい。この時、秦人、楚人はそれぞれの葬俗を保持し続けたのか。それとも何らかの変化を来したのか。

楚地の頭向は、大型墓は東向、中型墓以下は南向の二重構造であるとはすでに指摘されている。(8) 屋上屋を重ねるきらいもあるが、論を進めるにあたって、あらためて楚地の頭向について検証しておきたい。この地域の新石器段階については、異なる新石器文化が複雑に入り組んでいるので、ここでは詳述は避け、一・二の例をあげれば、「湖南省常徳地域の大渓文化と屈家嶺文化の墓葬の頭向は一律に南に従っている」といわれ、(9) またこの地域の屈家嶺文化に先行する一文化である「大渓文化」命名の由来となる「巫山大渓墓地」を数字的にみれば、総墓数一三三基に対し南向一一九基、八九・四%、明確に南向優位である。(10) 以下「江陵雨台山」・「江陵九店」・「当陽趙家湖」三墓地の具体的数字を表にして、楚地における頭向の大勢をみてゆきたい。

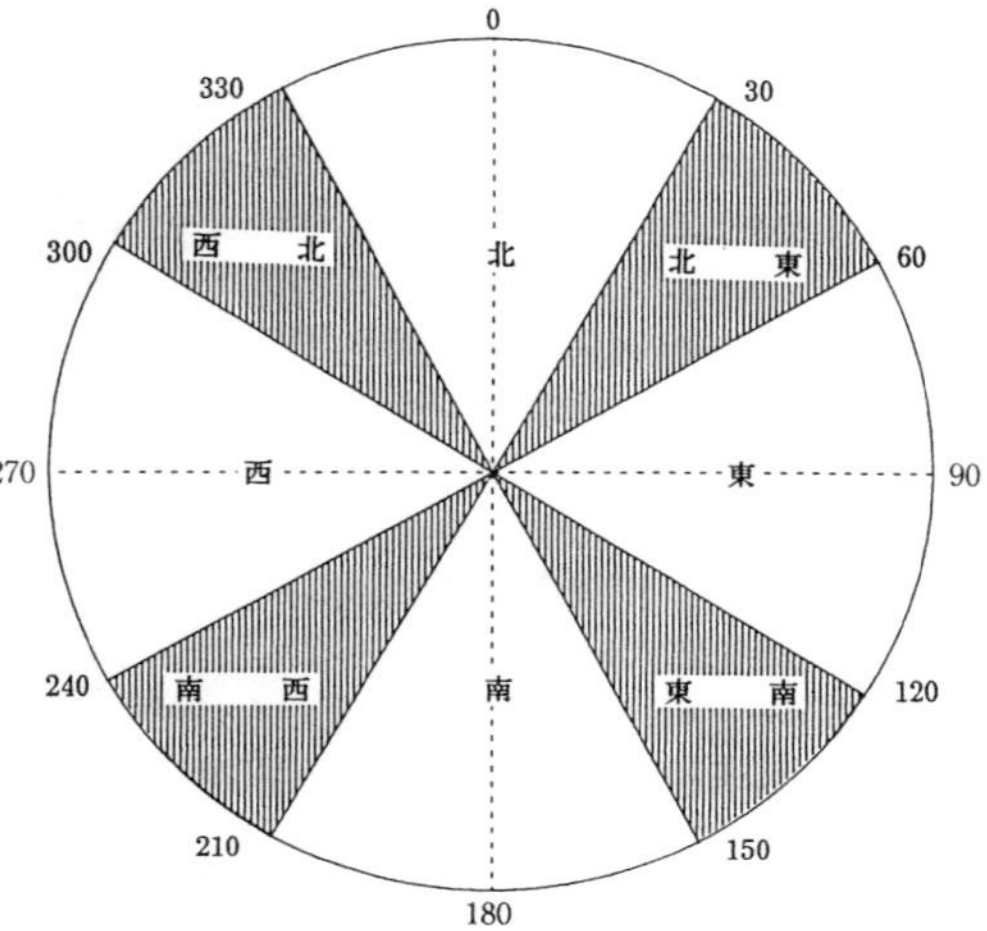

頭向度数表示図

表の分析に先だって、頭向の方位について説明しておきたい。頭位方向、東・西・南・北を表示するにあたっては、北向は〇度＝三六〇度、東向は九〇度、南向は一八〇度、西向は二七〇度を中心にそれぞれ前後三〇度、即ち六〇度

表一 江陵雨台山楚墓地の頭向

頭向	墓数	百分比	備考
南	442	70.0	墓数559基 88.5%（南・墓向南北・東・墓向東西）
墓向南北	27	4.3	
東	79	12.5	
墓向東西	11	1.7	
東南	6	1.0	墓数570基 90.3%（南〜北東）
南西	4	0.6	
北東	1	0.2	
北	34	5.4	61基 9.7%
西	27	4.3	
合計	631	100.0	

表二 江陵九店乙組楚墓地の頭向

頭向	墓数	百分比	備考
南	403	70.0	墓数522基 90.3%（南〜北東）
墓向南北	2	0.3	
東	65	11.2	
東南	7	1.2	
南西	43	7.4	
北東	2	0.2	
北	27	4.7	56基 9.7%（北〜北西）
西	28	4.8	
北西	1	0.2	
合計	578	100.0	

を範囲とし、残りの三〇度の範囲を東北・東南・南西・西北の方向とした（「頭向度数表示図」参照）。なお墓向とあるのは頭位不明の場合で、墓坑は埋葬する遺骸に従って長方形となるのが普通であり、従ってその長い辺を方向として、南北方向・東西方向とした。以下［表］に「墓向南北」とある場合、その墓地が南向優位であれば、南向と推定してそれほど誤りないと思われ、合計に際しては合算した。他方向の場合も同様である。

ではまず雨台山楚墓地について（表一・四参照）。この墓地は春秋中期より、秦将白起の楚都郢攻略によって楚墓地として終焉を迎えた戦国晩期前半まで継続した。総墓数六三一基、首位を占めるのが南向四四二基、墓向南北二七基を加えて四六九基、七四・三％、次いで東向七九基、墓向東西一一基を加えて九〇基、一四・二％、南向・東向合わせて八八・五％、ちなみに東南・南西・北東を加えると九〇・三％、純然たる北向・西向合わせて六一基、九・七％である。この墓地が絶対的に南東方向であること、南向と東向に分けると南向が東向の約五・二倍の数字を示し、南向が主方向であることを示している。

次に江陵九店楚墓地をみる（表二・四参照）。この墓地は、西周晩期より春秋中期後半まで継続した「姫周文化体系に属す[11]」甲組墓一九基と、春秋晩期前半の空白期間をあけて春秋晩期後半から戦国晩期後半まで継続した乙組墓五七八基からなる。甲組墓の頭向は二二四度の南西向の一基を除いて、やや西に傾く真南に近い数字を示す（表は省略）。乙組墓は南向四〇三基に墓向南北二基を加えて四〇五基、七〇・三％、次いで東向が六五基、一一・二％、南向が東向の約六・三倍、雨台山墓地より更に南向優位にあり、純然たる北・西向は合わせて五六基、九・七％にすぎない。

次いで当陽趙家湖楚墓地（表三・四参照）。西周晩期から戦国晩期前半までの墓地である。南向の優位と東向の次位は変わらず、南向一九一基、六四・三％、東向六九基、二三・三％、両者（合東南・南西向）合わせて九四・六％、前掲二墓地の数字と同傾向を示す。ただし南向が東向のほぼ二・八倍で、前二墓地ほどの懸隔はない。発掘報告は墓をランクづけして、棺槨墓を規模・副葬品によって甲類と乙類の上下に、無槨単棺墓を丙類に、無槨無棺墓及び無棺空墓を丁類に分類している。表ではランク別頭向を示した。

表三　当陽趙家湖楚墓地の頭向

頭向	墓葬分類				墓数	百分比	備考
	甲類	乙類	丙類	丁類			
南	17	106	49	19	191	64.3	墓数 280基 94.3%（南・東・東南）
東	0	10	28	31	69	23.3	
東南	0	1	15	4	20	6.7	
南西	0	0	0	1	1	0.3	
西	1	12	1	1	15	5.1	
不明	0	0	0	1	1	0.3	
合計	18	129	93	57	297	100	

甲類墓一八基はほぼ全時代にわたって存在し、一基を除いてすべて南向である。乙類墓は一二九基のうち南向一〇六基、八二・二％、東向一〇基、七・八％、南向が東向の約一〇・五倍、この墓地における甲・乙類上級墓が断然南向であること、先に南向と東向の数字に前掲二墓地ほどの懸隔はないと述べたが、それは丙・丁類下級墓の東向の数字の高さが全体の南向の割合を下げたのであって、甲・乙類棺槨墓に限れば、南向絶対優位にある。下級墓東向優位が何を意味するかは、ここでは問わないことにする。ところで、この墓地の頭向を編年的にみると、開始期の西周晩期墓八基中一基が東向を除いてすべて南向、さらに時代を春秋早期後半まで下げると、合計一八基中、南に傾く南東三基を合わせて南向一五基、東向三基となり、前述九店甲組墓と同じく、この墓地の西周晩期よりはじまる早期墓、

しかも上級墓の南向優位を示している。後に触れるが、楚では大型墓が東向、中型墓以下が南向の傾向にあることについて、東向を葬俗とする外来の民が、南向の在地の民の上に支配層を形成したとする説がある。九店、趙家湖ともに西周晩期よりはじまる早期墓の南向は、楚地本来の頭向を暗示しているように思う。なお三墓地の時間的継続を明示する**表四**を掲げた。

表四　雨台山・九店・趙家湖楚墓地分期表

春秋中期	前689年、楚文王都郢以後
戦国早期	前5世紀中期—前4世紀初
戦国中期早段	前4世紀初—前4世紀中期
中期晩段	前4世紀中期—前4世紀末期
戦国晩期早段	前3世紀前半、前278年秦将白起抜郢前後
晩期晩段	秦将白起抜楚都郢後—前223年、楚滅亡まで

番号	墓葬分期	雨台山	九店		趙家湖
			甲組	乙組	
1	西周晩期		↓		↓
2	春秋早期早段		↓		↓
3	晩段		↓		↓
4	春秋中期早段	↓	↓		↓
5	晩段	↓	↓		↓
6	春秋晩期早段	↓			↓
7	晩段	↓		↓	↓
8	戦国早期早段	↓		↓	↓
9	晩段	↓		↓	↓
10	戦国中期早段	↓		↓	↓
11	晩段	↓		↓	↓
12	戦国晩期早段	↓		↓	↓
13	晩段			↓	

以上、従来いわれているように、楚墓は原則的に南向であることが確かめられた。そこで先に述べた大型墓の東向傾向について検証すべく**表五**、**表六**を作成した。この表の作成資料は、手近な簡報類からアトランダムに集めたもので、あくまで参考としての数字である。ここでの大型墓と中型墓の分類は、槨棺双方、あるいはどちらかを重ねる墓葬を大型墓に、一槨一棺墓を中型墓とした。**表六**所載中型墓は個別の発掘報告を集めたもので、前掲各三墓地に五〇％前後を占める槨棺墓との間に差をみているわけではない（**表七**参照）。**表五**、**表六**の二表を作成して、大型墓の東向

表五　大型楚墓頭向

番号	墓葬時期	墓葬名	葬具	頭向	
1	春秋中期偏晩	湖北当陽趙巷4号墓	一槨二棺　陪葬棺5	西	268°
2	春秋中期後半	河南淅川下寺8号墓	一槨二棺	東	110°
	春秋晩期前半	1号墓	一槨二棺	東	79°
		2号墓	一槨二棺	東	79°
3	春秋晩期前半	河南桐柏月河1号墓 (養国国君受の墓)	二槨二棺	東	105°
4	春秋晩期	湖南長沙瀏城橋1号墓	二槨一棺　陪葬棺1	東	
5	春秋戦国之際 或戦国早期	河南固始侯古堆1号墓	二槨一棺	東	87°
			陪葬坑	東	85°
6	戦国早期	湖北随州曽侯乙墓	槨四室二棺	南	
7	戦国早期— 中期前半	湖南臨澧79九里1号墓	一槨二棺	東	
		81九里4号墓	二槨一（二?）棺	東	
8	戦国中期前半	湖南湘郷牛形山1号墓	二槨三棺	東	
		2号墓	二槨三棺	東	
9		湖南長沙市荷花池1号墓	二槨二棺	東	90°
10		湖北随州擂鼓墩2号墓	一槨二棺　陪葬棺1	東	
11		湖北江陵藤店1号墓	一槨二棺	東	
12		湖北江陵馬山2号墓	一槨二棺	東	100°
	戦国中期後半	1号墓	一槨一棺	東	110°
13		湖北江陵望山1号墓	一槨二棺	東	100°
		2号墓	一槨三棺	東	94°
14		湖北江陵沙塚1号墓	一槨二棺	東	98°
15		湖北江陵天星観1号墓	一槨三棺	南	185°
16		河南信陽長台関1号墓	一槨三棺	東	
		2号墓	一槨三棺	東	
17		湖北荊門十里磚廠1号墓	一槨二棺	東	88°
18		湖南桃源三元村1号墓	二槨一棺	北	3°
19	戦国中期偏早	湖北鄂城百3号墓	一槨二棺　陪葬棺1	東（東西）	
		百5号墓	一槨二棺　陪葬棺2	東	90°
	戦国晩期	鋼53号墓	一槨一棺	北	10°
	秦漢際或前漢	鋼94号墓	一槨一棺	南（南北）	
20		湖北荊州市包山1号墓	一槨二棺	東	98°
		2号墓	二槨三棺	東	93°
		4号墓	一槨二棺	東	93°
		5号墓	一槨二棺	東	100°
21		湖南益陽羊舞嶺80益農3号墓	一槨二棺	南	160°
22		湖南長沙広済橋5号墓	二槨一棺	北	20°
23	戦国晩期	長沙黄土嶺魏家大堆墓	一槨二棺	東	105°
24		長沙五里牌406号墓	二槨二棺	東	105°
25		長沙仰天湖25号墓	二槨二棺	東	100°
26	国都　陳	河南淮陽平糧台16号墓	甲字型墓	東	107°
27		河南淮陽馬鞍冢北冢	甲字型墓	東	104°
		河南淮陽馬鞍冢南冢	甲字型墓	東	100°
28	国都　寿春	安徽長豊楊公墓1～3号墓　3基	甲字型墓	北	0～9°
		4～9号墓　6基	甲字型墓	東	80～88°

表六　中型楚墓頭向

番号	墓葬時期	墓葬名	葬具	頭向
1	春秋	湖北当陽唐家巷3号墓	一槨一棺	北東　33°
2	春秋中期後半	河南淅川下寺　7号墓	一槨一棺	東　125°
	春秋晩期前半	3号墓	一槨二棺	東　77°
	春秋晩期後半	10号墓	一槨二棺	東　78°
		11号墓	一槨二棺	東　75°
3	春秋中期偏晩？	湖北当陽金家山楚墓　5基	一槨一棺	南　165°～183°
4	春秋晩期	湖北枝江関廟山1号墓	一槨一棺	南
5	春秋晩期—戦国中期	湖北当陽何家山楚墓　19基	一槨一棺	南
6	春秋戦国之際 或戦国早期	湖北江陵太暉観6号墓	一槨一棺	南　190°
		18号墓	一槨一棺	北　18°
7	戦国早期	湖北江陵朱家台7号墓	一槨一棺	東　96°
8	戦国中期偏早	湖南長沙白泥塘5号墓	一槨一棺	南　170°
9	戦国中期前半	湖南慈利石板村23号墓	一槨一棺	南　200°
		33号墓	一槨一棺	東　100°
		36号墓	一槨一棺	東　105°
10		湖北江陵棗林舗1号墓	一槨一棺	南　190°
11	戦国中期	湖南慈利官地1号墓	一槨一棺	北東
12	戦国早期	湖北江陵渓峨山3号墓	一槨一棺	南　190°
		7号墓	一槨一棺	南　200°
	戦国中期偏早	2号墓	一槨一棺	南　216°
		6号墓	一槨一棺	南　192°
		8号墓	一槨一棺	南
		11号墓	一槨一棺	南
		16号墓	一槨一棺	南　175°～220°
		17号墓	一槨一棺	南
	戦国中期偏晩	1号墓	一槨一棺	南　192°
		5号墓	一槨一棺	南　202°
		10号墓	一槨一棺	南
		13号墓	一槨一棺	南　175°～220°
		14号墓	一槨一棺	南
13	戦国中期—晩期	湖北江陵拍馬山2号墓	一槨一棺	南　180°
		4号墓	一槨一棺	南　190°
		7号墓	一槨一棺	南　216°
		8号墓	一槨一棺	南　199°
		11号墓	一槨一棺	南西　225°
		20号墓	一槨一棺	南　206°
		21号墓	一槨一棺	南　200°
		22号墓	一槨一棺	南　212°
		23号墓	一槨一棺	北西　330°
		25号墓	一槨一棺	南　170°
14	戦国晩期	湖南長沙楊家湾6号墓	一槨一棺	南　100°
15		長沙左家公山15号墓	一槨一棺	南

表七　雨台山・九店・趙家湖墓地に占める棺槨墓百分比

墓葬名	総墓数	一槨一棺		一槨重棺	
		墓数	百分比	墓数	百分比
江陵雨台山	631	298	47%	2	0.3%
江陵九店甲組	19	16	84%	0	0.0%
乙組	578	315	54%	3	0.5%
当陽趙家湖	297	147	49%	3	1.0%

と、中型墓の南向とがこれほど見事に分かれるとは予測していなかった。勿論先述したように、網羅的統計でないことを前提にしてである。前掲三墓地から楚墓の南向傾向の結果はすでに得られているが、中型墓の個別例の集積からも同様の結果が得られたのである。前掲三墓地はそれぞれ**表四**に示した期間継続した土着の民の墓地であるが[12]、**表七**にみられるように、棺槨墓は雨台山墓地が一槨重棺墓二基、全体の〇・三%、一槨一棺墓が二九八基、四七%、九店墓地甲組墓に、一槨重棺墓はなく、一槨一棺墓は一九基中一六基、八四%、乙組墓五七八基中、一槨重棺墓三基、〇・五%、一槨一棺墓三一五基、五四%、趙家湖二九七基中、一槨重棺墓三基、一%、槨一棺墓一四七基、四九%、以上、九店甲組墓は別として、各三墓地の棺槨墓の占める割合は五〇%を前後する。当時の地域社会の主たる構成員は、この五〇%を前後する被葬者たちではなかったか。そして土着の民を代々葬ってきた墓地に棺槨を重ねる墓葬は、寥々たるもので、その寥々たる一槨重棺墓も一槨一棺墓と南向を共有しており、墓地よりみるかぎり、ここに眠る民に階層の懸隔をそれほど感じない。

また前掲九店・趙家湖二墓地の始期が西周晩期にさかのぼるのに比し、大型墓の時間的上限は**表五**によるかぎり大勢として戦国期になる。南向の所謂楚墓と、東向の大型墓の始期のずれは、前述東向の外来集団が、南向の土着の民の上に支配層を形成したとする説に論拠を与えそうである。だが、この問題については、ここではこれ以上追わないことにする。ただ**表六**―2の淅川下寺楚墓は南向が大勢の中ですべて東向であるが、これは**表五**―2の同墓とセットをなすゆえと理解すべきで、これに加えて**表五**―3、5、6も含めて例外的に春秋―戦国早期に属し、地理的に楚の北東の縁辺部に位置するということ、前述東向大型楚墓被葬者外来説との関連で気にはなる

表八　雲夢睡虎地秦漢墓地の頭向・葬式の変遷

分期	墓数	頭向						葬式			備考
		東	北	西	南	南北	東西	屈肢	直肢	不明	
戦国晩期	18	7	2	5	2	1	1	0	1	17	南北東西
秦　代	24	14	3	3	0	2	2	2	4	18	は墓向
前漢初年	4	1	0	＊1	0	1	1	0	2	2	＊大墳頭
前漢早期	4	0	☆2	0	0	2	0	0	0	4	M1
計	50	22	7	9	2	6	4	2	7	41	☆大墳頭
百分比 %	100	44	14	18	4	12	8	–	–	–	M2・3

表九　雲夢龍崗秦漢墓地の頭向・葬式の変遷

分期	墓数	頭向			葬式		
		東	北	西	屈肢	直肢	不明
戦国晩期	1	1	0	0	0	1	0
秦　代	8	6	1	1	2	5	1
秦　末	2	1	1	0	0	1	＊1
秦漢の際	2	0	2	0	0	1	1
前漢初年	1	1	0	0	0	1	0
前漢早期	1	0	0	1	1	0	0
計	15	9	4	2	3	9	3
百分比 %	100	60	27	13	20	60	20

＊秦末の葬式不明墓（6号墓）は下肢未見（刖足？）のため

ことである。

ちなみに**表五**—3の桐柏月河一号墓は楚の附庸の国、養の国君の、同**表五**—6は曽侯乙の墓葬であるが、すでに楚の影響下にあるので参考までに入れた。以上楚地における頭向の実態をつかむ作業を重ねてきた。これらの結果をもとに、次に本題に入りたい。

三

南向・東向が優勢な習俗を持つ楚が秦に併合され、秦特有の葬俗を持つ秦人の来住を余儀なくされた時、旧楚地の葬俗にどのような影響をもたらすことになったのか。以降、このテーマの発端となった「喜」が葬られていた**表八**「雲夢睡虎地秦漢墓地」、及び**表九**「雲夢龍崗秦漢墓地」を対象として、頭向とともに葬俗に重要な位置を占める葬式・墓葬構造も視野に入れてみてゆきたい。

表八の睡虎地墓地五〇基中、南向は、楚俗を残すと思われる戦国晩期の二基のみ、**表九**の龍崗墓地はゼロ、楚地で大勢であった南向が全面的に後退し、両墓地と

表一〇　陝西省鳳翔高荘秦墓地の頭向・墓葬構造・葬式の変遷

分期	墓数	頭向			墓葬構造		葬式		
		西	北	東	竪穴	土洞	屈肢	仰直	不明
春秋晩期	2	2	0	0	2	0	2	0	0
戦国早期	16	16	0	0	16	0	9	0	7
戦国中期	15	5	1	0	6	0	5	0	1
		8	1	0	0	9	7	2	0
戦国晩期	3	2	0	1	0	3	0	2	1
秦　代	10	7	1	1	0	9	0	6	3
		0	0	1	1	0	0	0	1
計	46	40	3	3	25	21	23	10	13

表一一　陝西省鳳翔八旗屯西溝道秦墓地の頭向・墓葬構造・葬式の変遷

分期	墓数	頭向			墓葬構造		葬式	
		西	東	不明	竪穴	土洞	屈肢	不明
春秋晩期	3	3	0	0	3	0	3	0
戦国早期	8	7	0	1	8	0	5	3
戦国中期	9	8	0	0	8	0	4	4
		1	0	0	0	1	1	0
戦国晩期	3	3	0	0	0	3	3	0
秦　代	3	2	1	0	0	3	3	0
計	26	24	1	1	19	7	19	7

も東向が第一位となり、楚地ではまれであった西向と北向が次位に現れる。従来支配階層の頭向であった東向が首位になったのは、倣銅陶礼器が、春秋から戦国への下層墓の中に一般化してゆく所謂「俗越」現象にも通じる、楚地における上層葬俗への上昇志向によるものではないのか。更に注目すべきは秦楚両地域の故俗ではない北向が伸張してきていることで、この現象をどう読むか。そこで次に秦の葬俗について明らかにし、その葬俗を持った秦人が楚地に入って以降、どのような展開を遂げるのかみてみたい。

表一〇、**表一一**にみられるように、秦の故地の秦墓の頭向は西、葬式は屈肢葬、墓葬構造は土洞墓が大勢である。(補注)このような葬俗を持つ秦人が入っていた楚地は南向ないし東向、仰身直肢葬、竪穴棺槨墓であり、まさに対照的な葬俗が、秦楚両地域の伝統となっていた。秦の楚併合はこの二つの葬俗が楚地でぶつかることになったはずである。ところが不思議なことに、秦の支配下に入って以降の所謂秦墓に、土洞墓は例外的、屈肢葬・西向もわずかにみられるにすぎない。この点に関しては前掲**表八**、**表九**にもみられる通り、秦の葬俗はほとんど影響力

を発揮していない。秦人墓の決め手となるはずの西向・屈肢葬・土洞墓を条件とするかぎり、この地に秦人墓はないに等しいのである。

土洞墓は地下深く竪穴を掘り、底に横穴を掘って棺を納める構造で、当時の技術はこの地域の土壌に適応できず、それがこの形式をこの地にもたらさなかったのかもしれない。だが九店墓地には、その無理を押して造った跡のみえる土洞墓五例が存在する。発掘報告はその被葬者を秦人の貧民とみて、「秦軍の兵士の可能性が強いが、遷徒の罪人もいるかもしれない」（四二一頁）と述べている。にもかかわらず、ここには屈肢葬は原則的に存在しないとみてよい。報告は五基のうち二基については、残存する骨架から仰身直肢葬としているが、残り三基のうち二基は、棺の長さからして仰身直肢葬と思われる。頭向は三基が北向、二基が南向、西向はない（一三一～一三二頁・四七八頁附表八）。墓葬構造は秦俗を踏襲しても、葬式は楚俗、頭向は中原と楚の俗、こうみてくると、土洞墓造墓の可能・不可能如何にかかわらず、それを持ち込もうとする意志はすでに失われていたとみてよいのではないか。

ところが旧楚地の秦墓の内部をみると、副葬品に秦の影が色濃く存在する。漆器を例とすれば、楚には秦の故地に希薄な多量の漆器を副葬する伝統があったが、この伝統は旧楚地の秦墓にしっかりと踏襲されていて、その点楚墓とみまごうばかりである。ところが漆器の紋様、生産地を示す烙印等は、明らかに秦で生産された秦器であることを示している。そしてそれ以前の楚墓の副葬品として代表的な鎮墓獣・虎座鳥架鼓が地を払うように忽然とその姿を消している。漆器の副葬という楚の伝統習俗の上に、秦器の副葬という、墓中に楚・秦二国の要素が混在する。(13)「喜」秦人説の根拠の一つに秦器副葬があげられるが、もし墓葬構造、漆器副葬の習俗をあげれば、被葬者を楚人ということもできるのである。

次に葬式について。睡虎地墓地の場合、葬式不明が多く統計としては弱いが、大勢として仰身直肢葬とみられる。

龍崗墓地も明らかに大勢は仰身直肢葬である。この二墓地のみでなく、旧楚地の秦墓に屈肢葬は基本的にはみられない。ということは、秦の影響がほとんどなかったということになる。であるからといって、占領地の旧楚地に秦人墓がないなどとは、この地の秦墓の副葬器が秦器という理由で、秦人墓とするのと同様、現実的ではない。とすれば楚地に入ってきた秦人は、彼ら固有の伝統的葬俗である屈肢葬を直ちに捨て去ったとみなければならない。

とはいうものの、**表八**、**表九**にもみられるごとく、たとえわずかでも屈肢葬の被葬者がいたことは事実であり、それを無視することはできない。なぜなら捨て去られる大勢にあったとみられる習俗を敢えて固持していたからである。いったい彼らは秦人なのか、楚人なのか。秦人さえただちに捨て去った葬俗を、楚人が採用するはずはないとするのが妥当であろう。ではこの墓地の大多数の仰身直肢の被葬者は屈肢葬を捨てた秦人なのか。従来墓地は血縁・地縁によって形成されるとされてきた。とすれば、答えはおのずと出てくるはずである。だが先に「九店乙組楚墓地」が、秦の支配下に入って所謂秦墓地として継続し、そのなかに秦人の墓が存在したことに触れた。これは旧来の楚墓地に、秦人の墓が混入したことになろう。この事実をどの程度一般化できるかはおいて、少なくとも九店墓地の例は、被葬者の楚人から秦人への交替ないし混在の可能性を想定し得る。とすればこの時期の墓地経営の在り様を詳細に検討することが必要であろう。それにはまず、個々の墓葬内容の比較を通じて被葬者の人的構成を探らねばならないが、今回はそこまで及べなかった。

ちなみに、「喜」の葬式を屈肢葬とする見解があり、それが「喜」秦人説の理由の一つにされる場合もある。実際は膝を軽く曲げている程度で、当初より屈肢葬とするには疑問を抱いてきた。現在「曲肢」と表現されることが多いが、これは初期「喜」の葬式を出自と関連させて論じられたことから、その葬式にこだわらざるを得なかった表記のように思う。**表八**では仰身直肢葬に数えた。

ここで秦の故地における屈肢葬について少し触れたい。この葬式は秦固有のものではあったが、それは主として被支配階層のものであって、支配階層が採用した葬式は仰身直肢葬であり、その墓中に屈肢葬があったとすれば、それは殉葬者の葬式としてであった(14)。このことは、この葬式に相応の淵源があったとしても、支配・被支配層で異なる葬式の長い時間の経過は、二種の葬式にそれぞれ異なる価値観を与えることになったであろう。植民者として占領地に入っていった秦人が、あたりまえの葬式としての仰身直肢葬を目にした時、故地でそうした背景をもった葬俗を捨て去るにそれほど時間を要しなかったのではないか。

「喜」秦人説の一根拠に、秦器の副葬があげられると述べた。もしそれを以て説をなすなら、楚地における秦墓はほとんど秦人墓となってしまい、楚人は忽然とこの地から姿を消してしまったことになる。この時期の占領地民の追放・占領地への徙民の例を『史記』秦本紀によってみると、

1恵文王十三年（前三一五）、使張儀伐取陝、出其人与魏。（張儀をして伐ちて陝を取らしめ、その人を出だして魏に与う）

2昭襄王二十一年（前二八六）、（司馬）錯攻魏河内、魏献安邑。秦出其人、募徙河東賜爵、赦罪人遷之。（司馬錯、魏の河内を攻む。魏、安邑を献ず。秦、その人を出だして、募りて河東に徙して爵を賜い、罪人を赦して之に遷す）

3同二十六年（前二八一）、赦罪人遷之穣。（罪人を赦して之を穣に遷す）

4同二十七年（前二八〇）、（司馬）錯攻楚、赦罪人遷之南陽。（司馬錯、楚を攻め、罪人を赦して之を南陽に遷す）

5同二十八年（前二七九）、大良造白起攻楚、取鄢・鄧、赦罪人遷之。（大良造白起、楚を攻め鄢・鄧を取り、罪人を赦して之に遷す）

等あり、楚を対象とするのは3・4・5であるが、ここには1と2のように「其の人を出だす」（占領地民を追放）といった表現はなく、大規模な追い出し策はとられなかったとみたい。また当時主たる手工業は国家の手中に収められ

るのが原則であった。従って秦が占領と同時にその地の生産組織を接収し、秦の組織に組替えてしまえば、所謂楚器は原則的には存在しなくなる。とすれば秦器の副葬、必ずしも秦人墓の決め手とはならないはずである。[15]

以上、秦人、楚人双方の喪葬習俗を対比しつつ、旧楚地における秦墓の内容を検討してきた。そこでわかったことは、楚の習俗がより勝ったかたちではあったが葬俗の融合が急速に進み、墓葬からその被葬者を、土着の旧楚人か、来住の秦人か、あるいはその子孫か、区別は困難で、どちらともしがたいということであった。これは地下世界独自の現象ではなく、むしろ地上世界における文化融合の反映とみるべきであろう。

ただ指摘しなければならないことは、秦・楚のものではない中原の葬俗、北向が新たに登場したことである。これも統一状況がもたらした反映の一つであろう。そこでしばらく楚から離れて、秦に境を接し、早くから秦の侵略を受けた魏の墓地「河南省陝県春秋戦国秦漢墓地」と、中原の中心地「洛陽焼溝戦国秦漢墓地」の、黄河流域の文化を共有した秦のこの地域への影響をみてみたい。

四

まず「河南省陝県春秋戦国秦漢墓地」について（表一二参照）。この墓地は現在の河南省三門峡市西北部の黄河に臨んで位置し、この地は戦国時代、魏・韓・秦係争の地で「戦国初年、陝は魏・韓の共有となり、韓は陝の東端を確保していたが、戦国中期、魏によって失なった」。この地域の「墓葬構造・副葬品には三晋の風格が備わり、洛陽・輝県・汲県・長治・侯馬・邯鄲等諸地域の戦国墓」と同傾向を示している。[16] 従って戦国中期以降秦に占領されるまでの

表一二：欄1期（春秋中期─戦国中期）の被葬者は、生前魏の民であったことは間違いない。

表一二　河南省陝県春秋戦国秦漢墓の頭向・葬式・墓葬構造の変遷

欄	分期	墓葬構造	頭向							合計	葬式				備考
			北	東	東北	南	西南	西	不明		仰直	屈肢	遷葬	不明	
1	春秋中期—戦国中期	竪穴土坑墓	75	18	7	4	0	0	1	105	60 殉2	12	0	33	殉葬墓2基、各墓1人、計2人、105+2人
		百分比 %	71	24		4	–	–	1	100	57	11	–	32	
2	戦国晩期（秦抜陝以後）—前漢初年	竪穴土坑墓	1	4	0	1	1	17	2	26	4	16	0	6	土洞墓は墓向
		土洞墓	2	6	0	12	0	44	2	66	24	24	1	17	
		計	3	10	0	13	1	61	4	92	28	40	1	23	
		百分比 %	3	11	–	14	1	66	4	100	30	44	1	25	

それを前提に表一二：欄1期の数字を検証する。頭向北が一〇五基中七五基、七一%、東向・東北向合わせて二五基、二四%。北向の絶対的優位、次いで東向、秦の習俗である西向は皆無、屈肢葬に秦の影響を認めても一二基、一一%、葬式不明三三基を計算の基礎から除いても一七%（一〇五—三三＝七二基）、大勢は仰身直肢葬であり、秦に隣接する地域であるが、秦とは異なる喪葬習俗を保持していたことを明らかにしている。

ところが、秦が陝を攻略してより漢初期までの欄2期、欄1期一〇〇%であった竪穴土坑墓が二六基、二八%に後退し、土洞墓が一気に六六基、七二%に上昇する。これは前掲『史記』秦本紀1の「恵文王十三年（前三二五）、張儀をして伐ちて陝を取らしめ、その人を出だし」たあとを、秦人の徙民によってうめたことによる数字とみることもできる。なお竪穴土坑墓二八%の数字は、秦の故地でも土洞墓が爆発的に増える戦国中期以降も、割合を落としながらも継続した点を考慮すれば、決して多い数字ではない。

また屈肢葬は、総墓数九二基に対し、葬式不明が二三基、二五%を含むため正確な百分比を求めがたいが四〇基、四四%あり、仰身直肢葬は二八基、三〇%、欄1期より確実に増え、仰身直肢葬とその位置を入れ替わっている。先に旧楚地に入った秦人はただちに自らの喪葬習俗屈肢葬を捨てたのではと述べたが、この葬式は秦の故地でも秦末減少傾向をみせ、早晩終焉を迎える徴候を示しはじめていた。事実漢に入って

表一三　河南省洛陽焼溝戦国秦漢墓の頭向・葬式・墓葬構造の変遷

欄	墓葬分期	墓葬構造	各期墓数	頭向							北向百分比	葬式		
				北	南	東	西	西北	西南	不明		仰直	屈肢	不明
1	戦国晩期～前漢初年	竪穴土坑墓	43	42	1	0	0	0	0	0	98%	5	29	9
		土洞墓	16	15	0	1	0	0	0	0	94%	1	11	4
		合計	59	57	1	1	0	0	0	0	97%	6	40	13
		百分比 %		97								10	68	22
2	武帝―宣帝		57	26	23	0	8	0	0	0	46%	44	1	12
3	宣帝―元帝		51	16	17	2	6	0	0	10	31%	37	0	14
4	成帝―王莽		37	13	9	0	0	0	0	15	35%	22	0	15
5	王莽―光武帝		42	9	9	0	1	1	0	22	21%	19	0	23
6	光武帝―明帝		23	3	7	1	1	1	1	9	13%	13	0	10
7	章帝―献帝		13	2	2	0	0	0	0	9	15%	3	0	10
	漢墓合計		223	69	67	3	16	2	1	65	－	138	1	84
		百分比 %		31	30	－	7	－	－	29	31%	62	－	38

その姿を消すのである（表一三：欄2～7期、屈肢葬欄参照）。こうした点を考慮すれば、この時期の屈肢葬四四％は決して小さな数字ではなく、この数字に秦の影響をみてよい。

では頭向は。欄1期、皆無であった西向が六一基、六六％、絶対的優位にあった北向は三基、三％に下落する。中原の地の北向習俗が秦の占領と同時に西向優位に激変したことを示している。土洞墓・屈肢葬・西向は秦の喪葬習俗三点セットであった。頭向も足並みを揃えている。

では次に「河南省洛陽焼溝戦国秦漢墓」について（表一三参照）。この墓地は、地理的に前述陝を間に挟んで、西の秦に対し東のかた中原の中心に位置する。この点、秦の影響を距離的に近い陝と比較できる格好の例といえる。欄1期（戦国晩期―前漢初年）即ち秦による併合直後の屈肢葬は、総墓数五九基中四〇基、六八％、それに葬式不明一三基、二二％の内に屈肢葬プラスアルファを見込めるであろう。秦の影響を強くみてよい。頭向は北向五七基、九七％、秦の西向は皆無である。中原の地の頭向は、秦の影響をまったく受けておらず、陝と好対照をなす。では秦に影響されなかった頭向は、漢代に至ってどのような展開を遂げるのか。

表一四　旧楚地における秦漢墓の頭向動向

		墓葬名		頭向度数		簡牘所載紀年・推定埋葬年等
秦墓	1	襄陽山湾	18号墓	175°	南	
	2	雲夢木匠墳	1号墓	—	東	統一後、墓向東西
		雲夢木匠墳	2号墓	—	南	統一後、楚の伝統を残す。楚人？墓向南北。
	3	雲夢珍珠坡	17号墓	99°	東	
		雲夢珍珠坡	18号墓	279°	西	秦末―前漢初年（18号墓・135号墓）
	4	江陵揚家山	135号墓	290°	西	
	5	江陵王家台	15号墓	8°	北	
漢墓	6	江陵高台	18号墓	175°	南	漢初、秦楚文化兼有。
	7	江陵張家山	127号墓	5°	北	恵帝期
			247号墓	275°	西	呂后2年（B.C. 186）
			249号墓	278°	西	同上2年（B.C. 186）
			258号墓	10°	北	文帝前元5年（B.C. 175）
			136号墓	280°	西	文帝前元元年（B.C. 179）―同13年（B.C. 167）
	8	長沙馬王堆	1号墓	90°	北	文帝前元12年（B.C. 168）の数年後。
			2号墓	90°	北	呂后2年（B.C. 186）
			3号墓	90°	北	文帝前元12年（B.C. 168）
	9	江陵鳳凰山	168号墓	95°	東	文帝前元13年（B.C. 167）
			167号墓	260°	西	
			1号墓	0°	北	
			2号墓	105°	東	
			6号墓	97°	東	
			7号墓	344°	北	文帝・景帝期（167号墓～13号墓）
			8号墓	7°	北	文帝前元16年（B.C. 164）
			9号墓	12°	北	景帝前元4年（B.C. 153）
			10号墓	3°	北	
			12号墓	0°	北	
			13号墓	6°	北	

秦の占領期にも保持し続けた北向は、欄2期（武帝―宣帝）、五七基中二六基、四六%、欄3期（宣帝―元帝）、五一基中一六基、三一%、欄4期（成帝―王莽）、三七基中一三基、三五%、欄5期（王莽―光武帝）、四二基中九基、二一%、欄6期（光武帝―明帝）、二三基中三基、一三%、欄7期（章帝―献帝）、一三基中二基、一五%、確実にその割合を下げていっている。他方ゼロに等しかった南向が、一気に増えて北向に拮抗するに至り、他の方向もわずかではあるが現れる。なお、この時期「土洞墓」に端を発するであろう空間構造の室墓が出現しているが、論旨に直接関わらないので構造の分類は示さなかった。また葬式不明の割合が次第に増えてゆくのは空間構造のためであろう。

では秦漢期に入っての旧楚地における頭向は如何であろうか（表一四参照）。雲夢地域を対象とする表八、表九も合わせてはっきりといえることは、楚地本来の南向はほとんどなくなっていることである。先に旧楚地の秦墓には、楚の影響が勝ったかたちで秦・楚の融合がみられるとしたが、頭向に関しては、楚の痕跡は瞬時にして消滅しているといってよい。

次の漢墓には、中原の北向が伸張してきてはいるが、洛陽の例と同じく、漢の前半までである。表一四は景帝期まででしか採録しなかったが、以後やはり、洛陽と同様の経過をたどるのであり、黄河流域の中原の地と、長江流域のかつての楚の中心地での頭向動向は一致しているのである。こうした頭向からの離脱現象は、太古以来頭向を共有してきた集団の初源の記憶が遠くなった、一つの時代の終焉を告げるものではなかろうか。そしてそれを用意したのは、やはり春秋から戦国への社会変動であろう。

頭向が意味を失っていったもう一つの要因に、墓葬構造が竪構造から横構造へ、密閉構造から空間構造へ、所謂室墓への移行がもたらした必然的結果でもあろう。だが構造に変化をもたらしたそのこと自体、これまで述べてきたこととかかわっての冥界観の変化によるものであって、この文脈の中で論ずべき問題である。いずれ機会が持てればと思っている。

おわりに

秦の統一は、占領地の民衆レベルを含めた思想・文化にどのような変化をもたらしたのか。それを検証するのに秦・楚の喪葬習俗の比較が有効ではないかと考えた。比較の対象として楚を選んだのは、①もともと「喜」の出自を問題関心の出発点としたこと、②この地域の考古学的成果が豊富なこと、③黄河流域とは異なる独自の文化を育てた長江流域の大国であったこと、④両地域の喪葬習俗の差が際立っていたこと等、格好の条件を備えていたからである。

得られた結果は、秦の支配下に入って以降の旧楚地の地下世界は、秦・楚それぞれの一方的習俗固持でも、一方が他方を飲み込むでもない、新しい要素を加えた秦楚融合の姿であった。従って被葬者を秦人か、旧楚人（在地の人間）かを特定することは困難で、ここに統一の一つの姿をみた。

ただ喪葬習俗の中でまったく異なる展開をみせたのが頭向であった。楚土着の習俗である南向は瞬時に消滅し、これまで皆無であった秦の西向が現われるが、それも一時的、それまで秦楚両地域とは無縁の北向が出現、やがて漢を迎えて優位を占めるに至る。そこで、新たに現れた北向のよって来る所以を求めて中原の葬俗の変遷を秦との関係で検証し、旧楚地の北向浸透に中原の影響をみた。だがそれも漢文景期までで、以降中原も含めて武帝期以降一定の方向性を失ってゆく。そもそも戦国晩期、旧来の頭向を維持できなくなった段階で、すでにその意味は失われていたといってよかろう。

洛陽の例のみをもって一般論とするのは憚られるが、敢えていえば、中原の中心地洛陽の墓地では屈肢葬・土洞墓等、葬式・墓葬構造に強弱の差はありながらも秦の形式を受容した。でありながら経典にいう「北首」はその位置を譲らず、更に、頭向に動揺を来したその間隙に乗ずるかのように、旧楚地へもその範囲を拡大した。こうした北首の動向は、頭向の時代終焉を前にした最後の自己主張のようにも思え、同時に中原の北首が喪葬儀礼の正統として経典に残された所以を物語っているように思う。先にも触れたが、鎮墓獣は最も楚的であるがゆえに、その有無が楚墓と秦墓を分ける指標とされてきたが、秦を待つまでもなく楚墓の末期、すでに衰退現象を示しはじめていた。[17] これと同様のことが秦でもおこっている。最も秦的な屈肢葬が、漢墓に至ってその姿を消すが、それはすでに故秦地の秦墓の末期、やはり漢を待たずに衰退現象をはじめていた。このように地下世界において最も地域性を顕現する習俗の消失に、地上世界統一の趨勢が確実に反映しているように思う。このように述べたからといって、「統一」が「中国世界の成立」を準備したとはみても、その地域性を否定するものではないこと、いうまでもない。

今回検討の対象としたのは秦と楚で、参考例として中原を加えたが、斉にはまったく触れなかった。実は楚支配層東向墓の由来を「東夷」に求める説があり、この説は東夷墓東向が論拠になっている。事実大汶口文化墓地の大勢は東向なのであり[18]、この地域をも含めた視野から論ずべきテーマであることは承知しつつ、今回は秦と楚の関係に限って考察した。

注

（1） こうした出版物としては異例のはやさで公にされた。以下現在刊行されている主たる釈文をあげる。①雲夢秦墓竹簡整理小組「雲夢秦簡釈文」一・二・三『文物』一九七六年第六・七・八期。②睡虎地秦墓竹簡整理小組編『睡虎地秦墓竹簡』文物出版社、一九七七年、線装本。③同『睡虎地秦墓竹簡』文物出版社、一九七八年、簡体字、洋装本。④《雲夢睡虎地秦墓》編写組編写『雲夢睡虎地秦墓』文物出版社、一九八一年。ここにはじめて「日書」の釈文が掲載され、秦簡の全容があきらかになった。以降⑤⑥も掲載。同書は、第一回発掘、一二基の発掘報告であり、釈文は写真とともに巻末に付載。⑤睡虎地秦墓竹簡整理小組編『睡虎地秦墓竹簡』文物出版社、一九九〇年。⑥中華五千年文物集刊編輯委員会編輯『中華五千年文物集刊簡牘篇二・三』一九八六年。なお、②④⑤⑥は竹簡写真掲載。

（2） 秦人・楚人説については、旧稿であり、その後の情報に欠けるが、拙稿「湖北における秦墓の被葬者について――睡虎地一一号秦墓、被葬者「喜」と関連して――」『駿台史学』第七三号、一九八八年（本書第二章）参照。

（3） 姜寨・元君廟・宝鶏北首嶺等仰韶墓地（半坡博物館・陝西省考古研究所・臨潼県博物館編『姜寨――新石器時代遺址発掘報告』上下、文物出版社、一九八八年。北京大学歴史系考古教研室編著『元君廟仰韶墓地』文物出版社、一九八三年。中国

社会科学院考古研究所編著『宝鶏北首嶺』文物出版社、一九八三年）の大勢は単人墓である。ただし合葬墓もみられる。

（4）馬家窯（＝甘粛仰韶）文化半山類型（含馬廠類型）墓葬に、屈肢葬を大勢とする例がままみられる（甘粛省博物館文物工作隊「広河地巴坪〝半山類型〟墓地」『考古学報』一九七八年第二期、甘粛省博物館・蘭州市文化館・蘭州市七里河区文化館「蘭州花寨子〝半山類型〟墓葬」『考古学報』一九八〇年第二期。甘粛省博物館・蘭州市文化館「蘭州土谷台半山――馬廠文化墓地」『考古学報』一九八三年第二期等）。しかし、これに続く同地域の斉家文化期（黄河中下流域の竜山文化期にほぼ相当）の墓葬の大勢は単人・仰身直肢葬であり、同じく甘粛仰韶文化を共有する青海省柳湾馬家窯・斉家・辛店各期の墓葬も、一貫して仰身直肢葬（含二次葬）が主流である。青海省文物管理処考古隊・中国社会科学院考古研究所『青海柳湾――楽都柳湾原始社会墓地――』上下、文物出版社、一九八四年。

（5）王仁湘「我国新石器時代墓葬方向研究」田昌五・石興邦主編『中国原始文化論集――紀念尹達八十誕辰――』、文物出版社、一九八九年、三二六頁。

（6）一九八七年発掘された河南省濮陽県西水坡遺址所在の仰韶期の墓葬、四五号墓は、被葬者が男性で、その両脇の地面に、頭位を逆方向に貝殻でかたどった竜と虎の像が発見されて有名であるが、さらに注目されたのは三人の殉葬者の存在が報告されたことであった（濮陽文物管理委員会・濮陽市博物館・濮陽市文物工作隊「河南濮陽西水坡遺址発掘簡報」『文物』一九八八年第三期。濮陽西水坡遺址考古隊「一九八八年河南濮陽西水坡遺址発掘簡報」『考古』一九八九年第一二期）。新石器後半期以降殉葬墓は顕在化してゆくが、この例は殉葬墓の時間的上限を押しあげることになる。だが翌一九八八年、再調査がなされ、「三体の人骨は同時の遺存ではなく、三基の独立した墓葬であり殉人ではない」という異論がだされている（孫徳萱・李忠義「濮陽西水坡蚌殻竜虎図案研究述評」河南省文物考古学会編『河南文物考古論集』河南省人民出版社、一九九六年、一八頁）。ただし、現在これが大方の見解であるのかは把握していない。再調査自体、これまでの考古成果から、にわかに肯定しがたいためではなかろうか。

（7）張正明（阿部進訳）「長江流域の超大国『楚』――その起源と発展――」『日中文化研究』第七号、一九九五年、一〇一頁。

（8）宋公文「楚墓的頭向与葬式」『考古』一九九四年第九期。

(9) 張勝琳・張正明「上古墓葬頭向与民族関係」湖北省考古学会選編『湖北省考古学会論文選集』(一) 一九八七年、一八八頁。

(10) 四川省博物館「巫山大渓遺址第三次発掘」『考古学報』一九八一年第四期。

(11) 湖北省文物考古研究所編著『江陵九店東周墓』科学出版社、一九九五年、四二〇頁。以後本文中に頁数を記す。他の場合も同様。

(12) 九店墓地は、戦国末期(戦国晩期後半)、いうなれば秦の占領期まで継続した。従ってこの時期の被葬者必ずしも土着の民のみとはいえない。注(11)「発掘報告」でも、秦人墓の例を報告している。本文でも後に触れる。

(13) 拙稿「漆器烙印文字に見る秦漢髹漆工芸経営形態の変遷とその意味」『堀敏一先生古稀記念・中国古代の国家と民衆』汲古書院、一九九五年(本書第六章)。

(14) 韓偉「試論戦国秦的屈肢葬儀淵源及其意義」中国考古学会編輯『中国考古学会第一次年会論文集 一九七九』文物出版社、一九八〇年。

(15) 前掲、注(13)拙稿。

(16) 中国社会科学院考古研究所編著『陝県東周秦漢墓』科学出版社、一九九四年、二〇一~二〇二頁。

表 大汶口文化墓葬(含北辛期)における東向墓の百分比

時期	総墓数	東向墓数	百分比
北辛期	10	7	70%
大汶口期	179	173	97%
計	189	180	95%

(17) 拙稿「戦国楚の木俑と鎮墓獣について」『駿台史学』第八二号、一九九一年(本書第四章)。

(18) 山東省秦安県と寧陽県の県境地帯に、汶河を間に挟んで位置する大汶口文化新石器墓地は、所謂東夷の墓地で、第一次、(一九五九)一三三基、第二次(一九七四)・第三次(一九七八)計五六基(北辛期一〇基、大汶口期四六基)、総計一八九基が発掘されている。うち東向墓は、大汶口期一七三基、北辛期七基、計一八〇基、九五%、大汶口期のみに限ると九七%、いずれにしても東向が断然優位にある(上掲表参照)。山東省文物管理処・済南市博物館編『大汶口——新石器時代墓葬発掘報告——』文物出版社、一九七四年。山東省文物考古研究所編『大汶口続集——大汶口遺址第二・三次発掘報告——』科学出版社、一九九七年。

（付記）表作成にあたって左掲参考文献に拠った。

表一　湖北省荊州地区博物館編『江陵雨台山楚墓』文物出版社、一九八四年。湖北省文物考古研究所「江陵雨台山楚墓発掘簡報」『江漢考古』一九九〇年第三期。表作成にあたっては、同報告〔付表二―八〕（一五二～一九〇頁）に主として拠った。

表二　湖北省文物考古研究所編著『江陵九店東周墓』科学出版社、一九九五年。同報告〔付表一・甲組墓〕（四三三～四三四頁）・〔付表七―八・乙組墓〕（四四九～四七八頁）。

表三　湖北省宜昌地区博物館・北京大学考古系編『当陽趙家湖楚墓』文物出版社、一九九二年。同報告〔付表二―五〕（二二四～二四六頁）。

表四　表一・二・三発掘報告。

表五　〈大型楚墓頭向〉後掲。

表六　〈中型楚墓頭向〉後掲。

表七　表一・二・三発掘報告。

表八　〈第一回発掘・一二基〉孝感地区第二期亦工亦農文物考古訓練班「湖北雲夢睡虎地一一号秦墓発掘簡報」『文物』一九七六年第六期。湖北孝感地区第二期亦工亦農文物考古訓練班「湖北雲夢睡虎地一一座秦墓発掘簡報」『文物』一九七六年第九期、後、正式発掘報告として《雲夢睡虎地秦墓》編写組編写『雲夢睡虎地秦墓』文物出版社、一九八一年。〈第二回発掘・一〇基〉（内二基は大墳頭一・三号墓）雲夢県文物工作組「湖北雲夢睡虎地秦漢墓発掘簡報」『考古』一九八一年第一期。〈第三回発掘・二七基〉湖北省博物館「一九七八年雲夢秦漢墓発掘報告」『考古学報』一九八六年第四期。湖北省博物館「雲夢大墳頭一号漢墓」『文物資料叢刊』四、一九八一年。

表九　湖北省文物考古研究所・孝感地区博物館・雲夢県博物館「雲夢龍崗秦漢墓地第一次発掘簡報」『江漢考古』一九九〇年第三期。湖北省文物考古研究所・孝感地区博物館・雲夢県博物館「湖北雲夢龍崗秦漢墓地第二次発掘簡報」『江漢考古』一九九三年第一期。

表一〇　雍城考古隊　呉鎮烽・尚志儒「陝西鳳翔高荘秦墓地発掘簡報」『考古与文物』一九八一年第一期。
表一一　陝西省雍城考古隊　尚志儒・趙叢蒼「陝西鳳翔八旗屯西溝道秦墓発掘簡報」『文博』一九八六年第三期。
表一二　中国社会科学院考古研究所編著『陝県東周秦漢墓』科学出版社、一九九四年。
表一三　王仲殊「洛陽焼溝付近的戦国墓葬」『考古学報』一九五四年第二期。洛陽区考古発掘隊『洛陽焼溝漢墓』科学出版社、一九五九年。なお、漢墓の編年及び頭向は上田岳彦「洛陽焼溝漢墓の墓葬の形態と変遷」付表「墓葬一覧表」『明大アジア史論集』第三号、一九九八年に拠った。
表一四　〈旧楚地における秦漢墓の頭向動向〉後掲。

表五〈大型楚墓頭向〉

1宜昌地区博物館「湖北当陽趙巷四号春秋墓発掘簡報」『文物』一九九〇年第一〇期。

2河南省文物研究所・河南省丹江庫区考古発掘隊・淅川県博物館編『淅川下寺春秋楚墓』文物出版社、一九九一年。

3南陽市文物研究所・桐柏県文管弁「桐柏月河一号春秋墓発掘簡報」『中原文物』一九九七年第四期。

4湖南省博物館「長沙瀏城橋一号墓」『考古学報』一九七二年第一期。高至喜「論長沙瀏城橋一号墓和楊家湾六号墓的年代」『湖南考古輯刊』第一集、一九八二年。

5固始侯古堆一号墓発掘組「河南固始侯古堆一号墓発掘簡報」『文物』一九八一年第一期。

6湖北省博物館編『曾侯乙墓』上下、文物出版社、一九八九年。

7湖南省博物館・常徳地区文物工作隊「臨澧九里楚墓発掘報告」『湖南考古輯刊』第三集、一九八六年。

8湖南省博物館「湖南湘郷牛形山一・二号大型戦国木槨墓」『文物資料叢刊』三、一九八〇年。

9長沙市文物工作隊「長沙市荷花池一号戦国木槨墓発掘報告」『湖南考古輯刊』第五集、一九八九年。

10湖北省博物館・随州市博物館「湖北随州擂鼓墩二号墓発掘簡報」『文物』一九八五年第一期。

11荊州地区博物館「湖北江陵藤店一号墓発掘簡報」『文物』一九七三年第九期。

12荊州地区博物館「江陵馬山磚廠二号楚墓発掘簡報」『江漢考古』一九八七年第三期。湖北省荊州地区博物館編『江陵馬山一号楚墓』文物出版社、一九八五年。
13・14湖北省文物考古研究所編『江陵望山沙冢楚墓』文物出版社、一九九六年。陳振裕「望山一号墓的年代与墓主」中国考古学会編輯『中国考古学会第一次年会論文集　一九七九』文物出版社、一九八〇年。方壮猷「初論江陵望山楚墓的年代与墓主」『江漢考古』一九八〇年第一期。
15湖北省荊州地区博物館「江陵天星観一号楚墓」『考古学報』一九八二年第一期。
16河南省文物研究所・中国社会科学院考古研究所編『信陽楚墓』文物出版社、一九八六年。
17荊門市博物館「荊門十里磚廠一号楚墓」『江漢考古』一九八九年第四期。
18常徳地区文物工作隊・桃源県文化局「桃源三元村一号楚墓」『湖南考古輯刊』第四集、一九八七年。
19湖北省鄂城県博物館「鄂城楚墓」『考古学報』一九八三年第二期。鄂鋼基建指揮部文物小組・鄂城県博物館「湖北鄂城鄂鋼五三号墓発掘簡報」『考古』一九七八年第四期。
20湖北省荊沙鉄路考古隊『包山楚墓』上下、文物出版社、一九九一年。湖北省荊沙鉄路考古隊包山墓地整理小組「荊門市包山楚墓発掘簡報」『文物』一九八八年第五期。徐少華「包山二号楚墓的年代及有関問題」『江漢考古』一九八九年第四期。
21益陽地区文物工作隊「益陽羊舞嶺戦国東漢墓清理簡報」『湖南考古輯刊』第二集、一九八四年。
22湖南省文物管理委員会「長沙広済橋第五号戦国木槨墓清理簡報」『文物参考資料』一九五七年第二期。
23湖南省博物館「湖南長沙黄土嶺魏家大堆戦国墓」『文物資料叢刊』三、一九八〇年。
24中国社会科学院考古研究所編著『長沙発掘報告』科学出版社、一九五七年。
25湖南省文物管理委員会「長沙仰天湖第二五号木槨墓」『考古学報』一九五七年第二期。
26河南省文物研究所・淮陽県文物保管所「河南淮陽平糧台一六号楚墓発掘簡報」『文物』一九八四年第一〇期。
27河南省文物研究所・周口地区文化局文物科「河南淮陽馬鞍冢楚墓発掘簡報」『文物』一九八四年第一〇期。
28安徽省文物工作隊「安徽長豊楊公発掘九座戦国墓」『考古学集刊』第二集、一九八二年。

表六〈中型楚墓頭向〉

1宜昌市博物館「湖北当陽唐家巷三号楚墓」『文物』一九九五年第一〇期。
2河南省文物研究所・河南省丹江庫区考古発掘隊・淅川県博物館編『淅川下寺春秋楚墓』文物出版社、一九九一年。
3湖北省宜昌地区博物館「当陽金家山春秋楚墓発掘簡報」『文物』一九八九年第一一期。
4枝江県博物館「湖北枝江関廟山一号春秋墓」『江漢考古』一九九〇年第一期。
5宜昌地区博物館「当陽何家山楚墓発掘簡報」『江漢考古』一九九一年第一期。
6湖北省博物館「湖北江陵太暉観楚墓清理簡報」『考古』一九七三年第六期。
7湖北省文物考古研究所「江陵朱家台両座戦国楚墓発掘簡報」『江漢考古』一九九二年第三期。
8長沙市文物工作隊「長沙市白泥塘五号戦国墓発掘簡報」『文物』一九九五年第一二期。
9湖南省文物考古研究所・慈利県文物保護管理研究所「湖南慈利石板村三六号戦国墓発掘簡報」『文物』一九九〇年第一〇期。湖南省文物考古研究所・慈利県文物保護管理研究所「湖南慈利県石板村戦国墓」『考古学報』一九九五年第二期。
10江陵県博物館「江陵棗林舗楚墓発掘簡報」『江漢考古』一九九五年第一期。
11高中暁・袁家栄「湖南慈利官地戦国墓」『湖南考古輯刊』第二集、一九八四年。
12湖北省博物館江陵工作站「江陵渓峨山楚墓」『考古』一九八四年第六期。江陵県博物館「江陵渓峨山楚墓」『江漢考古』一九九二年第四期。
13湖北省博物館発掘小組・荊州地区博物館発掘小組・江陵県文物工作発掘組小組「湖北江陵拍馬山楚墓発掘簡報」『考古』一九七三年第三期。
14湖南省文物管理委員会「長沙楊家湾M〇〇六号墓清理簡報」『文物参考資料』一九五四年第一二期。
15湖南省文物管理委員会「長沙左家公山的戦国木槨墓」『文物参考資料』一九五四年第一二期。

表一四〈旧楚地における秦漢墓の頭向動向〉

1楊権喜「襄陽山湾一八号秦墓」『考古与文物』一九八三年第三期。

2雲夢県博物館「湖北雲夢木匠墳秦墓発掘簡報」『江漢考古』一九八七年第四期。雲夢県博物館「湖北雲夢木匠墳秦墓」『文物』一九九二年第一期。

3湖北省文物考古研究所「湖北省雲夢珍珠坡M一七・M一八発掘簡報」『江漢考古』一九九二年第二期。

4湖北省荊州地区博物館「江陵揚家山一三五号秦墓発掘簡報」『文物』一九九三年第八期。

5荊州地区博物館「江陵王家台一五号秦墓」『文物』一九九五年第一期。

6湖北省荊州地区博物館「江陵高台一八号墓発掘簡報」『文物』一九九三年第八期。

7荊州地区博物館「江陵張家山三座漢墓出土大批竹簡」『文物』一九八五年第一期。張家山漢墓竹簡整理小組「江陵張家山漢簡概述」『文物』一九八五年第一期。陳耀鈞・閻頻「江陵張家山漢墓的年代及相関問題」『考古』一九八五年第一二期。彭浩「江陵張家山漢墓出土大批珍貴竹簡」『江漢考古』一九八五年第二期。荊州地区博物館「江陵張家山両座漢墓出土大批竹簡」『文物』一九九二年第九期。

8湖南省博物館・中国科学院考古研究所『長沙馬王堆一号漢墓』上下、文物出版社、一九七三年。湖南省博物館・中国科学院考古研究所「長沙馬王堆二・三号漢墓発掘簡報」『文物』一九七四年第七期。

9長江流域第二期文物考古工作人員訓練班「湖北江陵鳳凰山西漢墓発掘簡報」『文物』一九七四年第六期。金立「江陵鳳凰山八号漢墓竹簡試釈」『文物』一九七六年第六期。弘一「江陵鳳凰山一〇号漢墓簡牘初探」『考古』一九七四年第六期。鳳凰山一六七号漢墓発掘整理小組「江陵鳳凰山一六七号漢墓発掘簡報」『文物』一九七六年第一〇期。紀南城鳳凰山一六八号漢墓発掘整理組「湖北江陵鳳凰山一六八号漢墓発掘簡報」『文物』一九七五年第九期。湖北省文物考古研究所「江陵鳳凰山一六八号漢墓」『考古学報』一九九三年第四期。

（補注）　土洞墓は、戦国中期以降秦の領域で盛行する。本文の「土洞墓が大勢」とは、この時期を指す。表一〇、一一は戦国中期を境に竪穴墓から土洞墓への移行を明確に示している。

第四章　戦国楚の木俑と鎮墓獣について

はじめに

二〇世紀初頭、古墓出土の陶俑が世の注目をあび、美術品として、また歴史資料としての価値が認識されて以降、俑といえば陶俑が意識されてきた。それは初期の出土地が陶俑を出土する洛陽を始めとする黄河流域の地域が主だったからである。

ところが、解放後の一九五〇年代に入っての考古学的発掘は、多くの木俑の出土をもたらし、俑についての認識に再考を促した。これは新中国発足当初の発掘調査の中心の一つが湖南省長沙に置かれた事、その長沙がかつての楚の領域に属していた事等に由来する。ここでの木俑の出土は、木俑は楚文化の、陶俑は中原文化の生んだものという認識を生じさせた。すると木俑は、それまで主として漢代のものと考えられてきた陶俑に先行するわけで、俑の祖型は木俑と考えられるようになった(1)。そして両者とも「ひとがた」である以上、新石器末期にはじまり、殷代に至って全盛期を迎えた人殉との関連で理解されるのは当然のことで、事実それに替わるものと理解されてきた。結論としてこれは間違いないと思う。だが人殉から俑葬へとダイレクトに繋がるかといえば、そこに至る道筋は、そう単純ではないように思われる。楚俑が陶俑に先行していたということになると、これまでの発掘の成果によるかぎり、人殉が全盛を極めた中原地域より、長江流域の楚の領域の方が俑の副葬ということでは先行していたということになるからである。いずれにしても、黄河流域、長江流域を問わず俑葬が普遍的になるのは漢代に入ってからであり、殷以後衰退期に入った人殉に替わるものと考えるなら、時間的には直接繋がらないのである。こうした種々の問題意識を持ちつつ、以下考察してゆきたい。

一、楚俑副葬の開始期——雨台山楚墓群の場合

陶俑の祖型が楚俑であるとすると、では楚俑の開始はいつごろに求められるのだろうか。楚俑初期の代表例としてまず上げられるのに「河南信陽長台関一号墓」「同二号墓」出土の木俑がある（以下、後掲表三参照）。この墓葬は二基ともに一槨三棺で、一号墓より一一点、最大高さ八四・四cm、二号墓より一〇点、最大高さ七二cmの木俑を出土している。[2] この墓葬の埋葬年代については発掘後間もなく提示された郭沫若の「春秋晩期」説以来、「戦国早期」説、「戦国中期」説等諸説ある。[3] もし郭沫若説を取ると、これまでの発掘例における俑葬墓としては最初期のものとなる。だが、この墓葬出土の木俑は、彩絵・着衣・仮髪等木俑の持つすべての条件を具備し、その上、大きさ・造形の完成度の高さ・副葬点数等からみて、俑葬における木俑の起源が「信陽長台関墓」を遥かに遡ると推測させる。ところが管見の限りでの発掘例では、明確に春秋墓と目されている墓葬からの木俑出土例の報告はなく、近い例をさがすと、わずかに「春秋戦国の際」と編年されている「長沙烈士公園三号墓」、「春秋晩期から戦国早期」と編年されている「江陵太暉観六号墓」の二例が報告されているに過ぎない。[4] またそれより時期を下げて戦国早期までの墓葬でも、一墓葬一〇点を越える出土例は他になく、いうなれば現在のところ前史がないのである。この点でいえば、「信陽長台関墓」＝「春秋晩期説」は成立し難いように思われる。

では先の二例の墓葬出土の俑についてみると、「長沙烈士公園三号墓」は墓道を有する一槨二棺墓で、盗掘によって副葬品の大部分が盗まれ、残存の副葬品も損壊が激しいため、証拠能力としての不備が惜しまれるが、残存物中に高さ一〇cmの木俑頭一点、俑身の残存部分一点が報告されている。一〇cmの木俑頭からは高さ五〇cm程度の木俑が想像されるが、その大きさ、造作において「信陽長台関墓」の俑に及ばないように思われる。「江陵太暉観六号墓」は一槨一棺墓、高さ二七cm程の俑二点、造作の甚だ粗末な初期段階の姿を彷彿させる木俑を出土している。以上、この二墓葬は俑葬墓としては初期に属し、俑葬開始年代を推測させる一材料になろう。

この点について「長沙瀏城橋一号墓」は別の視点からの補強材料になると思われる。[5]先の「烈士公園三号墓」とほぼ同時期と編年され、二槨一棺、三辺箱、副葬品二六二点の規模を持つこの墓葬は、「烈士公園墓」とランクにおいて劣るとも思われないが、ここに俑はない。新たな副葬品の始まりはランクの高い墓葬から始まるのが通例であろう。同じ長沙地域のほぼ同時期のこの二基の墓葬の俑の有無は、例が少なく少々心許ないが、この時期が俑葬の過渡期であることを物語っているとみられないだろうか。

この点を楚の中心地、湖北の例でみる事にしたい。まず「雨台山楚墓群」を例にみてみよう。この墓地は、春秋中期から戦国晩期前半、即ちこの地が秦の将軍白起によって秦に併合される紀元前二七八年までの約四〇〇余年間にわたって使用された。ちょうどこの時代は楚の盛んな時代を含み、かつこの墓地の所在地江陵は、当時の楚の中心地であった。この墓地はまさにそうした時代を楚と共にし、楚が長く都としてきた郢を捨てた時、墓地としての生命を終えた。**表一**は、この墓地の墓葬五五八基の発掘報告をもとに俑及び鎮墓獣副葬状況を知るために作ったものである。[6]以下**表一**をもとに考察を進めてゆきたい。

俑葬墓は五五八基中一六基、全体の率では二・八%、俑葬率の低さを示している。だが俑葬は棺槨墓が対象なので、

表一　江陵雨台山楚墓棺槨墓における俑葬墓・鎮墓獣副葬墓率

時期区分	1 各期墓葬総数	2 棺槨墓数	各期墓数に対する棺槨墓率 2/1（%）	3 俑葬墓数（ ）内俑総点数	棺槨墓における俑葬墓率 3/2（%）	4 鎮墓獣副葬墓数	棺槨墓における鎮墓獣副葬率4/2（%）	俑・鎮墓獣同葬墓数	俑葬のみの墓数	鎮墓獣のみの副葬墓数
春秋中期	9	0	—	—	—	—	—	—	—	—
春秋晩期	65	9	13.8	—	—	—	—	—	—	—
戦国早期	115	54	46.9	—	—	33	61.1	—	—	33
戦国中期前段	139	119	85.6	6（18）	5.0	89	74.7	4	2	85
戦国中期後段	56	29	51.7	7（15）	24.1	16	55.1	4	3	12
戦国晩期前段	39	16	41.0	2（8）	12.5	3	18.7	1	1	2
計	423	227	53.6	15（41）	6.6	141	62.1	9	6	132
分期不能	135	26	19.2	1（2）	3.8	15	57.6	1	0	14
総　計	558	253	45.3	16（43）	6.3	156	61.6	10	6	146

各期墓葬数に対する棺槨墓率は棺槨不明が50基（内、分期不能に44基）あるため、若干の誤差がある。
なお『江陵雨台山楚墓』所載時期区分実年代は下記の通り。
戦国早期…前5世紀中期―前4世紀初　　戦国中期前段…前4世紀初―前4世紀中期
戦国中期後段…前4世紀中期―前4世紀末期　戦国晩期前段…前3世紀上半段（前278年頃まで）

表一での俑葬率は、棺槨墓数に対するパーセンテージを示した。この墓地の俑葬は「戦国中期前段」から始まる。この時期の墓葬の総数は一三九基、最高の数字を示す。総墓数に対する棺槨墓は八五・六%、この前後の時期が五〇%前後であるのと比較して極端に高い率を示している。いうなればこの墓地の最盛期といえよう。地下の世界が地上の世界の反映であるならば、後掲**表三**中の上層の墓葬の豪華な地下の世界に比べればささやかではあるが、在地のこの墓地の被葬者達のこの世における繁栄の時代を映し出している。その時期に俑葬は始まっているのである。とはいえ俑葬率は棺槨墓の五%にすぎず、この数字はまさに、この墓地における俑葬の萌芽期を意味していよう。それは次の「戦国中期後段」に至って一気に二四・一%の普及率をみせる。しかし次の「戦国晩期」に至って墓葬総数そのものも減少しているが、一二・五%に急落する。この数字の減少をどう読むか。前述したように、この時期この地域は秦の占領を目前にしており、そうした背景を考慮すべきと思う。端的にいえば「減少の数字」を割引いて考えたいということである。というのはこの時期、まだ楚の支配が続く長沙地域の俑葬墓は、**表**

表二　鄂城楚墓棺槨墓における俑葬墓・鎮墓獣副葬墓率

時期区分	墓葬総数	1 棺槨墓数	単棺墓数	2 俑葬墓数	3 鎮墓獣副葬墓数	3/1 2/1 (%)
一期　戦国中期偏早	4	4	—	—	2	50.0
二期　戦国晩期	11	10	1	1	—	10.0
三期　秦漢之際ないし前漢	15	13	2	1	—	7.6
合計	30	27	3	2	2	—

一期の棺槨墓のうち3基は一槨二棺

三の「戦国晩期」の項にみられるように、勢いを増してゆく数字を示すからである。これについてはのちに触れる。

以上、**表一**からいえることは俑葬の開始は戦国中期前半、以後急成長を予測させる数字を示す。が、棺槨墓における俑葬率は、最大の時期でも四分の一（二四・一％）を越える事はなかった。これは棺槨墓であっても俑葬が一般的でなかったことを示している。この点を「雨台山楚墓」より小規模であるが、**表二**「鄂城楚墓」を例に検証したい。この表は「鄂城楚墓」三〇基の発掘報告から**表一**と同様の意図で作ったものである。(7) 戦国中期以後のこの墓地における俑葬の開始は戦国晩期からで、各期の棺槨墓における俑葬率は一割ないし一割以下である。「雨台山楚墓」より一時期遅れているが晩期以降すべて一槨一棺墓で、棺槨を重ねる墓葬はない。即ち上位の墓葬のない事が遅れの理由であろう。「雨台山楚墓」群の場合と同じく、ここでも俑葬が一般的ではなかったことを示している。

二、鎮墓獣副葬の開始期と楚俑との関係――雨台山楚墓群の場合

この問題を、楚墓を特定するメルクマールといわれる鎮墓獣と関連させて考えてみたい。先に**表一**を「俑及び鎮墓獣副葬状況を知るため」に作成したと述べたが、この表はあたかも「鎮墓獣副葬墓表」といった観を呈している。俑ないし鎮墓獣及び両者を同葬する墓葬を拾うとこうなるのである。鎮墓獣が楚墓の指標といわれる所以である。**表一**には

明示しなかったが、俑は鎮墓獣との同葬をほぼ原則としている事を、はじめに指摘しておきたい。以下表一を読んでゆきたい。

「雨台山楚墓」での俑葬の開始期、即ち「戦国中期前段」の俑葬率五％に対し、鎮墓獣副葬率は七四・七％、副葬の対象は俑葬と同じく棺槨墓以上であるが、俑葬墓よりクラスの低い棺槨墓もその対象になっていることが高率の理由である。楚墓の決め手となる所以とは先に述べた。では鎮墓獣の副葬はいつごろから始まるのか。この墓地の春秋期からの出土はなく、「戦国早期」からいきなり六一・一％の高率で始まり、棺槨墓における急速な普及を示す。その率は次の「戦国中期前段」に七四・七％に達し、ここを頂点に下り坂となり、晩期に一気に一八・七％に急落する。以上の数字は、「雨台山楚墓」では、鎮墓獣副葬は俑葬に一歩先んじて戦国早期に始まり、始まると同時に一気に普遍化し、更に俑に一歩先んじて頂点に達し、晩期に至って楚の滅びを待たずして衰退現象を呈し始めたことを示している。同じく晩期に急落する俑と鎮墓獣の副葬について、先に俑についてはその数字を割引いて考えたいと述べ、鎮墓獣の場合は衰退現象として数字をそのまま受け入れたいとするのは、この時期、他の楚の領域では俑葬は継続して行なわれ、更に秦・漢へと受け継がれていったのに、鎮墓獣は他の地域の戦国晩期の楚墓の中からも消えつつあり、これについては後述するが、楚墓の消滅とともにその姿を消してしまうからである。少なくとも「雨台山楚墓」の最後の二割に足らぬ数字は、秦の江陵占領による墓地の終焉と運命を共にしたというより、自身滅びを開始した数字とみたい。

これに対し俑は鎮墓獣に遅れて楚墓の中に現われ、鎮墓獣ほどの普及はみなかった。先に俑はほぼ鎮墓獣との同出を原則としていると述べた。俑葬に比して鎮墓獣副葬率がはるかに高率である事からくる当然の結果であり、他方俑葬墓が少ないのは、「雨台山楚墓」が棺槨墓であっても、総じてランクの低い墓葬だからである。その点鎮墓獣が一般的棺槨墓をも対象としているのと事情を異にする。先に新たな副葬品は大墓から始まるのが通例と述べた。ということは、「雨台山楚墓」に限っていえば、一般的棺槨墓まで降りてきていない俑葬は、まだ開始期にあったといえよう。

この点は、前述表二「鄂城楚墓」の例も参考になる。この墓地の鎮墓獣副葬墓は「戦国中期偏早」の墓葬二基のみである。やはり俑葬に先行している。両者同葬がないのは、中間の「戦国中期偏晩」が抜けているためであろう。小規模な墓地の例ではあるが、それなりに「雨台山楚墓」で得られた結論をなぞっていると思う。

ここで俑葬の開始期について少々の予測が得られたと思うが、更に同様の方法で他の楚墓についても検証し、同時にその意味するところを考えてみたい。

三、大墓における俑・鎮墓獣副葬の開始期

次の表三は、管見の限りではあるが、鎮墓獣及び木俑のどちらか一方、ないし二者を出土する楚墓の発掘報告をもとに作成したものである。(8) 墓葬の表示は時代順を原則としているが、同一地名で表示されている墓例は一グループとし、その中で時代順に並べた。以下表三をもとに論を進めてゆきたい。ただし先に「信陽長台関墓」編年の諸説を紹介したが、それらの説を並べると春秋末から戦国晩期まで、全時期を通じてしまうのである。こうした例、必ずしも極端な事ではなく、なかなか定説が立ち難いことは周知のことである。ではあっても、本来なら編年の検証から始めるのが常道ではあるが、とても能力の及ぶところではなく、ここでは基本的には発掘報告に従った。だが本文の中で必要な場合は言及するようにしたい。

まず、鎮墓獣、俑どちらか一方ないし両者を副葬する「墓葬表」(表三)を作ると、次のようなことが歴然とする。
一、鎮墓獣は戦国中期までの墓葬にほぼ一〇〇%副葬されているが、晩期に至ると逆にほとんど姿を消す。
二、俑葬は戦国中期までは総墓数のほぼ半分である。鎮墓獣副葬率との比較ではその半分になる。だが晩期に至ると、俑葬率はほぼ一〇〇%に近くなる。両者は戦国中期を接点にして鎮墓獣は衰退に向かい、俑は流行の度を高めてゆく傾向を示す。「雨台山楚墓」の結論のところで、俑葬の減少を、楚の支配が終焉に近づいた江陵特有の理由として割引いて考えたいとしたのは、この意味においてである。
三、両者を同葬する墓葬は、そのほとんどが棺槨を重ねる墓葬で、戦国中期の棺槨を重ねる墓葬のほとんどは両者を副葬している。

以上の事実をもとに表三における鎮墓獣・俑副葬の開始期について考えてみたい。

まず鎮墓獣について。表三における鎮墓獣を副葬する最初の墓葬は「春秋中期偏晩」の「当陽趙巷四号墓」である。規模は一槨二重棺墓、大夫級の墓葬であり、越王勾践の剣出土で有名な「望山一号墓」クラスという[9]。鎮墓獣副葬の開始期は「春秋中期偏晩」まで遡る事が認められるわけである。この点「雨台山楚墓」の戦国早期に先んずるが、この時間的ずれは、同墓群がすでにこの段階で、世間一般の流行を反映しているのであろう六一%の高率に達している事、この墓地が在地の集団の墓地であることを考慮すれば、納得出来るであろう。

では次に、俑葬について考えてみたい。すでにふれたが、木俑が春秋晩期から戦国初期と目されている「江陵太暉観六号墓」、「長沙烈士公園三号墓」にあって、「長沙瀏城橋一号墓」にないこと、「江陵太暉観六号墓」にはあっても、高さ二七cmほどの素朴な俑で、数も二点、以上の事はこの時期を俑葬開始期と考えてよいのではないか。その点ではやはり木俑の出発は鎮墓獣に少し遅れるとみてよい。そして時期的に「雨台山楚墓」に一歩先んずるのは、これまで

表三　楚墓における俑・鎮墓獣副葬墓表

文献番号	墓葬時期	墓葬名	鎮墓獣数	木俑数	備考	葬具等	盗掘有無	発掘年月
1	春秋中期偏晩	湖北当陽趙巷4号墓	1	/	墓主男性　50才以上 陪葬者　女性5名 （14-24才前後）	一槨二棺 陪葬棺5	被盗	88・6
2	春秋或春秋戦国之際	長沙烈士公園3号墓	1	有	鎮墓獣の存在伝聞。 木俑頭1、木俑残片1。	一槨二棺	被盗甚大	58・1
3	春秋晩期	長沙瀏城橋1号墓	1	/	鎮墓獣、頭箱中央。	二槨一棺 陪葬棺1		71・2
4	春秋戦国之際或戦国早期	江陵太暉観6号墓	1	2	調査10基中、棺槨墓5基、内鎮墓獣副葬墓2基（40％）。	一槨一棺		51冬
		同　18号墓	1	/		一槨一棺		62冬
5	戦国中期以前	江陵太暉観50号墓	1	/	＊墓主女性。	一槨一棺		72・3
6	戦国早期	河南信陽長台関　1号墓	1	11	鎮墓獣、後室。	一槨三棺		57・3-5
		同　2号墓	1	10	鎮墓獣、左後室。	一槨三棺	被盗	
7	戦国早期―中期前段	湖南臨澧81九里　4号墓	1	2	鎮墓獣、槨室頭上側。俑数は俑残頭による、79・1号墓も同様	二槨一（二？）棺	被盗	81年
		同　79九里1号墓	2	13	鎮墓獣Ⅰ、頭箱中央。俑は全て頭箱、鎮墓獣の周りに多し。鎮墓獣Ⅱ、辺箱。	一槨二棺	被盗	79年
8	戦国中期偏早	湖南湘郷牛形山　1号墓	2	18	歌舞俑有。鎮墓獣、左右辺箱各1。頭箱に無。湘郷は楚国南境の重鎮。墓主女性。	二槨三棺	被盗	76夏
		同　2号墓	1	4	墓主男性、1号墓主は妻？	二槨三棺	被盗	
9		江陵雨台山21号墓	1	2	＊	一槨一棺		86年
10	戦国中期前段	湖北随州擂鼓墩2号墓	1	/	曽侯国君夫人可能性大。	一槨二棺 陪葬棺1	被盗	81・7
11		湖南慈利石版村36号墓	1	/	鎮墓獣、頭箱中央。	一槨一棺		87・5-6

12		江陵藤店 1号墓	1	／		一槨二棺		73·3
13		江陵馬山 2号墓	1	26	1号墓と同家族？	一槨二棺	甚大	83·1
14	戦国中期偏晩或晩期偏早	江陵馬山 1号墓	木辟邪	8	女俑4、頭箱北部。男俑4、辺箱西部。	一槨一棺		82·1
15	戦国中期	湖南省韶山灌区 湘郷65SX70号墓	／	12		一槨一棺		65年
		湘郷65SX71号墓	1	／		一槨一棺		
16		湖南慈利官地 1号墓	1	／	鎮墓獣、頭箱中央。	一槨一棺		78·9
17	戦国中期後段	江陵天星観 1号墓	1	／	鎮墓獣、槨室頭箱側？玉俑6（高6.9㎝）墓主邸𨜒君番勳。埋葬年BC361-340CA	一槨三棺	被盗	78·1-3
18		江陵望山 1号墓	1	／	「越王勾践」銘文の剣有。墓主悼固、男性（25-30才）。	一槨二棺		65·10-66·1（沙塚1号墓編年言及無）
	戦国晩期	同　2号墓	1	16		二槨二棺	被盗	
		江陵沙塚 1号墓	1	／		二槨一棺	被盗	
19	戦国早期	江陵渓峨山 3号墓	1	／	＊	一槨一棺		80·8-12
		同　7号墓	1	／	＊	一槨一棺		
	戦国中期偏早	同　2号墓	1	／	鎮墓獣、頭箱中央。	一槨一棺		
		同　6号墓	1	／	＊	一槨一棺		
	戦国中期偏晩	同　1号墓	1	／	＊	一槨一棺		
		同　5号墓	1	2	＊俑、鎮墓獣後両側	一槨一棺		
20		湖北荊門十里磚廠1号墓	／	6	俑数は識別可能11件内の数。墓主男性（40-50才）。	一槨二棺		88·4
21		湖南桃源三元村　1号墓	／	3		二槨一棺		85·8
22	戦国中期—晩期	江陵拍馬山 2号墓	1	／	＊発掘調査27基中	一槨一棺		71·11-72·2
		4号墓	1	／	＊一槨一棺　16	一槨一棺		

					基			
		7号墓	1	／	＊無槨有棺　10基	一槨一棺		
		8号墓	1	／	＊無槨棺　1基	一槨一棺		
		11号墓	1	／	＊	一槨一棺		
		20号墓	1	／	＊棺槨墓16基中	一槨一棺		
		21号墓	1	／	＊鎮墓獣副葬墓10基	一槨一棺		
		22号墓	1	／	＊（62.5%）	一槨一棺		
		23号墓	1	／	＊	一槨一棺		
		25号墓	1	／	＊	一槨一棺		
23	戦国中期偏晩	湖北鄂城 百3号墓	1	／		一槨二棺 陪葬棺1		58–78年
		百5号墓	2	／	鎮墓獣2点とも頭箱	一槨二棺 陪葬棺2		
	戦国晩期	鋼53号墓	／	2		一槨一棺		
	秦漢際或前漢	鋼94号墓	／	2		一槨一棺		
24	戦国晩期	湖北荊州市包山2号墓	／	12	俑の内2点、112.8 cm 墓主 左尹邵舵 埋葬年 B.C. 292 CA	一槨四棺		86・11–87・1
25		湖南益陽羊舞嶺80益農3号墓	1	6		一槨二棺		80–81年
26		長沙広済橋5号墓	／	有	木俑残片。小木剣・戟・刀有、俑手に？＝武士俑。墓主男性	二槨一棺	被盗甚大	
27		長沙黄土嶺魏家大堆墓	／	有	木俑残片。	一槨二棺		74・7
28		長沙五里牌406号墓	／	30		二槨二棺	被盗	51・10–52・2
29		長沙仰天湖25号墓	／	8	女侍俑4 武士俑4（木剣・戈）	二槨二棺	被盗甚大	53年
		長沙左家公家15号墓	／	3	墓主男性35才前後	一槨一棺		54年
	戦国晩期―前漢初	長沙楊家湾6号墓	／	50	楽俑・司厨俑。墓主女性30才前後	一槨一棺		

［注記］1. 槨室内が一室乃至棺室と頭箱二室の場合、鎮墓獣は、槨室頭上側乃至頭箱に配置されるのがほぼ常態で、位置の注記不要の為、表中＊印を以って替えた（判明する範囲）。

2. 「（10）擂鼓墩2号墓」は厳密には楚墓とはいえぬが、楚の影響を考慮して掲げた。

何回も指摘しているように表三のグループが比較的高いランクの墓葬を対象としていることからくる当然の結果で、前述の「雨台山楚墓」等で得た結論と一致するといってよかろう。

四、楚俑副葬の意味及び鎮墓獣の終焉

まず俑葬墓一基あたりの俑の点数からみてゆきたい。「雨台山楚墓」の場合、最多八点が一基（戦国中期前段・一槨二棺）、六点が一基（戦国晩期前段・一槨二棺）、三点が一基（戦国晩期後段・一槨一棺）、二点が一三基（一槨一棺）で、ここでも当然のことながら上位の墓葬に俑の数が多く、一墓葬あたり二点が大多数であり、最低二点が原則のようである。ちなみに、木俑の総計は四三点である。

表三のグループでみてみよう。ここでも俑葬は最低二点が原則のようである。更にいえることは「雨台山楚墓」と比較して、俑・鎮墓獣同葬が圧倒的に多い事である。これは単独の発掘報告が出るのは、上位の墓葬が多い事からくる、当然の結果であろう。だが大墓クラスであっても、「戦国中期偏晩」あたりから、鎮墓獣のない墓葬が現われ、晩期に至って一気に俑のみ副葬する墓葬が増えていく。「戦国中期偏晩」の「荊門十里磚廠一号墓」、「桃源三元村一号墓」は、前者は一槨二棺、後者は一槨一棺、規模からいっても当然あるべき鎮墓獣がなく、俑のみ副葬している。[10]戦国晩期では「湖南益陽羊舞嶺八〇益農三号墓」[11]を除くすべてに鎮墓獣はない。近年最大の発掘例の一つである「荊門市包山二号墓」は墓口三四・四×三一・九m、墓道一九・八m、深さ一二・四五m、槨室は五室、中室に四重の棺を置いた大墓である。だが、まさに当然あるべき鎮墓獣はなく、木俑一二点が副葬されていた。[12]楚墓における戦国晩期の鎮墓獣消滅傾向の駄目押しをしているといえよう。ちなみに発掘報告は「この墓葬の埋葬絶対年代は、紀元前二

九二年」、徐少華は同墓出土の竹簡簡文をもとに「紀元前三〇三年三月某日」としている。[13]

ここで目立つことは、長沙の戦国晩期の諸墓葬に鎮墓獣副葬がなく、一墓葬あたりの俑の数が多く、また従来の楚俑にない種類の俑が現れている事である。地下の世界に変化が起きているということであろう。例えば「長沙広済橋五号墓」から木俑が手にしていたと思われる小木剣・戟・刀が出土している。とすれば、侍衛俑であろう。二槨一棺ながら盗掘の被害甚大で、俑は残片しか残らなかったのが残念である。[14]同じく晩期の「長沙仰天湖二五号墓」では四点の武士俑出土が報告されている。こうした中で「長沙楊家湾六号墓」は俑の数も多い上に、楽俑・司厨俑の出土を伝えている。俑の世界に明確に新しい要素が加わっているといえよう。[15]これら戦国晩期の俑葬墓の俑の姿は、前漢墓の俑を彷彿させる。この墓葬については、発掘報告の「戦国末年から前漢初」即ち「秦ないし漢墓」説、郭徳維の「秦漢墓」可能性説、中山大学中文系古文字研究室楚簡整理小組の「戦国末年楚墓」説、高至喜の「戦国晩期前段、即ち紀元前三世紀前半」説等あるが、[16]どの説に従うにせよ「楊家湾六号墓」が戦国から秦漢への俑の過渡期の姿を映し出していることは間違いない。これが逆にこうした諸説を生む所以であろう。

ちなみに「戦国中期偏早」の「湖南湘郷牛形山一号墓」出土一八点の俑の中に、歌舞俑の存在が報告されている。発掘報告に掲げられた写真にそれらしき俑を確かめる事は出来ないが、楚墓の中で古い例になる。[17]だがすでに述べているように、編年は発掘報告に従っており、その基準となっている「信陽長台関墓」、「江陵望山一号墓」等の編年をやや早期においているきらいがあり、この墓葬の編年は考慮の余地があるかもしれない。ここでは歌舞俑の存在を指摘するだけに留めたい。

ここで楽俑・司厨俑等新しい種類の木俑が現われた事を述べた。ではこれまでの俑はどのような姿をしていたのだろうか。一部跪座俑は存在するが基本的には立俑が主体で、物を捧げ持つ侍俑が大半である。その点では木俑の精粗・大小、彩絵・着衣の有無等に差はあっても、姿においての多様性は少ない。童恩正は、「髪首」を苗蛮系民族の髪型を意味すると考証したうえで、「信陽長台関戦国楚墓よりかつて一木俑が出土した。それは長い髪を頭の後ろに束ねていた、即ち「髽首」である。このような髪型は上層階級にはみられず、侍俑にだけみられるもので、このような民族の楚社会における地位は相当低かったことを意味している」と述べている。[18] 民族の事は措いて、「侍俑」の位置づけをする際の参考になろう。

また陳躍均・院文清は「信陽長台関一号墓」の「後中室」の中心に鎮墓獣が置かれ、男女俑各二点、計四点の俑がその四隅に置かれていた状況に着目して「後中室は寿宮の可能性があり、両側の男女俑の形態からみて、神の左右に伺候する侍従であろう」と述べている。[19] これは俑の役割の一つを明らかにしている。ところで、陳・院論文は、鎮墓獣の意味を明らかにするのが目的で、論証過程は省略するが、「鎮墓神」と改めるべきとしており、聞くべき説と考える。

表三の墓葬で、鎮墓獣の位置が確かめられる場合、その位置は大抵頭箱に当たる部分であり、いわば被葬者の頭上の位置になる。例をあげると、前述「信陽長台関一号墓」、「江陵馬山一号墓」、「江陵渓峨山二号墓」、「同五号墓」、「臨澧79九里一号墓」等があげられる。[20] このうち鎮墓獣と俑の配置が分かるものについてみると、「江陵渓峨山五号墓」出土二点の俑は、鎮墓獣の両側に立つ位置にあり、「臨澧79九里一号墓」出土一三点の俑はすべて頭箱にあり、鎮墓獣の周辺に多いという。「信陽長台関一号墓」についてはすでに述べた。ここで「江陵馬山一号墓」をあげたが、これにはコメントが必要で、**表三**では発掘報告に従って「木辟邪」と表示した。所謂鎮墓獣とは姿を異にする「木辟邪」を載せたのは、鎮墓獣の意味を充分持つと考えたからである。これは木の根を素材に彫ったもので、虎頭、龍身、四足の立ち姿で、腰から四脚上部にかけて蛇が蛙を噬む図が描かれている。鎮墓獣に具備する鹿の角がないのを除く

と、鎮墓獣の持つ条件を揃えているかに思える。ところが造形的に全く異なる「四つん這い」の姿は所謂鎮墓獣のものではない。鎮墓獣の条件を揃えながら全く異なる造形は何を意味しているのか。従来のものを「鎮墓神」と呼ぶなら、これこそ「鎮墓獣」といえるものである。江陵楚墓終末期のこの墓葬出土の「木辟邪」は鎮墓獣終末期の姿を残すものなのだろうか。こうした疑問を持ちつつも、これを鎮墓獣の一つに数えたのは、墓中における次のような扱いによる。それは頭箱の中心に、虎頭を南（棺室）、尾を北に向け、前足を竹笥の上にのせ、後足は頭箱の底板に置き、頭を昂然と高く挙げる姿で置かれていたという。ということは被葬者を頭上から見下ろす位置になろう。そして木俑八点のうち四点が頭箱の北側に並んで立っていたという。[21] これは「木辟邪」の後ろに並んで控えていたことになる。とすれば先の「信陽長台関一号墓」の場合と同様の意味をもっているといえよう。以上の事は、墓葬における俑の一つの役割を明らかにしているように思う。

前に俑は最低二点が原則ではないかと述べた。頭箱における鎮墓獣と俑のこうした関係は、俑を前に置くか後ろに控えさせるかは措いて、かたちとして最低二点が条件になるであろう。楚墓における俑数の最低が二点の理由はこうしたところにあるのではないか。管見の限りではあるが、盗掘等による場合を除いて俑一点の出土例を知らない。ここで仮に「信陽長台関墓」＝戦国中期説を取ると、**表三**の例では戦国早期墓、即ち俑葬初期の墓葬で、二点以上の俑を副葬する墓葬はない。例が少ないため断言は差控えるが、鎮墓獣に一時期遅れて楚墓に登場した俑が最初に与えられた役割は「鎮墓神」に奉仕するものであったのではないか。楚俑の姿が立俑、侍俑を基本とする理由の一つはここにあるといえないか。

では、多数の俑の副葬をどのように考えるべきか。ここでまた「信陽長台関一号墓」を例に、俑の別の役割をみてみたい。この墓葬の槨室は七室に分かれ、俑は主棺を置く「中室」を除いて、礼器・楽器・竹簡を置く「前室」に一、車馬を置く「左側室」に二、竹簡に関わる用具や案・机等を置く「左後室」に二、俎・案・杯・豆等を置く「右側室」に一、豆・案・瓮・筆等を置く「右後室」に一（跪坐）が、それぞれ置かれていた。これらの俑は明らかにその室に置かれた器具・用器等が示す部屋の性格に従属するもので、前室のものは侍者、左側室のものは御者ないし侍衛、左後室のものは侍読ないし書吏の類、右側室のものは厨房方、等々役目が与えられていたのであろう。[22] これらの事は、被葬者がこの世の世界で享受していた生活の、地下での再現を助ける事にあったことを明らかにしている。先に楚俑は侍俑の姿をしたものがほとんどと述べた。事実「信陽長台関一号墓」のこれらの俑は、すべて侍俑の姿である。一点跪座俑があるが、これも両手を前に差し伸べた侍俑の姿であることでは同様である。

これまでに、俑は被葬者に対する奉仕者、鎮墓獣に対する奉仕者の二種の役割が与えられていたことが明らかになった。ではいったいどちらの役目を先に負って墓中に現われたのであろうか。先に俑の副葬最低点数二点は、鎮墓獣の奉仕者として最低の数がこの点数に表われているのではないかと述べ、俑葬初期の点数が二点であることも指摘した。もしそういえるなら、従来の俑葬を直接人殉に替わるものとする考え方は見直す必要が出てくるが、ここでは一つの見方として提示するに留める。ところで「信陽長台関一号墓」は両者を兼備していた。槨室内の二種の役目を負った俑の整然とした配置は、けして俑葬初期のものとは考えられない。この点も編年の際、考慮されるべきと思う。

もう一つ、**表三**が語っているのは、時代が下がるに従い俑の数が趨勢として増えていることで、これは一つの習俗が定着していく過程での内容の充実が数の上に現われたということでは至極当然の事である。だがそれは当然質の変化ももたらすはずである。また「信陽長台関一号墓」を例にすれば、各槨室に配置された俑の数は、一ないし二点、姿は侍俑であった。各槨室に従属した役割を与えられて配置された俑が、被葬者にとってのこの世の再現であれば、やがて役割の多様化を促し、それは造形の上でも司厨・歌舞・楽俑等奉仕する仕事の内容を明確にする造形が試みられ、点数の上でも象徴の域を脱して、この世の数字に近づける意志が働くようになるのも自然のなりゆきではないか。この点で「信陽長台関一号墓」は、俑葬の条件を多くの点で満たしてはいるが、点数の上でも、造形の上でも象徴の段階にあったといえよう。その意味では漢代に入って展開される俑の多様化の原点の位置にあるといえないか。だが完成度の高い、芸術品としても優れた鎮墓獣との同葬は、まさしく戦国楚墓の世界であった。

漢初、明らかに楚俑の伝統をひく「湖南省長沙馬王堆一号漢墓」・「同三号漢墓」出土の、歌舞・楽舞俑、奥向きと下働きとに造形上明確に区別された侍女俑群、こうした奴婢俑達の統率者とみられる一際大きな戴冠の男俑等は、列侯の宮廷内の有様を現在に現出してくれている。(23) また湖北省江陵鳳凰山の諸墓葬からの侍者・侍女・御者俑、舟の明器と同出する船頭俑、諸農具を手にした農業奴隷俑等は、こうした造形が彷彿させる人物が点在する江陵の農村風景、あるいは在地の地主屋敷内の人物配置の有様などを眼前にしてくれる。ちなみに、鳳凰山漢墓では、造形に対応する俑の役目を記載した遣策も出土している。(24) これら漢初の俑の世界に直接繋がる位置にあったのが、戦国晩期の「長沙楊家湾六号墓」出土の木俑達だったのであろう。

では後代に及ぼした影響という観点から湖北省と湖南省とを比較すると、湖南省の楚墓の方が俑の点数、造形等の面で勝っているようである。これは湖北が秦の最初の攻略の的になり、楚的なものを急速に失わせたのに比較して、秦の領域に入るのが遅れた湖南では、この時期引続いて楚的なものを温存しつつ、次代へ繋がるものを育てた、長沙の墓葬に鎮墓獣が消滅したのも、なるべくしてなくなったのであり、それに交替するようにして俑の数、種類が増えていったのも、自然の流れだったのではないか。

おわりに

以上、楚固有の埋葬習俗の鎮墓獣・俑副葬について検討してきた。これは文化の継承について多くの事を考えさせる材料になるように思う。楚の伝統的文化の多くが秦漢へと受け継がれていったなかで、あれほど盛んであった鎮墓獣副葬の習俗が忽焉として消えてしまった。秦を待つまでもなく終焉を迎えつつあったのでは、とは述べた。ではなぜ楚の生んだ固有の習俗が楚のなかで、滅びを開始したのか。それに答えるには鎮墓獣についての解明が必要であろう。少なくとも楚人固有の精神世界と深く関わることは間違いない。それゆえ時代が戦国から統一へと動き出したとき、楚社会をこえる普遍性を持ち得なかった。ここに大きな原因があったのであろう。

その点でいうと、楚俑は別の道を辿った。木俑の出現は、時間的に鎮墓獣に一歩遅れ、俑葬墓の楚墓における割合でも、鎮墓獣副葬墓に遥かに及ばなかった。出現の時期、普及度すべてにわたって劣位にあった。であるのに、俑葬の習俗は楚滅亡後も旧楚の地域に引継がれ、体制の変化に影響されることなく漢代に隆盛を迎える陶俑の造形にも大きな影響を与えた。

この両者の運命を分けたものは、鎮墓獣が楚人固有の信仰・宗教・死生観等の具体的表現であったのに比し、木俑はその形からいって、時代とともにそれを享受する人々によって、意味を変化させてゆくことの出来る普遍性を持っていたからではないか。それが楚の終末期、それまでの鎮墓獣との関係を逆転させて次代へと繋がる勢いを得させたのであろう。江陵が秦の支配下に入ってすぐの棺槨墓級秦墓に、木俑の副葬が常態になっていることにそれは現われている。更に漢初の湖北江陵鳳凰山諸墓の一基数十点に及ぶ木俑の副葬、同じく漢初の長沙馬王堆漢墓の一基、一〇

○をはるかに越える木俑の副葬等、これらの地域はすべてかつての楚の領域なのである。これらの例は、この習俗が体制を越えて受け継がれ、より隆盛に向かったことを物語っている。

他方、陶俑はすでに黄河流域固有の文化としての歩みをはじめていた。そしてやがて木俑はその位置を陶俑に譲ってゆき、その後、その地位を取り戻すことはなかった。これは形としては後世に伝えながらも、素材の交替が行なわれたわけで、我々が俑といえば、陶俑を意識する時代がここから始まるのである。ここに南北の文化融合の一面をみるとともに、秦の統一は、政治的・軍事的勝利が先行するが、いずれは北方が南の文化を吸収し、北方文化優勢の局面をつくってゆく一つの具体的現れといえないだろうか。

注

（1）佐藤雅彦「土偶・模型」（大阪市立美術館編『漢代の美術』平凡社、一九七五年）で、次のように述べている。「その（漢俑の）祖型は楚の木偶に求めた方がよさそうである。それが戦国時代には最も普遍的な俑の例であり、中には漢代の土偶と表現上で相通ずる作例が見出されるからである」一七八〜一七九頁。

（2）A　河南省文物研究所・中国社会科学院考古研究所編『信陽楚墓』文物出版社、一九八六年。
B　河南省文化局文物工作隊第一隊「我国考古史上的空前発現信陽長台関発掘一座戦国大墓」『文物参考資料』一九五七年第九期。

（3）春秋晩期説＝郭沫若「信陽墓的年代与国別」『文物参考資料』一九五八年第一期、五頁。
戦国早期説＝注（2）A一二一頁。

戦国中期説＝兪偉超「関於楚文化発展的新探索」『江漢考古』一九八〇年第一期、二四頁。

戦国中・晩期説＝中山大学中文系古文字研究室楚簡整理小組「江陵昭固墓若干問題的探討」『中山大学学報』（哲学社会科学版）一九七七年第二期。

その他、戦国早期偏晩説（裴明相「信陽楚墓的主要遺存及其特点」『中原文物』一九八九年第一期）等諸説ある。

（4）高至喜「長沙烈士公園三号木槨墓清理簡報」『文物』一九五九年第一〇期。

湖北省博物館「湖北江陵太暉観楚墓清理簡報」『考古』一九七三年第六期。

（5）湖南省博物館「長沙瀏城橋一号墓」『考古学報』一九七二年第一期。

高至喜「論長沙瀏城橋一号墓和楊家湾六号墓的年代」『湖南考古輯刊』一、一九八二年。

（6）湖北省荊州地区博物館『江陵雨台山楚墓』文物出版社、一九八四年。表一表示の編年名「前段・後段」等、日本語表現としては馴染まないが、解釈に時間的ずれが生ずる事を恐れて原文表記を採用した。他表及び本文中の「偏早」「偏晩」等も同様である。なお、編年区分実年代については、前掲発掘報告所載年代を表一に付して参考に供する。

（7）鄂鋼基建指揮部文物小組・鄂城県博物館「湖北鄂城鄂鋼五三号墓発掘簡報」『考古』一九七八年第四期。

湖北省顎城県博物館「鄂城楚墓」『考古学報』一九八三年第二期。

（8）表三掲示墓葬の出典文献は一覧表にして論文末に掲げた。なお、表三の編年は、基本的には＊を付した文献による。

（9）宜昌地区博物館「湖北当陽趙巷四号春秋墓発掘簡報」『文物』一九九〇年第一〇期。

（10）荊門市博物館「荊門十里磚廠一号楚墓」『江漢考古』一九八九年第四期。

常徳地区文物工作隊・桃源県文化局「桃源三元村一号楚墓」『湖南考古輯刊』第四集、一九八七年。

（11）益陽地区文物工作隊「益陽羊舞嶺戦国東漢墓清理簡報」『湖南考古輯刊』第二集、一九八四年。

（12）湖北省荊沙鉄路考古隊包山墓地整理小組「荊門市包山楚墓発掘簡報」『文物』一九八八年第五期。

（13）注（12）論文「荊門市包山楚墓発掘簡報」一〇頁。

徐少華「包山二号楚墓的年代及有関問題」『江漢考古』一九八九年第四期、七五頁。

（14）湖南省文物管理委員会「長沙広済橋第五号戦国木槨墓清理簡報」『文物参考資料』一九五七年第二期。

（15）湖南省文物管理委員会「長沙楊家湾M〇〇六号墓清理簡報」『文物参考資料』一九五四年第一二期。

（16）湖南省文物管理委員会「長沙出土的三座大型木槨墓」『考古学報』一九五七年第一期、一〇一頁。

郭徳維『楚系墓葬研究』湖北教育出版社、一九九五年、一六〇～一六二頁。

注（3）論文「江陵昭固墓若干問題的探討」。

注（5）論文「論長沙瀏城橋一号墓和楊家湾六号墓的年代」、一〇三～一〇四頁。
(17) 湖南省博物館「湖南湘郷牛形山一・二号大型戦国木槨墓」『文物資料叢刊』三、一九八〇年。
(18) 童恩正「従出土文物看楚文化与南方諸民族的関係」『湖南考古輯刊』第三集、一九八六年、一七五頁。「髪首」の写真は注（2）のBを参照。
(19) 陳躍均・院文清「〝鎮墓獣〟略考」『江漢考古』一九八三年第三期、六六頁。
(20) 注（2）書『信陽楚墓』。
湖北省荊州地区博物館『江陵馬山一号楚墓』文物出版社、一九八五年。

湖北省博物館江陵工作站「江陵渓峨山楚墓」『考古』一九八四年第六期。

湖南省博物館・常徳地区文物工作隊「臨澧九里楚墓発掘報告」『湖南考古輯刊』第三集、一九八六年。
(21) 注（20）書『江陵馬山一号楚墓』、八〇頁。
(22) 中華五千年文物集刊編輯委員会『中華五千年文物集刊　古俑篇』第二章「楚文化之木俑」第二部、一九八八年一二月、四九～五〇頁。
注（2）書A、五九～六〇頁。
(23) 湖南省博物館・中国科学院考古研究所編『長沙馬王堆一号漢墓』文物出版社、一九七三年。
湖南省博物館・中国科学院考古研究所「長沙馬王堆二・三号漢墓発掘簡報」『文物』一九七四年第七期。

中国科学院考古研究所・湖南省博物館写作小組「馬王堆二・三号漢墓発掘的主要収穫」『考古』一九七五年第一期。
(24) 長江流域第二期文物考古工作人員訓練班「湖北江陵鳳凰山西漢墓発掘簡報」『文物』一九七四年第六期。
紀南城鳳凰山一六八号漢墓発掘整理組「湖北江陵鳳凰山一六八号漢墓発掘簡報」『文物』一九七五年第九期。

鳳凰山一六七号漢墓発掘整理小組「江陵鳳凰山一六七号漢墓発掘簡報」『文物』一九七六年第一〇期。

金立「江陵鳳凰山八号漢墓竹簡試釈」『文物』一九七六年第六期。

表3《楚墓における木俑・鎮墓獣副葬表》文献目録（＊印は編年依拠文献）

1 ＊宜昌地区博物館「湖北当陽趙巷四号春秋墓発掘簡報」『文物』一九九〇年第一〇期。
2 ＊高至喜「長沙烈士公園三号木槨墓清理簡報」『文物』一九五九年第一〇期。
3 ＊湖南省博物館「長沙瀏城橋一号墓」『考古学報』一九七二年第一期。
高至喜「論長沙瀏城橋一号墓和楊家湾六号墓的年代」『湖南考古輯刊』第一集、一九八二年。
4 ＊湖北省博物館「湖北江陵太暉観楚墓清理簡報」『考古』一九七三年第六期。
5 ＊湖北省博物館・華中師範学院歴史系「湖北江陵太暉観五〇号楚墓」『考古』一九七七年第一期。
6 ＊河南省文物研究所・中国社会科学院考古研究所『信陽楚墓』一九八六年。
河南省文化局文物工作隊第一隊「我国考古史上的空前発現信陽長台関発掘一座戦国大墓」『文物参考資料』一九五七年第九期。

郭沫若「信陽墓的年代与国別」『文物参考資料』一九五八年第一期。

裴明相「信陽楚墓的主要遺存及其特点」『中原文物』一九八九年第一期。
7 ＊湖南省博物館・常徳地区文物工作隊「臨澧九里楚墓発掘報告」『湖南考古輯刊』第三集、一九八六年。
8 ＊湖南省博物館「湖南湘郷牛形山一・二号大型戦国木槨墓」『文物資料叢刊』三、一九八〇年。
9 ＊湖北省博物館「湖北江陵雨台山二一号戦国楚墓」『文物』一九八八年第五期。
10 ＊湖北省博物館・随州市博物館「湖北随州擂鼓墩二号墓発掘簡報」『文物』一九八五年第一期。
11 ＊湖南省文物考古研究所・慈利県文物保護管理研究所「湖南慈利石板村三六号戦国墓発掘簡報」『文物』一九九〇年第一〇期。
12 荊州地区博物館「湖北江陵藤店一号墓発掘簡報」『文物』一九七三年第九期。編年については明確な言及がないので、大勢の説に従った。

13 ＊荊州地区博物館「江陵馬山磚廠二号楚墓発掘簡報」『江漢考古』一九八七年第三期。
14 ＊湖北省荊州地区博物館『江陵馬山一号楚墓』文物出版社、一九八五年。
荊州地区博物館「湖北江陵馬山磚廠一号墓出土大批戦国時期絲織品」『文物』一九八二年第一〇期。
15 ＊湖南省博物館「湖南韶山灌区湘郷東周墓清理簡報」『文物』一九七七年第三期。
16 ＊高中暁・袁家栄「湖南慈利官地戦国墓」『湖南考古輯刊』第二集、一九八四年。
17 ＊湖北省荊州地区博物館「江陵天星観一号楚墓」『考古学報』一九八二年第一期。
18 湖北省文化局文物工作隊「湖北江陵三座楚墓出土大批重要文物」『文物』一九六六年第五期。
陳振裕「望山一号墓的年代与墓主」『中国考古学会第一次年会論文集　一九七九年』文物出版社、一九八〇年。

方壮猷「初論江陵望山楚墓的年代与墓主」『江漢考古』一九八〇年第一期。
19 ＊湖北省博物館江陵工作站「江陵渓峨山一号楚墓」『考古』一九八四年第六期。
20 ＊荊門市博物館「荊門十里磚廠一号楚墓」『江漢考古』一九八九年第四期。
21 ＊常徳地区文物工作隊・桃源県文化局「桃源三元村一号楚墓」『湖南考古輯刊』第四集、一九八七年。
22 ＊湖北省博物館・荊州地区博物館・江陵県文物工作組発堀小組「湖北江陵拍馬山楚墓発掘簡報」『考古』一九七三年第三期。
23 ＊湖北省鄂城県博物館「鄂城楚墓」『考古学報』一九八三年第二期。
鄂鋼基建指揮部文物小組・鄂城県博物館「湖北鄂城鄂鋼五三号墓発掘簡報」『考古』一九七八年第四期。
24 ＊湖北省荊沙鉄路考古隊包山墓地整理小組「荊門市包山楚墓発掘簡報」『文物』一九八八年第五期。
徐少華「包山二号楚墓的年代及有関問題」『江漢考古』一九八九年第四期。
25 ＊益陽地区文物工作隊「益陽羊舞嶺戦国東漢墓清理簡報」『湖南考古輯刊』第二集、一九八四年。
26 ＊湖南省文物管理委員会「長沙広済橋第五号戦国木槨墓清理簡報」『文物参考資料』一九五七年第二期。
27 ＊湖南省博物館「湖南長沙黄土嶺魏家大堆戦国墓」『文物資料叢刊』三、一九八〇年。

28 ＊中国科学院考古研究所『長沙発掘報告』科学出版社、一九五七年。
29 ＊湖南省文物管理委員会「長沙出土的三座大型木槨墓」『考古学報』一九五七年第一期。
湖南省文物管理委員会「長沙仰天湖第二五号木槨墓」『考古学報』一九五七年第二期。

湖南省文物管理委員会「長沙左家公山的戦国木槨墓」『文物参考資料』一九五四年第一二期。

湖南省文物管理委員会「長沙楊家湾M〇〇六号墓清理簡報」『文物参考資料』一九五四年第一二期。


（付記）　最後に、以上述べた木俑から陶俑への視点にとって、秦兵馬俑の存在は重い。漢代陶俑の造形との関連も現在のところ直接には見出し難い。前代にも後代にも繋がらない際立った造形が、こうした視点に立ちはだかるように聳え立っている。また昨夏、漢の景帝陵から数万点にのぼる陶俑の発見が伝えられた。かつては着衣だった裸体の軍隊という。俑についての研究はこれからである。

第五章　戦国秦漢の墓葬に見る地下世界の変遷
——馬王堆漢墓を手がかりに——

はじめに

古墓発掘の際、その墓葬のランクづけ、被葬者の地位を推定するにあたって、まず身分による棺槨の規模、礼器の種類・数等を規定する例えば『礼記』檀弓上「天子之棺四重」鄭玄注「諸公三重、諸侯再重、大夫一重、士不重」や『春秋公羊伝』桓公二年何休注「天子九鼎、諸侯七、卿大夫五、元士三也」等を論拠とする。これらは中国の伝統的墓葬構造である竪穴木槨墓についての規定であるから、それが生きていた時代を対象とする事は言うまでもない。この墓葬構造に変化が生じるのは戦国中期、秦の領域に出現し、以後盛行する洞室墓を嚆矢とする。これは竪穴の底に横穴を掘り、そこに棺槨あるいは棺のみを納め、横穴の入口に板や木の枝等を立てて竪穴部分を埋め戻す構造で、竪穴木槨墓とは異なる新しい墓葬形式の出現であった。

この墓葬構造の出現は何を意味するのか。これより以前、洞室墓発生以前の戦国中期の秦の中小の竪穴土坑墓の中に屈肢葬が現れる。歴史的にまた当時周辺地域が基本的に仰身直肢葬を取る中で、特異な埋葬形式であった。これは以後戦国後期にかけて流行の度を高め、その時期に合わせるように洞室墓が生まれてくる。洞室墓の被葬者の大半が屈肢葬であることからみて、彼らの先祖は竪穴土坑墓に屈肢で葬られた者達であり、彼らの子孫が洞室墓を生み出したとみてよかろう(1)。

またこれより以前、春秋末期から戦国一代にわたって墓葬内部では副葬青銅礼器の明器化、倣銅陶礼器化、日常容器化が進行した。(2) この変化は後に中国全域の趨勢となるが、その先鞭をつけたのも秦墓であった。以上のように、墓葬に関するこの時期の変化の先端はいつも秦によって切られた。これは秦では礼の規範が緩やかだったからともいわれるが、これら墓葬内の礼的世界から日常的世界への変貌が、秦墓の構造に変化を迫った一要因であろう。とみれば、墓内・墓葬構造にこうした変化を呼び起こす主体となったのは、竪穴土坑墓の屈肢の被葬者とその先祖、及び彼らの子孫と思われる洞室墓を生み出していった被葬者達であろう。そして彼らこそ戦国秦の社会的変動を底辺で支えた階層ではなかったか。先に洞室墓について述べた際、「竪穴の底に横穴を掘り、そこに棺槨あるいは棺のみを納める」と述べた。「棺のみ納める」事は、結果として洞室を槨に替えた、即ち槨の省略にほかならない。(3) これがたとえ貧墓の故であったとしても、伝統的竪穴木槨墓についての礼の規定からの離脱を意味する事になる。この従来の垂直構造に水平構造を加えた墓葬への変化は、系譜的に漢代の磚室墓・崖墓へと繋がるとみられ、とすれば、これは墓葬の「この世化」への一つの出発点といえる。こうして秦の地で始まった戦国から秦漢への地下世界の変化の歩みは、地域的にも普遍化してゆく。

ところが当時、長江流域に秦に拮抗する勢力を有していた楚では、依然として殷周以来の伝統的竪穴木槨墓が堅持され、そのままほぼ前漢一代持続する。この点秦及びその後の黄河流域の地域と際立った違いをみせ、旧習を墨守しているかにみえる。あるいは地質的に洞室墓は華北に適しても、長江流域には不適だったという単純な理由で、それ故、土木技術の発達を待って、後漢に至って華北と共通する墓葬構造を可能にしたといえるのかもしれない。だが、たとえそうであったとしても、伝統的竪穴木槨構造を維持するかぎり、そうした秩序の制約下からのがれられなかったであろう。前述のように秦の洞室墓を創造していった人々は、中小墓の被葬者で所謂支配階層ではなかった。(4) では楚の地域の墓葬に、秦と対応するような形勢はなかったのか。そうした観点から、格好の材料と思われる馬王堆漢墓の槨室内を検証する事で確かめてみたい。

一、馬王堆一号漢墓を手がかりに

周知の事であるが、はじめに簡単にこの墓葬の概要を述べる。(5) 馬王堆漢墓三基は前漢恵帝二年（前一九三）、長沙相として軑侯に封ぜられ、以後高后二年（前一八六）歿するまでその任にあった利蒼とその家族の墓で、墓葬の建造順では二号墓（利蒼）、三号墓（息子）、一号墓（利蒼夫人）、墓号は発掘順、建造順に、大きく立派になる。二号墓利蒼の墓は盗掘によって棺槨、副葬品ともにほとんど失われたが、被葬者特定の決め手となる姓名・官職・爵位を示す「利蒼」「長沙丞相」「軑侯之印」の三印を残した。これが「史記・恵景間侯者年表」、「漢書・高恵高后文功臣表」との照合を可能にし、彼が列侯の爵位をもつ封土七〇〇戸を有する人物で、卒年が前一八六年である事等、墓葬研究に重要な事柄を明らかにした。加えて他の二墓が未盗掘で、特に一号墓はその密閉がほぼ完全であったことから、副葬品はもとより遺骸（湿屍）まで残し、その点三号墓は密閉度にやや劣り、一号墓程の完全さは保てなかったが、被葬者が三〇代の男性である事を鑑定するに足る遺骨を残し、一号墓に劣らぬ貴重な副葬品を現代にもたらした。そのなかに三号墓被葬者の埋葬年「文帝十二年（前一六八）」を記す木牘が出土し、三墓の内二墓の正確な編年が可能という幸運に恵まれた。さらにこの墓葬は湖南省長沙、かつての戦国楚の領域に位置し、多分に楚の伝統を残しており、これは漢代における前代の文化の継承を探るについても格好の墓葬で、その上ほぼ完全な遣策三一二枚の出土は、当時の副葬品に関する情報を現代に伝え、その点でも戦国秦漢期の墓葬研究にまたとない史料を提供した。今回、楚墓における上記のような問題意識を解く手がかりにする所以である。付言すると、三号墓からも遣策四一〇枚が出土しているが、発掘簡報あるいは関係者の論文中の断片的引用によってしか、その内容を知ることができない(6)。だがそのかぎりにおいても、一号墓遣策より内容がより詳細で、量も多く、史料的価値が高い事がわかる。

① 東辺箱・南辺箱の収納物配置

馬王堆一号漢墓槨室は、棺室を中心に東・西・南・北、四辺箱が取巻き、合計五室からなる。北辺箱が頭箱、南辺箱が足箱にあたる。まず遣策記載内容と、実際に副葬品が置かれた槨室内の状況とを照合しつつ、それぞれの槨室の持つ意味を探ってみたい。ところでこの遣策は単に副葬品目録として物品・点数のみでなく、容器であれば名称・素材・文様・容量・中身（料理・食品・酒等、化粧品・化粧道具、小物類）等、衣服・布製品であればその名称・素材・色彩・文様・刺繍の有無等を記している。更にそれらの槨室内収納場所を記している場合も数例ある。ここでは収納場所を記す遣策を中心に考察を進めたい(7)。ちなみに、従来副葬品についての発掘報告は、後世に残る素材ゆえ、主として青銅器・陶器等容器の羅列になる場合が多いが、副葬当時、その中に何が入れられていたかについてはなかなか思い至らない。その点でもこの遣策は貴重な情報を伝えている。

簡一九五に「髹画小具杯廿枚、其二盛醬・鹽（塩）。其二郭（槨）首、十八郭（槨）足」〈漆器の小耳杯二〇枚、その内の二枚に「醬」と「塩」を盛り槨首（頭箱＝北辺箱）に、一八枚は槨足（足箱＝南辺箱）に置く〉とあり、出土状況との照合では「醬・塩を盛る小具杯二枚」は、北辺箱所在副葬品番号三八二号「漆塗食膳」（「漆案」、後述）上の小耳杯一点が該当し、これとセットの小耳杯は、「具杯盒」に入る七点と他に二点、計九点が東辺箱に、総計一〇点あった。実数は遣策記載の半分、また食膳に上らなかった揃いの小耳杯は南辺箱（槨足）ではなく東辺箱（槨左）にあった。実数・収納場所ともに遣策記載と相違するが、該当するものと考えてよかろう。ちなみに、「具杯盒」とは小耳杯七点をセットとして納める器で、東辺箱に一点（副葬品番号一七七）あった。また簡文の「髹画」は「漆の文様のある」、「小具杯」は具杯盒に入る小耳杯の意味。ところで、この遣策は副葬品と突き合わせるとほとんど一致するが、点数ではしばしば「鯖を読んでいる（半分の場合が多い）」？・単なる計算（足算）違い、書き落とし？・竹簡の紛失？・また設置場所が異なる、等々の記載がまま見受けられる。こうした場合、計算違い・書き落としは別として、遣策記載数は、葬儀を取りしきる側の意志が働いている「あるべき数量」即ち意識的相違、実際の収納場所と異なる遣策記載は、副葬する際に生じた意図せざる移動、即ち「本来置くべき場所」として読むべきと考える。従って遣策記載を優先し、実際の出土状況は従として理解する事、あらかじめ断っておく。

簡二一四に「髹画卑虒桱（径）八寸卌、其七盛乾（干）宍郭（椁）首、卅一盛癐（膾）・載（胾）」〈直径八寸の漆器皿四〇点、その内七点には干肉を盛って椁首（北辺箱）に、三一点には膾や大きな肉の塊を盛る（場所の記載無）〉とあり、「卑虒」は「漆器皿（小盤）」、「大きな肉の切り身」、「宍」は「定」「肉」二つの解釈を示しているが、遣策釈文では「肉」の解釈を取っている。出土漆器皿に直径一八・五cm、漢代の一尺を二三cmとして、八寸（一八・四cm）にあたるものが遣策記載の半数二〇点ある。この内の五点が、北辺箱の前述食膳上に食物の残存物を載せたまま並び、残りの一五点は東辺箱にあり、その内の五点には牛・雉・鶏・鰍等の骨、小麦粉をねって作った食物などが残っていた。これがそれにあたれば「干肉を盛った椁首の漆器皿七枚」は「食膳上の皿五枚」を、「残りの三一点には膾・肉を盛ってある」は、東辺箱所在の食物の載る漆器皿五枚と空の一〇枚、計一五枚の事になる。

簡二〇一に、「髹画華圩（盂）十枚、其一盛牛肩郭（椁）左、九郭（椁）足」〈漆器の鉢一〇点、内一点に牛の肩甲骨についた肉を盛り椁左（東辺箱）に、九点は椁足（南辺箱）に置く〉とあり、「華圩」の「圩」は「盂」と読み替え

「鉢」の意。「肉が盛られている」即ち食器として使用されている鉢は東辺箱に、当面使用予定のない鉢は南辺箱に置くと理解できる。だが実際にはこれにあたるものは六点しかなく全て東辺箱にあり、食物は入っていなかった。

前掲、簡一九五・簡二一四に槨首にと記載された漆器類は全て北辺箱の副葬品番号三八二号漆塗食膳の上に並べられていたが、その食膳は、簡二〇八「髹画其末一。長二尺六寸、広尺七寸、盛㞢」の「其末」が該当し、〈髹画食膳一点。長さ二尺六寸、幅一尺七寸、肉を盛る〉で、漢尺二尺六寸は五九・八cm、一尺七寸は三九・一cm、上掲副葬品番号三八二号食膳の六〇・二cm×四〇cmに合致する。以上遣策記載の食器の配置関係を見た。ではここで北辺箱の実際の食膳上及び周辺を眺めてみたい。

膳の上には小耳杯一（副葬品番号三九〇、以下「副葬品番号」略、簡一九五では二枚）、その上に竹箸一膳、食物を盛った痕跡を残す漆器皿（小盤）五（三八三～三八七、簡二一四では七枚）、その内の一つには肉を串刺しにしたであろう竹串がたくさん残っていた。そのほかに二個の卮（カップ）が並び、食膳の左脇側には酒ないし羹の沈殿物を残す漆鈁一（三九九）、液体の残留物を残す陶壺一（四三〇）、空の陶豆一（四一九）、漆勺二（四〇六・四三二）、漆匜（四二九）、香草の入る陶薫炉一（四三三）が置かれていた。膳上の二つの卮には残存物痕跡の報告はないが、その内一点（三八八）は、簡一八一「髹布小卮一、容二升、有蓋盛温酒」〈温酒が入る蓋付き二升入り夾紵胎小卮一個〉があたり、「温酒」（酒の種類）が入っていた事になっており、またもう一点（三八九）は、簡一八二「髹画二升卮八」の内の一点が該当し、これには外底に「二升」の朱書があり、実際は四点、残りの三点は東辺箱にあった。簡文・朱書それぞれ「二升」とあるが、「小卮」の方がやや大きい。いずれにしても食膳脇に置かれた酒ないし羹等の残滓を残す鈁・壺は、勺を媒介としてこの二つの卮に注がれるべき液体を入れた容器とみれば、二個の卮と勺、鈁、壺はセットをなすと考えてよい。以上、この部屋では陶豆のみ食物の痕跡が報告されていないが、この部屋の食膳上及びその周辺の食器・

容器類はまさに食事を前提としているといってよい。この膳が置かれた北辺箱はどのような部屋なのか。その部屋にこの膳はどのように配置されていたのか。これについては後述する。

次にこれまでみてきた遣策記載内容から北・東・南の三辺箱の関係を考えると、この三辺箱は、北辺箱と東辺箱、東辺箱と南辺箱の連関関係として理解できる。揃いの食器で食物が盛られている食器は北辺箱と東辺箱に、食物の入っていない食器は東辺箱ないし南辺箱に置かれていた。この三辺箱の所謂食器の配置関係は、北辺箱が食事をするところ、東辺箱がその準備場所＝厨房、南辺箱は当面使用しない食器の収納場所と、それぞれの役割分担を示している。東辺箱には揃いの食器でも食物の載っているのと、いないのとがあるのは、食卓に運ぶ準備のできた食器と、使う事を予定した容器と理解してよかろう。そして北ないし東の辺箱所在の食器とセットの食器が南辺箱にある場合、その全てに食物が入っていないという事は、そこが食器の収納場所であったことを示している。このような役割分担は、その他の副葬品の配置からも検証できる。そこで「発掘報告」によって実際に各辺箱に配置されていた容器類を以下の分類に従って提示する。

東辺箱

（A）〈膳上に並べて使用する所謂食器の類〉

漆小耳杯九（小具杯）、一升漆耳杯二〇、四升漆耳杯六、漆食杯五〇、漆小盤一五、漆盂六（遣策では南辺箱にあることになっているので、南辺箱所在にカウントする）、漆斗卮一、漆七升卮一、漆二升卮三、漆匕六、漆匜一（食器ではないが、便宜的に置く）。

（B）〈料理を盛って食膳に出す食器と食膳に供す酒・飯等を入れる容器〉

蓮片の残る漆鼎一、空の漆鼎四、鴨・雁・鶏等の骨の残る陶鼎四、空の陶鼎二、酒ないし羹の沈殿物を残す漆鈁三・漆錘二・陶錘二、餅の残る漆盒四、飯（穀物を炊いた）状のもの?・餅を残す陶盒五、空の陶盒一、餅状のものの入る漆食奩一、空の漆平盤二（五三・六×三五cm）、漆食盤一〇（直径二八・五cm）、具杯盒一。

（C）〈果物・野菜・肉・魚等の漬物類、飴等の入る壺・甕〉

空の陶鐎壺一、豆・梅等植物性食物の残存物・獣骨・魚骨等の残る大・中・小の壺・甕、計九個。遣策ではこれらの壺・甕は「坶」「瓷」と表現され、中身は塩・浜納豆・水飴等の他に、魚・肉類の醢・マリネ・酢漬けの類を示す「醬・魧・脂・瓷」等（簡八九〜一〇七、釈文参照）の文字が並んでいる。容器の残存物はそれらの素材を示すものであろう。

（D）〈乾燥した食品、日用品等を収納する竹笥〉

香草、肉・魚等の入る竹笥六。

以上東辺箱の（A）グループは、日々使用される食器が大量に用意されていて、それに付随する用具（匕等）も揃っている。（B）グループは（A）の食器に取り分ける料理や酒等を盛る鼎・大皿・デカンター・重箱・お櫃の類で、ここでの大半の容器にはすぐ食卓に出せる状態の飯、料理、スープ、酒等の痕跡を残していた。（C）・（D）は壺・甕、竹笥に入る日用・半長期的に消費に供す漬物・果物等の副食類、日々香炉に焚く香草等で、これらが配置される有様は、まさしく厨房であろう。

南辺箱

（A）四升漆耳杯四、漆案一（膳、便宜的に置く）。

「髹画華盂（鉢）十枚……九郭（槨）足」（前掲簡二〇一にこの〔九点〕は「郭（槨）足」に置かれた事になっていたが、実際は東辺箱に六）、以上全て空。

（B）漆鼎二、陶鍾二、陶鈁二、瓿一、陶豆一、甑一、釜一、以上全て空。
（C）液体の残留物を残す陶壺三、家畜類・鳥・魚の骨、穀類等を残す大・中・小の甕、計一三。
（D）家畜類・鳥・魚等の骨を残す竹笥九、焼けて炭状になった茅香を残す熏炉一。

以上南辺箱の（A）グループは耳杯・鉢、膳も含めて予備としてしまわれているのであろう。（B）の東辺箱所在の容器の大半には、それにかなう内容物が入っていたのに比し、ここの容器は全て空である。これは容器として収納されていた事を示す。（C）は上述のように壺・甕に入る保存食類が多い。といっても当時にあっては穀類を除く魚・肉・植物性全ての食品は、干したり、火を通したりしない限り直ちにこうした処理が施されたであろうから、日常的副食でもあったに違いない。以上、東辺箱には当面日常的消費に供するものを、南辺箱にはその控えが貯蔵されたのであろう。こうみてくると、東辺箱と南辺箱の関係は厨房とそれに付属する食器・容器収蔵庫兼日常的出し入れ可能な食糧貯蔵庫という事になる。

② 西辺箱収納物

では次に西辺箱をみてみよう。西辺箱は四層に分れ、一・二・三層には三三個の竹笥が整然と納まり、それぞれの竹笥の中には鳥獣の肉・卵等の残存物、梨・梅等の果物、薬草、絹織物及び衣服等、他にこの辺箱特有の収納物として木製明器の犀角・象牙・璧、そして土製の〝郢称〟の刻印のある金のインゴット（簡二九五「土金二千斤二笥」）、真珠等々が入っていた。この他に一層には大竹扇一、草席二枚、二層には錦の袋に入った瑟があった。最下層はそのほとんどを泥〝半両〟銭の詰まる竹籠によって占められ、籠はつぶされて正確な数はつかめないが、南辺箱にも少々あって（日常的消費に用意されたものか）、それも含めて全部で四〇個前後、一籠に二五〇〇枚から三〇〇〇枚の冥銭が入っていた（簡二九七「土銭千万、簞一千」〈土の銅銭一千万枚が竹籠に千杯〉）。ここには他に、次掲遣策及び「付け札」、麻袋に残る穀物類がその存在を明らかにしている。

「黄粢二石、布囊（麻袋）二」（以下「二石、布囊二」を省略）「白粢」「稲白秫（秫、＝糯）」「稲白鮮（秈、＝粳）米」（簡一四二〜一四五）、これには該当する竹の付け札「白粢」「稲白秫米一石」が麻袋につけられたまま出土した。この他に「鞫（麴）一石」（簡一四六）、種子では、「葵穜（種）五斗」（フユアオイの種子）、「賴穜（藾種）三斗」（よもぎの一種、若芽は食用になる）、「葱穜（葱種）五斗」（ねぎの種）、「麻穜（種）一石」（麻の実）がそれぞれ麻袋一、「五種十囊、囊盛一石五斗」（五種類の穀物の種子十袋、一袋に一石五斗ずつ）（一四八〜一五二簡）等、野菜・五穀の種の麻袋があった。「五種」とは「五穀の種子」、ここでは「黍・稷・麦・豆・麻」、「黍・稷・麦・豆・稲」の二種の五穀説の内、麻は既にあるので「稲」が加わる後者、南の五穀である。事実としては西辺箱内の多数の麻袋から大量の穀物類、米（インディカ、ジャポニカ、それぞれに粳・糯）、きび、あわ、小麦、大麦、大豆、小豆などが検出され、付け札に「麦種」（遣策にはない）もあった。

以上が西辺箱の収納物である。この辺箱収納物の特徴は所謂食器・容器の類が一点もない事、収納物の大半がきちんと梱包され荷札をつけた（出土時、はずれていた、紛失していた？場合もある）竹笥、麻袋、竹籠だった事、その内容物は竹笥に入る各種の食料品、衣服、絹の反物等日常生活における必需品と、財物の象徴物である明器の宝石・象牙・貴金属類、竹籠に入る財産を直接具現する大量の明器の銅銭、それに麻袋に入る貯蔵食料としての穀物類とその食糧を永久に保証する穀物・野菜の種子であった。荷物の大半を占める竹笥についていえば、東辺箱六、南辺箱九、西辺箱三三、数からいっても、東辺箱が当面の、南辺箱が予備、西辺箱が長期的貯蔵物として予定されていた事がわかる。以上、西辺箱は彼女の生活を永続的に支え保証する倉庫なのである。

最後に遣策最後部の簡二九九～三一二の家畜家禽類に触れたい。

「土牛五十」「土羊百」「土豕廿」「土犬廿」「土⿳亠口十五十」

以上合計二四〇頭。

「土鳥十七（＝七十？）」「土⿰鳥告（鵠）十」「土白鶮（鶴）廿」「土利鶮（鶴）廿」「土圏鶮（鶴）廿」「土鴈（雁）十」

「土鶏五十」

以上合計二〇〇羽と、多数の明器の家畜家禽類の目録が並んでいた。(8) だがそれらの姿は槨室内にはなく、槨室がこれまで検証してきた「家」であるなら、屋外にあるべきこれらの席はない。あるべきものとしての目録なのであろう。いずれにしてもこれらの家畜家禽類も、先の穀物・野菜の種子同様、現在も含めた将来の肉料理・羹の材料として飼われるべく用意されたものであろう。「土圏鶮（鶴）廿」（簡三〇九）の「圏」は、美味といわれる鶴が捕獲されて飼われていた事を示している。これをみても、地下世界における生活の用意が実に周到になされていて、槨室全体が被葬者軑侯夫人の部屋である北辺箱に奉仕すべく三辺箱それぞれの役割を振り当てられて構成されていたことがわかる。

表一　一号墓木俑明細表

俑の種類	件数	高さ（cm）	辺箱
戴冠男俑一号	1	84.5	東
（冠人）　二号	1	79	南
着衣侍女俑	10	68～78	北
着衣歌舞俑	8	48～49	北
彩絵楽俑	5	32.5～38	北
彩絵立俑	101	42～51	
内訳　女俑 3			北
女俑53			東
男俑 6			東
女俑36			南
男俑 3			南
合　計	126		
墨絵辟邪俑	33	11～12	内棺
着衣辟邪俑	3	11～12	周辺

③　北辺箱の内部配置

最後に北辺箱に触れなければならないが議論の進行上、先に俑について述べたい。俑の種類と大きさ等については**表一**を参照されたい。また辟邪俑は形象、置かれた場所からみても、通常の俑とは質を異にするので、別に後に触れる。

最大は戴冠男俑、この内の二号俑の鞋の裏に身分を示すと思われる「冠人」の文字が刻まれていた。これを釈して「発掘報告」は宮廷を取りしきる宦官としたが、その後この俑が「劉氏冠」をかぶっていることから、しかるべき地位にある者として宦官説は取り消されている。(9) 大きさ・造形ともに最高で、場所も東辺箱と南辺箱に一件ずつ、後述する彩絵立俑群の上部に寝かせる形で置かれていたことからみても、これらの俑集団の頂点に立つ地位にあることは間違いない。次の着衣女俑一〇件は、高さ二番目、製作も丁寧、衣装も華麗で北辺箱にあり、軑侯夫人の側付侍女であろう。ここにはこのほかに着衣歌舞俑八件、彩絵楽俑五件（瑟を奏する者三、竽を奏する者二、それぞれ模型の楽器を所持）が置かれていた。最大多数の彩絵立俑一〇一件は造形が一律、高さは戴冠男俑の半分、「冠人」統率下の雑役の奴婢であろう。それぞれ北辺箱に三件、東辺箱に五九件（内男俑六）、南辺箱に三九件（内男俑三）置かれていた。前述彩絵楽俑は形態・服飾が彩絵立俑と類似し、身分は近かろう。以上、明らかに俑の大きさ・造形の精粗がその地位に比例している。以上の俑配置を念頭に、以下彼女の居室北辺箱の内部配置をみてみたい。

槨室の頭箱にあたるこの部屋は東西に長く、南北に狭い。部屋の四壁は幔幕が張りめぐらされ、西壁に沿って屏風が立てられ、部屋の西側三分の一程の所に前述膳が据えられ、この膳を境に東西二つに仕切る形になり、西側が彼女の専用領域としてしつらえられている。彼女が屏風を背に、膳を前に坐ったとして副葬品の配置を見ると、彼女の左側に脇息・香炉、右側に杖（T字型帛画中の彼女の図像は杖を突いている）、席の周囲にはハンカチ・枕・枕カバー・袍・香袋、中に手袋・組帯・鏡袋・銅鏡・鏡拭・印章・針衣（針刺）等の小物類、角質ナイフ・笄・梳・篦・刷毛・仮髪等の化粧道具類、白粉等の化粧品類、香草等の入る「二段重ねの九個の子持箱」（双層九子奩）、ほぼ同様の化粧道具類の入る「五個の子持箱」（単層五子奩）が置かれていた。食膳上及び周辺に配置された容器類についてはすでに述べた。膳のすぐ左脇に彩絵立俑二件、膳の向かい側に一件、これらの俑は明らかに食膳に奉仕する役割をふり当てられている。膳の向かい側には爪先を前に向けた履二足が並ぶ。東側三分の二の領域には侍女俑、歌・舞・楽俑が軑侯夫人に対面する形でそれぞれの役割に則して置かれていた。ここには竹扇があり、侍女が女主を扇いだのであろう。以上、俑と副葬品の配置は、彼女の生前の歌舞宴飲の場面、私的生活場面を再現している。ここであらためて概観すると、北室のありさまが突出している分、棺室はその影を薄くはしているが、槨室全体が被葬者軑侯夫人の専用領域である北室・棺室を中心に彼女の黄泉の生活を支える東・南・西の各辺箱で構成された、この世の館の人員をも含めた忠実な再現であることがわかる。以上の一号墓槨室についての結論を、同じく遣策も具備する三号漢墓と合わせて検証してみたい。ただし、前述のごとく未だ正式な発掘報告は出ておらず、発掘簡報によってそのおおよそをみてみたい。

二、三号墓槨室配置

まず槨室の配置は基本的には一号墓と同じであるが、異なるのは東西に長い北辺箱（頭箱）中間のやや東よりに木枠がはめられ、東西二室に区切られている事である。ただし木枠の入口を通じて共通の空間になっている。まず表二を参照しながら俑の配置について述べたい。ちなみに一号墓にはなかった俑についての遣策が三号墓にはあり（後掲）、これから触れる実在の俑は遣策所載人数にはるかに及ばず、それらの代表ないし象徴として配置されているようである。

表二　三号墓木俑明細表

俑の種類	件数	高さ（cm）	所在
着衣侍女俑	4	73.5	北・西間
彫衣彩絵俑	4	—	北・西間
着衣歌舞俑	17	—	北・東間
彩絵立俑＊	73	—	北・東間
帯冠着衣男俑	2	38	北・西間
帯冠着衣男俑	2	38	西辺箱
合　　計	102		
辟邪俑	2	中棺・内棺の間	

＊少数が西間にあったが、槨内の積水によって移動したものとしている。

ここには一号墓の「冠人」に当たる男俑はなく、造りも高さも最高の着衣侍女俑四件・彫衣彩絵俑四件が北辺箱西間に置かれていた。三号墓遣策簡四四に「美人四人、其二人楚服、二人漢服」、簡五七「女子七十二人、皆衣綺」とあり、遣策所載の女性の中では高位にあり、こうした地位に比定された俑と思われ、また後掲戴冠男俑の配置とも合わせて西間が主室になろう。ここには博具があった。東間には着衣歌・舞・楽俑一七件、彩絵立俑七三件、この彩絵立俑は一号墓の彩絵立俑と形は似ているが、男性形象が女性形象より多い点が異なる。ここにはこのほかに弓・矢・琴・編鐘・編磬があった。こちらが歌舞宴飲の場であろう。ちなみに、簡五〇「楚竽・瑟各一、炊(吹)・鼓者▨」、簡四九「鄭竽・瑟各一、炊(吹)・鼓者二」、簡四八「河間瑟一、鼓者一人」、簡四七「楚歌者四人」、簡四六「鄭舞者四人」、簡四五「河間舞者四人」等の遣策がある。これについては、簡五九(木牘)「右方(小計)、女子明童、凡百八十人。其八十人美人、廿人才人、八十人婢」があり、勿論あの世に連れて行く「明童」ではあるが、彼の内廷の人員を反映しているとみてよかろう。このほか東間・西間どちらか不明であるが、刷子・銅鏡・角質鏡・梳・篦・鉄削等を入れる漆奩、香草・黄色の粉末状のものの入る陶薫炉各一、陶灯・木灯等があった。戴冠着衣男俑は、造りは立派ながら彩絵立俑とほぼ同高、西間に東間との間の入口に二件、西辺箱北端、北辺箱西間に接する所に二件、計四件、両所とも「守門小吏」のごとく立っていた。ただし後者の場合、ここが北辺箱に通じるように仕立てられているかは不明。両所とも主の部屋を守る位置にあると考えれば、俑一〇二件全て北辺箱に配置されていて、直接主人に仕える要員という事になる。最大多数の彩絵立俑に男性形象が多いのは、こうした事と関係していよう。以上俑配置の点では一号墓と大きく異なる。

三号墓被葬者は、副葬品中の武器・軍用地図等の存在により、軍事に関係する人物ではないかといわれている。とすれば彼の生活はその他に外に拡がる官職の世界がなければ完結しない。その部分を補完するのが、次掲遣策のようである。

簡三「家吏十人」、簡五「宦者九人、其四人服牛車」、簡六「牛車、宦者四人服」、簡二「家承（丞）一人」、簡四「謁者四人」、簡二〇「執長柽矛八人、皆衣紺冠」、簡二一「執短鍪（錣）六十人、皆冠画」、簡二二「執革盾八人、皆衣青冠屨（履）」、簡二五「卒肓（冑）操長戟応盾者百人」、簡二三「執盾六十人、皆冠画」、簡二六「卒不肓（冑）操長鍪（錣）応盾者百人」、簡二四「執短戟六十人、皆冠画」、簡二七「卒不冑操弩負矢百☒」等。

木牘簡四二（木牘）「右方、男子明童凡六百七十六人、其十五人吏、九人宦者、二人偶人、四人撃鼓・鐃・鐸、百九十六人従、三百人卒、百五十人奴」

簡六〇「安車一乗、駕六馬」、簡六一「大車一乗、駕六馬」、簡六二「温車二乗、乗駕六馬」、簡六三「輬車二乗、乗駕六馬」、簡六四「大車一乗、駕四馬」、簡六六「軺車二乗、乗駕三匹」、簡六七「附馬二匹」、簡七〇「騎九十六匹、匹一人」、簡六九「胡騎二匹、匹一人、其一人操附馬」、簡六八「胡人一人、操弓矢、贖観、率附馬一匹」、簡七一「畕（輜）車一乗、牛一、豎一人」、簡七二「牛・牛車各十、豎十人」、簡四一「馬豎五十人、衣布」

簡七三（木牘）「右方、車十乗、馬五十匹、付馬二匹、騎九十八匹、畕（輜）車一両、牛車十両、牛十一、豎（童僮）十一人」。

前述のように、三号墓については正式の発掘報告がなく、上掲「遣策」も関係論文・簡報等でその断片を知るのみであるが、[10]幸い「右方」牘がその全体像を伝えている。簡二一～二六および木牘の簡四二は三号墓被葬者の外廷の官僚と兵士集団を、簡六〇～七二及び木牘の簡七三は主人用も含めた木牘の簡四二の人員に付随する車輌・馬・牛・御者・兵馬を示し、これらは彼がこの世で擁していた内廷・外廷の陣容を反映していると思われる。とすればこれに見合う数の俑を槨室内に用意できなかったのは当然であろう。だがまるで木牘の簡四二・七三の内容を補うかのように棺室西壁に掛かる帛画「車馬儀杖図」(二・一二m×〇・九四m)には、全画面に百余人・数百匹の馬・数十乗の車による車騎行列、武器を所持する兵士集団の行列、華蓋の下に佩剣して立つ主人公と侍従の一団、鳴金撃奴等の場面が描かれている。これが何を描いているのか、厳粛な雰囲気は伝わってくるが、軍隊の観閲にしては勇ましさに欠けているような気がする。ともあれ銘旌といわれる一・三号墓T字型帛画二枚ともにその中心に描かれている人物は被葬者といわれているが、そうとすれば三号墓銘旌の被葬者の図像に類似する「車馬儀仗図」中の華蓋下の人物も被葬者とみてよい。更に棺室東壁に掛かる帛画は破損が激しく全貌はつかめないが、二枚の残片から建築・奔馬・婦女乗船の場面、墓主の豪華な生活を描いたものかという。(11) とすればこれも前掲女性に関する遣策及び簡五九を描いたものであろう。この棺室帛画、特に西壁帛画は明らかに被葬者の地位・身分・職責上のこの世における姿を映し出している。すると軍人である三号墓被葬者の墓葬に公的世界を反映する棺室帛画があり、他方、被葬者の生活が内廷で完結する軑侯夫人の一号墓にそれが無いのは、それぞれ意味のある事ではないのか。

以上三号墓槨室についての可能な限りでの概観を試みて、やはり槨室が北辺箱・棺室を中心として成立していることを確かめた。ただし他の三辺箱については性格づけするに足る資料に欠けるが、少なくとも一号墓の厨房にあたる東辺箱には、厨房要員に当る俑の配置もなく、籥等の他に二〇余種の帛書、竹簡の医書等の入る大漆奩がある事から、ここは厨房ではなく、そもそもこの槨室内には厨房に当たる部分はないのではないか。

おわりに

以上、一・三号墓槨室を概観して、ここは被葬者のこの世の館の再現であり、主人の部屋である北辺箱を中心に、他の辺箱はそれに奉仕すべく設定されている事を確かめた。勿論ここは被葬者の頭上に当たるわけで、中心となるのは当然である。しかし前代楚の時代、そこに君臨したのは木俑を従えた鎮墓獣であった。位置からいって、ここに鎮座する鎮墓獣は被葬者の庇護者の如くみえる。もしそうとすれば頭箱は被葬者の眠る棺室より上位の場といえる。ところがここに君臨した鎮墓獣は戦国晩期、突然楚墓の中から消えてしまった。そしてここに、その後の頭箱内の一つの有様を、時を経た前漢前半期の馬王堆漢墓の中にみてきた。これは被葬者が棺室から出て鎮墓獣に替わってそこのあるじとなった、即ち墓葬が完全に被葬者の世界となった姿である。ということはこの地域の墓葬の「この世化」は、鎮墓獣を頭箱から追放し、そこに墓主が居坐るという形で進行していった事になる。これは頭箱内の主役の交替にとどまらない大きな墓制・喪葬観の変革を意味すると思う。だが墓葬構造の変更を迫るまでには至らなかった。それは鎮墓獣を副葬する墓葬が棺槨墓即ち社会の上層を対象とする墓葬だからであり、それゆえそこでの変革が、華北のような形をとらせず、伝統的墓葬構造を継続させた理由ではないか。

とはいえ以上のような推移は木俑の姿に変化をもたらした。木俑は楚に始まるといわれるが、実は楚墓の時代、大墓は別にしてそれほど普及していたわけではなく、また時間的にも鎮墓獣に遅れて登場し、鎮墓獣が姿を消す晩期にむしろ副葬する墓葬の範囲も拡がり、数も増え、形象も多様化していった。これは何を意味するのか。楚墓における俑は鎮墓獣と被葬者の侍者としてであり、その姿は基本的には侍俑であった。楚墓の晩期、楚俑が侍俑の他に歌舞俑・司厨俑等形象の多様化と数の増加という形で発展の様相をみせ始めるのは、侍俑が鎮墓獣の去った後の席に替わって入ってきた被葬者の「この世」の僕の形象に、姿を変えていった事を示してはいないか。ここではじめて槨室の世界は名実共に被葬者のものとなり、全てが被葬者を主人として奉仕する世界に変えられたのである。とすればこれは結局当時の人々の意志がなした事になる。楚墓はこうした形で竪穴木槨墓の中に新しい形式を導入していったのである。こう理解すると、楚の文化が直接的にあるいは間接的に多く秦漢に伝えられていった中で、鎮墓獣が戦国晩期楚墓の中から姿を消してしまった意味も了解できるように思う。楚人自らの意志が消滅させたのである(12)。

ここで残してきた辟邪俑について簡単に触れたい。一・三号墓とも辟邪俑は内棺周辺に置かれていた。辟邪俑とは勿論現代の命名であるが、形象・置かれた場所からいって、被葬者の為に邪を払う、あるいは死者と生者を隔てる役割を負わされている、いずれか議論のあるところであろうが、辟邪の役割をもつ事は間違いない。とすれば槨室の守護者とみえた鎮墓獣あるいは鎮墓獣の侍者の、姿を変えた形をそれにみるように思う。しかしその槨室内における地位の低下は著しい。これらの俑は形も小さく、造りも粗末、一号墓の場合でいえば、全て内棺周囲及び棺蓋上の被葬者の下肢の側に置かれていた。かつて馬王堆級の楚墓に副葬される鎮墓獣は同墓出土漆器に匹敵する「美術品」だった。それはそれとして、もしこれらが鎮墓獣ないし鎮墓獣の侍者の消え残った姿とするなら、かろうじて被葬者の足もとにその場所を得た事になる。

最後に、秦にはじまる墓葬構造の変化は、支配階級とは別の階層によって担われた。それは意識すると否とに関わらず、従来の礼の秩序からの離脱という結果をもたらし、それが支配階級とは異なる墓葬構造を創造させた。ところが楚では「この世化」という事では同様の変化を遂げながら、それは槨室内にとどまり、墓葬構造の変化には至らなかった。これはその変化の担い手が支配階層を主としたからではないか。ただし、副葬品等にみられる墓葬内の変化は大墓からはじまるのが常であり、その点では楚墓の推移はむしろこれまでの常態であって、秦がむしろ特異であったというべきであろう。秦が時代の転換の先頭を切ったのは、あるいは故ある事かもしれない。推論を重ね過ぎたきらいがある。読者のご寛容とご叱正を賜れば幸いである。

表三　戦国秦の竪穴墓・洞室墓における屈肢葬の割合

墓葬名	墓数	竪穴墓	直肢	屈肢	不明	洞室墓	直肢	屈肢	不明
①洛陽	59（13）	43	5	29	9	16	1	11	4
②半坡	112	11		9		101		95	
③八旗屯	40	39	7	12	20	1	0	1	0
④鳳翔高荘	46	a24 b 1	0 0	16 0	8 1	b　9 c 12	2 11	7 0	0 1
⑤咸陽	48	20	11	12	1	28		11	1

①洛陽欄の（13）は総墓数59基中の葬式不明数
④鳳翔高荘欄はa＝春秋晩期～戦国中期　b＝戦国中期　c＝戦国晩期～秦代
空欄は発掘報告に数字がないもの

注

（1）屈肢葬については、韓偉「試論戦国秦的屈肢葬儀淵源及其意義」中国考古学会編輯『中国考古学会第一次年会論文集　一九七九』、文物出版社、一九八〇年。竪穴土坑墓・洞室墓の屈肢葬の発掘例については、①王仲殊「洛陽焼溝附近的戦国墓葬」『考古学報』一九五四年第二期：②金学山「西安半坡的戦国墓葬」『考古学報』一九五七年三期：③陝西省雍城考古工作隊・呉鎮烽・尚志儒「陝西鳳翔八旗屯秦国墓葬発掘簡報」『文物資料叢刊』第三集、一九八〇年：④雍城考古隊・呉鎮烽・尚志儒「陝西鳳翔高荘秦墓地発掘簡報」『考古与文物』一九八一年第一期：⑤秦都咸陽考古隊「咸陽市黄家溝戦国墓発掘簡報」『考古与文物』一九八二年第六期等。上掲発掘報告①～⑤の戦国墓における屈肢葬の状況は**表三**にまとめた。

表三「④鳳翔高荘」、戦国中期洞室墓に圧倒的であった屈肢葬が、戦国晩期以降直肢葬に取って代わられている。これは漢代に至って屈肢葬が姿を消す予兆を示している。「⑤咸陽」、表には直接でてこないが、戦国末以降六基（竪穴墓二、洞室墓四）のうち屈肢葬一、直肢葬五となる。秦の中心地咸陽で戦国晩期既に屈肢葬が衰退に向かっている事を示す。秦の屈肢葬は漢代に入って姿を消す。後述の楚墓における鎮墓獣の消滅に通じるものがあるように思っている。

（2）秦の副葬礼器の変遷については、黄暁芬「秦の墓制とその起源」（『史林』第七四巻第六号、一九九一年。呉・尚、注（1）③前掲と韓偉「略論陝西春秋戦国秦墓」（『考古与文物』一九八一年第一期）は、春秋早期より戦国晩期までを六期に分けて副葬礼器の編年を行っている。この中で呉・尚、注（1）③は、陶囷と牛車模型の戦国早期の出現を報告し、「戦国初期の陶牛車・陶囷と牛車模型の出現は……（従来）の埋葬制度の否定であり、……陶牛車を真馬真車の替わりに殉葬し、そのうえ小型墓葬の中にもそれが出現するのは車馬殉葬が墓主身分の高低を表示するという旧観念に動揺を来した事を物語る。陶囷は儲糧器であり、礼器とは截然と異なる器物の殉葬は、……新しい型の埋葬制度を開く先駆である」（七九頁）と述べている。呉・尚、注（1）④でも春秋晩期すでにこれらが出現していた事を報告している。

（3）洞室墓内の棺槨の有無について、金学山、注（1）②は「木棺の外に木槨が発見されない」（七〇頁）：洛陽市第二文物工作隊「洛陽孫旗屯秦国墓葬」（『中原文物』一九八七年第三期）は、戦国末期洞室墓に無棺槨で遺骸を莚で包み丸太二本の上に置いたと推測される例を、この場合棺もない：秦都咸陽考古隊、注（1）⑤は、洞室墓二八基の内三基を除いて全て棺のみ、等報告している。

（4）韓偉氏は注（2）論文で「宗室貴族は仰身直肢を常用の葬儀とした」（八八頁）と述べている。

（5）馬王堆漢墓の概要はa湖南省博物館・中国科学院考古研究所編『長沙馬王堆一号漢墓』上下、文物出版社、一九七三年：b「同」訳書、関野雄翻訳者代表、平凡社、一九七六年：c湖南省博物館・中国科学院考古研究所「長沙馬王堆二・三号漢墓発掘簡報」『文物』一九七四年第七期：d—①中国科学院考古研究所・湖南省博物館写作小組「馬王堆二・三号漢墓発掘的主要収穫」『考古』一九七五年第一期、後一部修正して、d—②湖南省博物館『馬王堆漢墓研究』湖南人民出版社、一九八一年に転載：e樋口隆康『古代中国を発掘する——馬王堆、満城他——』新潮社、一九七五年、等による。なお、傅挙有氏はf「関于長沙馬王堆三号漢墓的墓主問題」『考古』一九八三年第二期で、三号墓被葬者は、利蒼の後を継いだ二代利豨以外の息子という、ほぼ定説となっている説について、墓葬の内容・格式等から二代軑侯利豨以外考えられないとして、定説の根拠となる冥府に宛てた木牘に記された三号墓被葬者の埋葬年「文帝十二年」を利豨の死亡年とし、『史記』・『漢書』所載の利豨の卒年「文帝十五年」は、時を経ずして死亡した母、軑侯夫人の卒年を、両書が書き誤ったものとしている。確かに墓葬内容から言えば、氏のごとく考えたいが……、一つの推測とはいえよう。

（6）注（5）c・d、発掘簡報、f傅挙有論文、周世栄「馬王堆漢墓中的人物図像及其民族特点初探」（『文物研究』第二期、一九八六年）等、後に三号墓を論ずる際、同墓出土の遺策を引用するが全て以上の発掘簡報・論文。ただし傅挙有論文に多くを拠り、文中の簡牘番号は同論文による。※編者注：三号墓出土遣策簡番号・釈文については、内容上論旨への影響がないため、報告書である、湖南省博物館・湖南省文物考古研究所編著（主編：何介鈞）『長沙馬王堆二・三号漢墓　第一巻田野考古発掘報告』文物出版社、二〇〇四年に依拠して改めた。

（7）　一号墓「遣策」釈文及び注釈、副葬品についての用語の解釈等、すべて注（5）a「長沙馬王堆一号漢墓」に拠り、あわせて同訳書bを参考にした。従って、本文中「遣策」を引用する場合、用語説明は必要最小限度にとどめた。必要であれば、両書を参照されたい。また出土物についての知見も当然の事ながら注（5）a書及び同訳書bに拠った。文中「発掘報告」とあるのは注（5）a書を指す。以後両書に拠る場合、一々注記しない事、あらかじめお断りするとともに、両書に謝意を表したい。なお、赤井清美編『漢簡　第一二巻　馬王堆漢簡併解説』東京堂出版、一九七七年に、一号墓「遣策」写真・釈文が所収される。釈文に注（5）aと多少の相違があるが、注（5）aに拠った。

（8）　鳥については異体字が多く、注（5）aが読み替えた漢字で表示した。

（9）　注（5）d—①、五六頁（d—②、六八頁）。

（10）　注（6）参照。

（11）　注（5）d—①、五五頁（d—②、六七頁）。ちなみに、西壁帛画は湖南省博物館編『湖南省博物館』「中国博物館叢書」第二巻、文物出版社、一九八三年、傅挙有・陳松長編著『馬王堆漢墓文物』湖南出版社、一九九二年所載。

（12）　鎮墓獣については拙稿「戦国楚の木俑と鎮墓獣について」『駿台史学』第八二号、一九九一年（本書第四章）。

第六章　漆器烙印文字に見る秦漢髹漆工芸経営形態の変遷とその意味

はじめに

近年中国の考古発掘の成果には目覚ましいものがあるが、漆器出土ということでは、その質・量・傷みのなさ等において馬王堆漢墓の右に出るものはなかろう。これには器名等を明らかにする詳細な副葬品目録を伴い、実物・記録両々相まって当時の髹漆工芸についての多くの情報を提供した。その情報の一つに当時の髹漆工芸の実態に近づく手掛かりとなる漆器に捺された烙印文字（後掲表一参照）があり、それらの漆器が成都市府管轄下の産品である事を明らかにしていた。[1]

漆器に残された文字ということでは一九一〇年代から三〇年代にかけて、現在の北朝鮮の平壌付近の楽浪漢墓出土漆器に残された周知の先例がある。これは当該漆器の製作年月・工官名・器名・容量・各工程名と担当した工人名及び監督官名等を刻した銘文で、当時の髹漆工芸が漢王朝工官支配下にある事を明らかにしていた。これらの蜀郡工官・広漢郡工官出自の漆器は楽浪の他にモンゴル、貴州省等の古墓からも出土し、その流通の広がりは、当時の蜀における髹漆工芸の隆盛を知らしめた。[2] 馬王堆一号漢墓の埋葬年は、確定している三号墓の埋葬年、文帝十二年（前一六八）に遅れること数年とみられている。楽浪漢墓出土漆器の最初の紀年銘が昭帝始元二年（前八五）、製作地は「蜀西工」（蜀郡西工官）、兪偉超・李家浩両氏は「（秦に存在した）蜀郡工官の（漢代における）復活は……文帝以後武帝初年の間」、「蜀郡工官内に漆器作坊が設置されたのは文帝以後」とされている。ここに蜀を生産地とする漆器の編年が烙印文字から刻銘文へと文字形態の変化を伴いながらほぼ繋がったのである。兪・李両氏はこの烙印から刻銘文への移行は、漆器生産の経営主体が地方官府管轄から中央政府直轄の「工官」経営へ移された事に伴うものである事を明らかにした。(3) この両氏の成果に触発されて以下秦漢髹漆工芸の経営形態について考えてみたい。

一、烙印文字の変遷とそれが意味する事

次掲**表一**は、烙印文字のある漆器出土墓葬を時代順に並べたものである。

ここにいう「烙印」とは漆を塗る前の木胎の段階で捺した文字で、上に漆がかかっている為に不鮮明な場合が多い。前掲『馬王堆一号漢墓』刊行の段階ではまだ判読できず「字形から推して作坊の地名のようである」（七八頁）と述べている。その後の烙印漆器出土の積み重ねが判読を可能にし、前述兪・李両氏の成果を生んだのである。**表一**の①「成亭」印は成都市亭、②「咸亭」は咸陽市亭、③「成市草」「市府草」は成都市府造の省略で、これらの印を捺された漆器が県レベルの地方官府官営工房ないし市府管掌下の製作である事を明らかにしていた。Ⓧ「成草」は烙印でなく刻字で「成」は成都、編年は戦国早期、「成亭」「咸亭」は戦国中期から秦まで、「成市草」は漢代前半、成都の漆器の産地としての時間的継続を示している。Ⓧ滎経曽家溝戦国墓群は蜀がまだ秦の支配下に入る（前三二九年）前のものと思われ、とすれば「成草」は蜀における最古の印記として貴重ではあるが、秦とは別の制度下の「印記」ということになり、ここでは直接論議の対象とはしない。ちなみに漆器に残された文字という事ではこの他に針刻・漆書などがあり、馬王堆漢墓の場合、漆書には家名（軑侯家）・容量・用途（君幸酒・君幸食）等、睡虎地秦墓には所有主

表一　戦国秦漢期墓葬出土漆器烙印文字の変遷

<table>
<tr><th colspan="2">烙印文字</th><th>省</th><th>墓葬名</th><th>埋葬年代</th><th>発掘年</th><th>備　考</th></tr>
<tr><td>⊗</td><td>（成草）</td><td rowspan="3">四川</td><td>滎経曽家溝戦国墓群</td><td>戦国早期</td><td>1981–82</td><td>金文風の刻字</td></tr>
<tr><td rowspan="2">①成亭</td><td rowspan="2">成亭</td><td>青川秦墓群</td><td>戦国中～晩期</td><td>1979–80</td><td rowspan="2">成亭＝成都市亭の省略</td></tr>
<tr><td>滎経1号秦墓</td><td>戦国晩期～秦</td><td>1977</td></tr>
<tr><td rowspan="4">②咸亭</td><td>亭上　包
□亭　合</td><td rowspan="6">湖北江陵</td><td>揚家山135号秦墓</td><td>前278
～前漢以前</td><td>1990</td><td rowspan="4">咸亭・亭＝咸陽市亭

素＝木胎製作
包→匏＝重ね塗
上＝上塗
告＝造</td></tr>
<tr><td>亭　三</td><td>雲夢木匠墳2号秦墓</td><td>秦統一後</td><td>1975</td></tr>
<tr><td>咸亭　咸亭上
咸上　咸里　亭
咸包　亭上　市
素　包　告</td><td>雲夢睡虎地秦漢墓群</td><td>戦国晩期
～始皇帝期
～漢初</td><td>1975–78</td></tr>
<tr><td>亭 素 包 上 告</td><td>雲夢大墳頭1号漢墓</td><td>漢高祖～呂后期</td><td>1972</td></tr>
<tr><td rowspan="3">③成市草</td><td rowspan="3">成市草　成市素
成市飽　成市
市府草　市府飽
市府　　南郷□
北市□　中郷□
草</td><td>張家山247号漢墓
張家山249号漢墓
張家山258号漢墓</td><td>呂后二年
ほぼ同年
文帝前元五年</td><td>1983–85</td><td rowspan="3">成市草＝成都市府造
草→造
包→匏
南郷□・北市□・中郷□＝成都城内の市名</td></tr>
<tr><td>鳳凰山8号漢墓
鳳凰山168号漢墓</td><td>文帝期
文帝一三年</td><td>1973
1975</td></tr>
<tr><td>湖南</td><td>長沙馬王堆3号漢墓
長沙馬王堆1号漢墓</td><td>文帝一二年
同上より数年後</td><td>1973
1972</td></tr>
</table>

1、三グループの烙印は本文中では「成亭」・「咸亭」・「成市草」で代表させて表記する。
2、「南郷□・北市□・中郷□」等は、長安城内に東西九市があったように成都城内の市、注（3）、三六〇頁参照。
3、「市府草」それ自体は成都を指すわけではないが、ここでは漆器の作風が同じ、同一漆器に「成市飽《ママ》」などと一緒に捺されている事等、市府＝「成都市府」の省略とみる。

名・工人名（署名）などあるが、烙印とは質を異にするので、ここでは触れない。

まず烙印を捺す漆器を**表一**を参照しながら時代順に追ってみたい。現在「成亭」印を捺す最古の例は四川省青川秦墓出土漆器であり、次が同省滎経一号秦墓、次いで地名不詳の「□亭」、地名表記のない「亭」「亭上」等の印を捺す湖北江陵揚家山一三五号秦墓・同省雲夢木匠墳二号秦墓(4)、次が「咸亭」印の戦国晩期から始皇帝期を経て漢初に至る雲夢睡虎地秦漢墓群(5)、次が「亭」印の前漢初年に編年される雲夢大墳頭一号漢墓。上掲「□亭」「亭」等地名不詳印漆器は、「咸亭」印睡虎地漆器と器形・文様共に類似といい、大墳頭一号漢墓漆器についても「風格・烙印・針刻文字みな睡虎地秦墓の秦代咸陽製と類似している」という(6)。□にはもともと「咸」とあり、

「亭」印も「咸亭」の省略とみて差し支えなかろう。**表一**にみられるように、このグループで「咸」の文字を捺す烙印は睡虎地だけで、それも「亭」のみが大半である。だが行論の都合上、「咸亭」印を以てこのグループを括った。[7]そしてこの「咸亭」印を捺す漆器は大墳頭一号漢墓出土を以て最後となる。これと入れ替わるようにほぼ同時期の呂后期の江陵張家山漢墓漆器に「成市草」の烙印が初見し、[8]続いてこの系統の印を捺す漆器が文帝期の長沙馬王堆漢墓、江陵鳳凰山八号漢墓・同一六八号漢墓等この時期の諸墓より多量に頻出する。[9]このように漢初、「咸亭」印漆器の最後と「成市草」印漆器の初出がほぼ平行して並び、以後「成市草」印となるのは、「咸亭」印と「成市草」印漆器がこの時期を境に交替した事を意味していよう。だが「咸亭」が「メイド＝イン咸陽」とすれば、秦と滅亡を共にした筈であるから、この「咸亭」印漆器は秦の遺存という事になる。大墳頭一号墓が漢墓と編年されたのは漢墓でなければ副葬されない器種・文様のためであったが（二一～二三頁）、この墓葬の「咸亭」印漆器の存在は、生涯の大半を秦のもとで暮らした被葬者が死を迎えた時は漢に替わっていた、そんな姿を想像させる。秦は巴蜀征服後直ちにⓍ「成草」漆器を秦の市亭支配に移して「咸亭」印に換えた。この事はこの時既に「咸亭」は秦の制度下に存在していたとみてよいのではないか。後、秦に替わった漢はまた時をおかず「成市草」へ。印の変遷は権力ないし経営主体の交替によるものである事を語っている。であるからこそ従来咸陽製作漆器の出土領域であった江陵の墓葬に、早くも呂后期「成市草」印を捺す漆器を副葬させる事になったのであろう。兪・李両氏が烙印から刻銘文への変化が、工官経営への移行に伴うものとされたと同様の意味を持っていたとみてよかろう。以上の事は重要な技術・手工業が常に国家権力との関係のもとに存在していた事を示している。とすれば楚の滅亡と時を同じくして楚の漆器の所在がつかめなくなる事とも符合するように思う。この点については後に少し触れたい。

二、市亭・市府草印について

1、烙印表記の変化が意味する事

市亭・市府管轄下の髹漆経営のあり方を、当時の陶業経営を参考に少し探ってみたい。これまで漆器の烙印について述べてきたが、印記という事では各種器皿・瓦・磚・俑等に捺された陶文印記の方がよく知られている。特に秦都咸陽及び始皇陵周辺の遺址から採集された陶片・磚瓦等から大量の陶文印記がみつかっている。これにはこれらを集大成し解説を加えた近年の成果に袁仲一氏の大著『秦代陶文』がある。[10] 佐原康夫氏はこの『秦代陶文』所載の陶文印記を二大別して、一つは「首都咸陽に置かれた土木関係の中央官庁直属の官窯の陶工の印記」で「官名＋人名」タイプ（例　「左某」・「右某」＝左・右司空の略記＋人名）、二つ目は市亭印記の「地名＋人名」タイプで、「その形式は、咸陽だけに見られる『咸亭某里某器』およびその省略形と、その他の県で広く用いられた『某亭』『某市』（例　櫟市・杜亭・安陸市亭）だけの形式に分かれる。この（咸陽とその他の県との印記の）形式の違いは同一の制度の表現の地域差で」、この「某亭」は「市の行政機構としての『市亭』」を意味しているが、陶文印記は「製品を焼いた窯やその経営主体を表わすためではなく、それを作った陶工がどこに帰属するかを表わすためのものである」と主張された。[11]

この論文は袁仲一氏の前掲書に対する批判として書かれたもので、袁氏は上掲佐原氏のいわれる一つ目の官窯印記の他に、二つ目のタイプ、佐原氏が「市亭」印記とみる「咸亭」の後ろに「某里某器」と綴る印記を、民間製陶手工業者の印記とみ、別の表現の印記「咸陽市于」「咸陽亭久」等を「咸陽市亭于」「咸陽市亭久（＝記）」の省略として市亭官営工房印とみ、陶業における中央直属の官窯、市亭経営の他に純然たる民間経営の存在を主張された。そしてこの民間経営印の「咸亭」に続く「某里」の里名が二二も数えられることから、「咸亭」を一大民間製陶手工業地域と想定され、秦代の灰の堆積層・多くの窯址の存在、大量の陶器の完・未完成品、製陶用具の出土、そして「咸亭某里」の陶文印記もみつかった「長陵（漢高祖陵）停留場付近の……渭河北岸の断崖上」を「私人製陶作坊の集中区で、咸亭がこの一帯にあった可能性がある」と当時の地域さえ比定された。咸陽の大土木工事に要する磚瓦等建築資材、首都の官・民の日用各種陶製器皿を賄うものとしての官窯の他に私営の窯の隆盛をみ、「某里の某の造った器」の印記は、市亭の管理と徴税の為の他に、造る側の商品としての宣伝の意味もあったとする。[12]ところが、以上のように袁氏が市亭印とみる前掲陶文「咸陽市于」・「咸陽亭久」を佐原氏は「咸市陽于」「咸亭陽久」と読んで、これを「咸陽市亭陽里于」「咸陽市亭陽里久」の省略とみ、従って「咸亭某里某器」と同形式の印記とする。これは田の字型四字印の読み方に関わり、佐原氏は縦二行右読み、袁氏は横二行右読み、また印の刻み方に原則があったとみるか、アットランダムとみれば、読み方に解釈・主観も入り得る。ここでは縦読み原則として無理なく読める佐原氏の方が自然と思う（三頁）。だが印記をこのように読むと、「咸陽某里某器」を民間経営と解釈するのが袁説の中心を為すのであるから、これを「市亭」印記と読むと袁氏の説は成り立たなくなる。ただ咸陽における民営の隆盛を説く袁氏の説にリアリティーを感じており、ここでは判断を留保したい。

市亭印記の典型としてよく知られている雲夢睡虎地秦漢墓群・雲夢龍崗秦漢墓群出土陶器に捺された「安陸市亭」がある。[13]現在の湖北省雲夢県に位置する「安陸」の由来は楚国の故地であったこの地域を「紀元前二七七年秦軍が占領して安陸県を設置し南郡に属させた」事に始まる。[14]この陶器に捺された「安陸」と出土地とは一致する。これまでの咸陽での「咸亭」印陶製品の多量の出土とも合わせてこれらの陶文印記は、陶製品が基本的には地元の消費を原則として各地に工房が置かれていた事を示している。従って「安陸市亭」印は安陸市亭管轄下の工房印とみたい。ただ前にも紹介したように佐原氏は「咸陽や武安の窯址で他地の『市亭』印記がしばしば見られる」のは、「それを作った陶工がどこに属するかを表わすためのもの」（一三～一四頁）とされており、これはこれで説得力があり、自身腑に落ちていない。ただ少なくとも漆器の場合、これは当てはまらないように思う。

漆器烙印には所謂「市亭」印の他に「素・包・上・告・草」等がある。「素」は木胎の製作、「包」は麭で重ね塗り、「上」は上塗り、「告・草」は造で「メイド＝イン」、これらの印が同一器に複数捺されている場合もあり、漆器の製作工程を意味する文字である事は間違いない。これは後の漢代工官製作漆器の刻銘文の形式に倣えば「素工某・麭工某・上工某・造工某造」となり、その先蹤とみる事ができる。ちなみに「造工」を梅原氏は「工人の主任」（六〇頁）とされている。工人の工程最後の銘記であり当然の解釈であるが、先のメイド＝インと解釈した「造」は「造工某造」の後ろの方の「造」にあたる。以上工程印も含めて明らかに市亭管轄下の工房印と考えた方が自然と思われる。

長沙楚墓出土漆耳杯上に私営作坊戳記かと思われる「輿里冊」「輿里周」「杜里姣」が報告されているが[15]、少なくとも現在まで秦墓出土漆器にこうした例はみられないように思う。その点では陶文印記にみえる中央直属を示す官営印記もみつかっていない。秦の髹漆工芸は県レベルの官営が主体だったのではないか。前漢はその制度を継承し、武帝期に至って漢独自の中央直属の工官経営に再編した。その意味では秦から漢にかけては市亭支配が基本で、それも遠隔の地から取り寄せている実態は[16]、漆器経営が特定の市亭でしか行なわれず、それだけ官の統制が厳しかった事を意味していないか。陶文印記の多様さと漆器烙印のシンプルな在り方との違いは、大量生産を必須とする建築資材、官・民の日用各種器皿を製造する陶業と、実用器の側面を持ちつつも限られた階層を対象とする奢侈品、権威の象徴でもある製品を製作する髹漆工芸両者の経営形態の相違によるのではないか。後、工官製作の漆器銘文の先頭に「造乗輿（皇帝）……」と刻すのが定型になるのにそれが端的に表われている。

では「咸亭」「成亭」から「成市草」への推移は何によるのか。「成市草」印初出の江陵張家山「三基の漢墓の漆器は、器の組合わせ、器種から器形・文様等に至るまで、みな江陵鳳凰山漢墓と雲夢大墳頭漢墓出土の漆器の特徴と同じ」（七頁）という。これが意味する事は、この漆器の後代への繋がりと共に大墳頭漢墓漆器を通じて秦代「咸亭」印漆器とも繋がるという事である。そして「成亭」印青川漆器の「組み合わせは雲夢秦墓出土漆器の組合せと大体似ており、風格も一脈通じ」、滎経一号秦墓のそれは「睡虎地秦墓同様の風格」という。[17] こうみてくると秦代咸亭・成亭、漢代成市草印漆器は共通の基盤の上に立った髹漆工芸であり、このように地域・時代を異としての共通性に官の一元的支配を強く感ずる。漢は秦の髹漆工芸の総体を「成市草」印として継承、印の名称変更は新王朝の接収に伴うものであろう。[18] だが「成市草」への直接的継承関係は名称が示すように「成亭」であって「咸亭」ではなかった。

秦に替わった漢が前代の重要な技術としての髹漆工芸を引き継ごうとした時、その技術の主要な所在地咸陽と成都のどちらを選ぶか。咸陽は秦漢の際の戦乱で徹底的に破壊されていた。仮にそうでなかったとしても、前代の首都での重要な技術の復活は考慮の外であったろう。それに反し成都は秦によって征服された土地であり、秦漢の際の戦乱も及ばず、その上漆器生産にとっての自然条件も備えていた。新王朝の選択は当然「成亭」であったろう。その選択が「成亭」の継続としての「成市草」印漆器を王朝草創期の墓葬に早くも副葬させる体制を作り上げ、それは後の武帝以後の工官経営による発展に繋がった。これに反し「咸亭」は滅んだ。だが技術を有する人間は別であろう。秦における成亭印の出土地は四川内に限られている。それに対し咸亭印漆器の出土地は湖北に及んでいる。流通状況からみても咸亭の方がはるかに優越的位置にあった筈である。ところが従来「咸亭」印の領域であった湖北に、更に湖南を加えての前漢文帝期前後の墓葬より、大量の「成市草」印の優品を出土させる事になった。漢代に入っての「成市草」のこのような急速な発展は、咸陽の技術・工人の成都への移動、即ち国家の手による「成亭」への「咸亭」の吸収と「成市草」への再編という背景があっての事ではないか。秦漢の漆器の文様・器種・風格等が類似している事がそれを裏付けている。[19]

2、烙印の有無が意味する事

これまで漆器の烙印にこだわってきたが、では出土漆器に占める烙印漆器の割合はどの程度か。烙印のない漆器をどうみるのか。馬王堆一号漢墓出土漆器を例に検討したい。次掲表二は馬王堆一号漢墓出土漆器における烙印の有無を対象としたものである。

総点数一六種一八四点、内烙印のあるもの七三点、四〇%。では残りの烙印のない漆器、また同一器種における烙印の有無をどうみるか。例えば表二8—3「耳杯（小酒杯）一〇点」は、9「具杯盒」内に七点、残りの一点は槨室内北辺箱（被葬者の居間）内「案」（食卓）上、二点は東辺箱（厨房）内に置かれていた。これらは文様・形が同じでセットとみられるが、一〇点の内、烙印のあるのは具杯盒内の二点のみ。また具杯盒は耳杯七点がぴったり納まるように作られた精巧なもので、小酒杯と別個に作られたものとは思えない。であるのに烙印はない。また10—3「小盤（皿）二〇点」中烙印は五点のみ、これも図録でみるかぎりセットとみてよい。前掲兪・李論文は「馬王堆一号墓漆器は四四五号漆几と四四七号漆屏風の二件の明器を除いて、その他の各器の工芸作風は非常に近く、同墓から出たものは同一地の産品とするのがよろしかろう。また鳳凰山八号墓中の『成市』と『市府』の烙印を捺す漆耳杯を、（烙印のない）馬王堆一号墓の一一〇号・一五六号等の漆耳杯と比較すると、（色調・文様等）全てにわたってほとんど同じであり、馬王堆出土漆器の少なくとも相当部分は成都市府作坊の製品であると推断できる」（三六〇頁）と、他墓の「成市」印漆器と烙印のない馬王堆漆器とを比較して同作坊のものとしている。また江陵鳳凰山一六八号漢墓出土大

表二　長沙馬王堆一号漢墓
漆器中における烙印漆器数

番号	漆器種類	総点数	烙印漆器点数
1	鼎	7	7
2	鈁	4	—
3	鍾	2	—
4	盒	4	—
5	匕	6	6
6	1斗卮	1	—
	2七升卮	1	—
	3二升卮	4	—
	4髹布小卮	1	—
7	勺	2	
8	1耳杯（四升酒杯）	10	5
	2耳杯（一升酒杯）	20	8
	3耳杯（小酒杯）	10	2
	4耳杯（食杯）	50	35
9	具杯盒	1	—
10	1平盤	2	—
	2食盤	10	2
	3小盤	20	5
11	盂	6	—
12	案	2	—
13	匜	2	2
14	1食奩	1	—
	2双層九子奩	1	—
	3単層五子奩	1	1
	4円形小奩Ⅰ	7	—
	5円形小奩Ⅱ	2	—
	6楕円形小奩	2	—
	7馬蹄形小奩	1	—
	8長方形小奩	2	—
15	几	1	—
16	屏風	1	—
総計		184	73

総点数に対する烙印漆器の割合　73/184＝40％
烙印のある器種6種　計136点中73点　54％

卮内部に小卮一個と小皿四枚が入っていた。この三器種は図版写真による限りセットとみてよい。であるのに烙印は大卮の蓋内側に「市府飽・市府草・成市飽」の三印が捺されているのみで小卮と小皿にはない。[20] 以上これらの例は、同一工房で作られたとしても全てに烙印が捺されたわけではない事を示している。漢初、少なくとも「成市草」印漆器が出土する江陵・長沙地域の出土漆器の相当部分は烙印がなくとも成都製とみていい。

以上の事は武帝以後の工官経営を準備したものとしての「成市草」の隆盛を明示し、同時に春秋から戦国にかけてのこの地の楚墓にみられた華やかで精緻な髹漆工芸の伝統が地を払ってしまっている事実を明らかにしている。陳振裕氏は、睡虎地秦墓被葬者は「秦の安陸駐防の秦軍とともに遷徙してきた秦人であるから、彼らの墓中から秦都咸陽の漆器手工業作坊製品が出土するのは不思議ではない。（中略）漢に入って成都市府の漆器ばかりが目立ち、在地の製品がみられないのは、当時の一般民衆には高価な成都市府製を求めることができず、彼らが使用したのは当地で作られた廉価な製品で、その為質が劣り、それが保存を難しくさせ、現在我々の発見を困難にしている。その上旧楚地の製品である事を示す烙印文字や楚特有の器種（鎮墓獣・虎座鳥架鼓等）が発見されない為、楚国の発達した漆器工業が消失してしまったかのように感ずる。だが楚国の漆器があらゆる面で秦漢の漆器に与えた深い影響は否定できない（五五～五六頁）」と、楚の漆器手工業の伝統を秦漢の漆器の中にみるとともに、旧楚地での民衆相手の漆器工房の存在を想定する。秦漢の漆器に楚器の影響が色濃く残るのは当然として、民間に低度の漆器を供給する私営工房がたとえ存在していたとしても、それは楚器の残滓であっていわゆる「楚器」とはいえないのではないか。

おわりに

湖北の秦墓出土の優れた漆器に秦固有の髹漆工芸の伝統が資したのか。そもそも秦にその伝統はあったのか。李昭和氏は「前三二九年、秦は巴蜀を滅ぼした後、巴蜀の漆器の影響下に自己の髹漆工芸を発展させはじめ」、「前二七八年、楚都・郢を取った後また楚の漆器の滋養を大量に吸収した」、従って「秦の漆器は巴蜀と楚の工芸を融合」したもので、「雲夢漆円盒の形・文様みな青川の漆円盒と近いにもかかわらず、烙印文字にはもはや『成亭』ではなく『咸亭』とあるのは、秦の工匠が巴蜀の漆器を模倣した(21)」からであるといわれる。換言すれば、睡虎地秦墓漆器は「巴蜀の漆器である成亭印青川漆器」の模倣という事になる。巴蜀の髹漆工芸の伝統については紙数がつきたので別に機会を持ちたいが、秦征服以前の巴蜀に髹漆工芸の伝統があって青川漆器がそれを受継いだとしても、「成亭」印を捺す漆器は秦の制度下の産物であって、これを即巴蜀の漆器と見做すわけにはゆかず、これ以前の「巴蜀の漆器」が必要であろう。現在それに先んずる例として戦国早期、滎経曽家溝墓出土「成草」刻文漆器がある。「単色、彩絵はなく、木胎は厚く荒削りで、造形は古朴、刻字は周代の金文風」という。戦国中晩期青川漆器とは明らかな落差があり、系統も異なるように思われる。ところがこの墓葬は構造等において湖北・湖南の楚墓、四川の青川・滎経墓等と同様の特徴を有しているという[22]。この墓葬の出自とも合わせて巴蜀伝統の漆器とみるか検討が必要である[23]。ともあれ秦の漆器の発達に楚・巴蜀の強い影響があったにしても、「成亭」「咸亭」印漆器には楚器特有の器種はなく、また日常容器が主体で、これは明らかに秦の様式であり、その点では青川漆器も例外ではない。またこれまでみてきたようにこの時期の漆器を論ずる時必ず睡虎地秦墓出土漆器が基準とされるように、既に秦式といえるものを形成しているのであり、秦が統一過程で諸国の影響を強く受けたにしても、それらを吸収し融合して新しい様式を作り上げていった統一事業における文化的側面を軽視すべきではないと思う。

また陳氏は先に秦人の墓葬であるから秦器があって当然といわれたが、これまでみてきたように秦人たろうと楚人たろうと、技術が秦の管理下に入ってしまえば「楚器」の存在する余地は基本的にはなくなってしまうのではないか。漢は咸陽の漆器を直接的には復活させずに成都に吸収した。秦の市亭制度も、統一の過程でこうした政策を強行していったのではないか。前二七八年、秦将白起が楚都郢を落として南郡を置いて約二〇年後の秦昭襄王五十一年（前二五六）を埋葬年とする睡虎地七号秦墓から「咸亭」印漆器が出土する[24]。以後の湖北出土の漆器は「咸亭」印が大勢である。たった二〇年で楚器は跡を絶っている。秦器が出土するから被葬者は秦人という域を越えている。前掲雲夢木匠墳二号秦墓被葬者は「なお楚俗を留める楚人の墓葬かもしれない」（注（4）『江漢考古』一九八七年第四期四一頁）という。であるにもかかわらず副葬漆器は「咸亭」印であった。豪華絢爛たる楚の漆器が秦占領後、旧楚地から忽然と消えてしまうのは権力の介入以外に考えられない。

最後につけたりとして。馬王堆漢墓出土の優れた髹漆工芸品として棺がある。四重の棺の内、錦布張地に羽毛を貼る内棺を除く外側三層は漆製である。黒漆素棺、長さ約三m、幅・高さ約一・五mの壮大な第一層、第二層は黒漆地彩絵棺、第三層は朱漆地彩絵棺、これら四層の棺は入れ子式にぴったり重ねられた豪華なものである。このように高さ・重量のあるものをはるばる成都から取り寄せたのか。これに描かれた彩絵は周知のごとく楚の伝統を色濃く残す内容で、楚の長い髹漆工芸の伝統を考えれば当地の産とするのが自然である。だが既述のようにこの地の出土漆器の出自は成都である。棺だけ当地の産品とするには相応の確証が必要である。これからの考古成果を待たねばならないであろう。ちなみに、棺の大きさにははるかに及ばないが、同墓出土漆鼎七点、高さ二八cm、口径二三cm、腹径二六cm、全てに烙印がある。輸送にはやはりかさばるものであったろう。

注

（1）湖南省博物館・中国科学院考古研究所編『馬王堆一号漢墓』上下、文物出版社、一九七三年。三号墓にも一号墓を凌ぐ漆器と副葬品目録があり、烙印漆器の存在も報告されているが、いまだ正式の発掘報告が出ていないので、後掲表二「長沙馬王堆一号漢墓漆器中における烙印漆器数」作成にあたっては一号墓のみを対象とした。烙印拓本写真は同書七八頁。以降同書よりの引用は本文中に頁数を記す。以下同じ。

（2）梅原末治『支那漢代紀年銘漆器図説』桑名文星堂、一九四三年（同朋舎、一九八四年）。ここにはモンゴル、ノイン＝ウラ古墓出土の二例も紹介されている。同書、収録最終漆器紀年銘は「後漢和帝永元十四年（一〇二）」。

参考のために典型的銘文の一例を次に掲げておく。

元始三年（平帝、紀元元年）、蜀郡西工（蜀郡西工官）、造乗輿（皇帝）髹泪画木（木胎）黄（金銅）耳棓（耳杯）、容（積）一升十六籥、素工禁、髹工給、上工欽、銅耳黄塗工武、画工豊、泪工宜、清工政、造工宜造、護工卒史章、長良、丞鳳、掾隆、令史寛主（前掲梅原書一九頁、傍点は人名、括弧内補記筆者、以下同じ）。

なお貴州省博物館「貴州清鎮平壩漢墓発掘報告」（『考古学報』一九五九年第一期）に同様の銘文を刻す漆器が出土してい

る。

（3）兪偉超・李家浩「馬王堆一号漢墓出土漆器製地諸問題——従成都市府作坊到蜀郡工官作坊的歴史変化」『考古』一九七五年第六期、後、湖南省博物館『馬王堆漢墓研究』湖南人民出版社、一九八一年、所収。引用は後者三六一頁。

（4）ⓧ四川省文管会・雅安地区文化館・滎経県文化館「四川滎経曽家溝戦国墓群第一・二次発掘」『考古』一九八四年第一二期。①四川省博物館・青川県文化館「青川県出土秦更修田律木牘——四川青川県戦国墓発掘簡報」『文物』一九八二年第一期・滎経古墓発掘小組「四川滎経古城坪秦漢墓葬」『文物資料叢刊』四、一九八一年。②湖北省荊州地区博物館「江陵揚家山一三五号秦墓発掘簡報」『文物』一九九三年第八期・雲夢県博物館「湖北雲夢木匠墳秦墓発掘簡報」『江漢考古』一九八七年第四期・雲夢県博物館「湖北雲夢木匠墳秦墓」『文物』一九九二年第一期。

（5）第一回発掘報告、ⓐ《雲夢睡虎地秦墓》編写組『雲夢睡虎地秦墓』文物出版社、一九八一年（これはⓑ孝感地区第二期亦工亦農文物考古訓練班「湖北雲夢睡虎地一一号秦墓発掘簡報」『文物』一九七六年第六期とⓒ湖北孝感地区第二期亦工亦農文物考古訓練班「湖北雲夢睡虎地一一座秦墓発掘簡報」『文物』一九七六年第九期の正式報告書）。第二回発掘報告、ⓓ雲夢県文物工作組「湖北雲夢睡虎地秦漢墓発掘簡報」『考古』一九八一年第一期、秦墓六基、前漢初年墓二基、前漢早期墓二基、計一〇基の報告。第三回発掘報告、ⓔ湖北省博物館「一九七八年雲夢秦漢墓発掘報告」『考古学報』一九八六年第四期、秦墓二四基、前漢初年墓一基、前漢早期墓二基、計二七基の報告。以上ⓓⓔの墓数にみられるように漢墓は僅かで、その上烙印漆器は前漢初年墓一基のみ、従ってこの一例は後掲大墳頭一号漢墓と同様、秦の漆器の遺存と考える。

（6）湖北省博物館「雲夢大墳頭一号漢墓」『文物資料叢刊』四、一九八一年、二四頁。

（7）注（5）—ⓐ付録二「漆器上的針刻・烙印文字与符号」参照。

（8）荊州地区博物館「江陵張家山三座漢墓出土大批竹簡」『文物』一九八五年第一期。これは二四七・二四九・二五八号三墓の報告で、各墓の副葬品明細はないが、墓葬の規模では二四九、二四七の順で、二五八は落ちる。従って烙印漆器出土墓葬は少なくとも前二墓ないしどちらかにはあったとみて「成市草」漆器出土の編年をこの二墓に合わせた。この墓葬の編年について陳耀鈞・閻頻「江陵張家山漢墓的年代及相関問題」『考古』一九八五年第一二期は、二四七号墓被葬者は持物からみて漢の官吏であり、同墓出土「暦譜」恵帝元年（前一九四）条に「病免」とあり、この「暦譜」の最終年と同墓出土「律令二六種」（＝「二年律令」、編者補）の筆写下限が共に呂后二年（前一八六）、偶然の一致ではなかろう。彼は病免を以て帰郷し八年後の呂后二年に死亡したのであろう。二四九号墓には文字史料はないが出土物から二四七号墓と同時期、二五八号墓は「暦譜」を根拠に文帝前元五年（前一七五）としている。

（9）ⓐ紀南城鳳凰山一六八号漢墓発掘整理組「湖北江陵鳳凰山一六八号漢墓発掘簡報」、ⓑ「関于鳳凰山一六八号漢墓座談紀要」中の〈関于漆器問題〉兪偉超部分、共に『文物』一九七五年第九期、ⓒ湖北省文物考古研究所「江陵鳳凰山一六八号漢墓」『考古学報』一九九三年第四期、ⓓ長江流域第二期文物考古工作人員訓練班「湖北江陵鳳凰山西漢墓発掘簡報」『文物』一九七四年第六期。

（10）袁仲一編著『秦代陶文』三秦出版社、一九八七年。

（11）佐原康夫「秦漢陶文考」『古代文化』第四一巻第一一号、一九八九年、一三～一四頁。

（12）要旨は袁仲一、注（10）書、一〇～一一頁、六四～六六頁。文中引用は「秦民営製陶作坊的陶文」『考古与文物』一九八一年第一期、九八頁。

（13）湖北省文物考古研究所・孝感地区博物館・雲夢県博物館「雲夢龍崗秦漢墓地第一次発掘簡報」『江漢考古』一九九〇年第三期、これは秦＝六基、秦漢の境＝二基、漢＝一基、合計九基の発掘報告で、陶器計三五件、内一〇件の肩部或いは底部に「安陸市亭」印があった。この陶器の出土墓は秦墓三基、漢墓一基。睡虎地秦漢墓四九基中「安陸市亭」印陶器出土墓は以下の如し。戦国晩期＝四九（数字は墓号、以下同じ）、秦代＝四四・四五、秦統一後＝一一・一四・三三・三六、前漢初年＝四七、注（5）報告参照。「安陸市亭」印陶器が龍崗・睡虎地それぞれ前漢初年墓に一基ずつあるが、これは漢のものというより、前述大墳頭一号漢墓の「咸亭」印漆器と同様前代の遺存とみるべきではないか。佐原氏は「『市亭』印記が前漢前期いっぱいで一斉に姿を消している点が注目される。『市亭』印記は秦代から五銖銭の発行まで、すなわち半両銭の時代特有の遺物」（注（11）論文、一五頁）とされるが、少なくとも漆器の市亭印の変更は、王朝の交替によると思う。

（14）注（5）ⓒ報告、六〇頁。

(15) 商承祚『長沙古物聞見記』金陵大学中国文化研究所、一九三八年。

(16) 注(5)ⓓⓔ報告には「咸亭」印の他に「許市」・「鄭亭」・「莒市」等の烙印が報告されている。これは雲夢地域の漆器が咸陽のみならず、河南省許昌・陝西省鄭県・山東省莒県等の地域からも送られてきていた事を示している。だが例としては少ないので表一には「咸亭」印を以て代表させた。いずれにしても遠隔地であるという点では同様である。

(17) 陳振裕「試論楚墓出土漆器的産地問題」『楚文化研究論集』第二集、湖北人民出版社、一九九一年、五三頁。

(18) 注(13)コメント参照。

(19) 戦国期楚の漆器の秦漢漆器に与えた影響は無視し得ないものであるが、行論上、意識的に避けた。機会があればと思っている。

(20) 注(9)ⓒ報告、四七七頁。

(21) 李昭和「〝巴蜀〟与〝楚〟漆器初探」『中国考古学会第二次年会論文集　一九八〇』文物出版社、一九八二年、九九頁。

(22) 注(4)ⓧ報告、引用は一〇八四頁。

(23) 巴蜀固有の漆器の伝統を否定する説もある。間瀬収芳「秦帝国形成過程の一考察――四川省青川戦国墓の検討による――」『史林』第六七巻第一号、一九八四年。

(24) 注(5)ⓐ六八頁、ⓒ五八～五九頁。

(補注) 拙稿を草するにあたって、佐藤武敏氏の「秦・漢初の漆器の生産について」(付秦漢出土漆器地域別表)『古史春秋』第四号、一九八七年は必見の文献であるにも関わらず、気がついたのは本稿が形をなした後であった。ご成果を参考にさせていただくことができず大変心残りであった。と同時に自身の不明を恥じ、深くお詫びする次第である。

第七章　「涓」について——『秦律』「效律」解釈を通じて——

はじめに

一九三〇年代、現在の北朝鮮の楽浪漢墓より、製作年・製作地・工程名・工人名・監督官名等の銘文を刻した漆器が多量に出土したことはよく知られている。この考古学的成果に対してまず学界の注目を引いたのが漆器に刻された銘文であった。その典型的一例をあげれば、

元始三年（平帝、紀元元年）、蜀郡西工造（蜀郡西工官）、乗輿（皇帝）髹涓画木（木胎）黄（金銅）耳棓（耳杯）、容（積）一升十六籥、素工禁、髹工給、上工欽、銅耳黄塗工武、画工豊、涓工宜、清工政、造工宜造、護工卒史章、長良、丞鳳、掾隆、令史寛主（傍点は人名、括弧内補記筆者）。

梅原末治氏はこれら銘文の編年的紹介と詳細な解説を加えた大著『支那漢代紀年銘漆器図説』を著し、銘文に記された漆器の製作工程名、各工程に従事した工人名、監督官名等から当時の工官支配下の漆器手工業の官僚組織と細分化された分業組織による漆器製作工程等を明らかにした[1]。後論の為に、漆器製作の工官経営が充実した時期の右記銘文所載の工程名を拾い出し、その作業内容を簡単に付しておきたい。素工＝器胎を作る・木地師、髹工＝漆の下塗り・下地師、上工＝上塗師、銅耳黄塗工＝金銅金具の縁飾りを嵌める・金具師、画工＝文様を描く・画師、涓工＝後述、清工＝仕上げを兼ねた磨師、造工＝全工程の工人の監督、以上はいうまでもなく当時の諸説を勘案しての梅原説

の大凡のところで、後人の解釈もそれほどの相違はない。ところが「洎工」については簡単ではなかった。

梅原氏は「洎工」を釈するにあたって「銘文中に多い字画の省略せられたものや、特殊な体をしたものに就いては……すべて通有の体に改めた。尤も問題のあるもの、例へば洎字の如きはそのままを写し」（四頁）、「洎字で写した工人は、字画が明瞭を欠く点其他から、如何に解するかに就いて紀年銘の出現以来諸説があって、今に問題をのこしてゐる」（五八頁）とされ、当時の諸解釈を紹介しつつ「楽浪漆器の性質から洎は彫を指し、是等の紀年漆器にすべて銘文が刻されてあって、それが重要な意味を持つことから、この彫は字義通りの彫刻として、それが延いて器名（木黄耳棓）にも冠（髹洎画）したとするのが……自然な解釈の様に思はれる」（六〇頁）、と洎＝彫刻説を提唱された。工程の順序からいえば、文様を描いた（画工）後、仕上げ段階（清工）の前、漆器製作では最終段階であることも考慮しての解釈であり、当時としては考え得る解釈であった。

ところがその後、「洎」を記す漆器・遣策・秦律文等が**表二**にみられるように出土、その都度検討されてきたが、彫刻説についての積極的支持はない。というのは大墳頭一号漢墓・馬王堆一号漢墓出土漆器には刻銘文はないのに、同出の対応する副葬品目録の器名に「髹汧」「髹汧画」が冠されていたからである（**表二・三**参照）。先頃秦漢の漆器手工業の経営形態について小文を草す機会を得、(2) その時も気になっていた。また**表一**―1、秦律中の「汧」については、この律自体の解釈を通じて試みたいと思っている。

一、楽浪漆器以後の「洎」を記す漆器・竹簡等の出土例とその意味

まず参照資料として**表一**「『洎』を記す紀年銘漆器・副葬品目録」、**表二**「大墳頭一号漢墓副葬品目録（木牘）」、**表**

表一　「洀」を記す紀年銘

番号	簡牘出土墓編年 漆器紀年銘	出土地	書写	釈文	写真	書写素材 形式	洀を伴う熟語	出土年	備考
1	秦末	湖北省雲夢睡虎地11号秦墓	汧	彤	洀	竹簡・律文	髤汧	1975	秦律「效律」
2	漢最初期	湖北省雲夢大墳頭1号漢墓	汧	汧	洀	木牘・遣策	髤汧画	1972	副葬品目録
3	文帝一二年（B.C. 168）、数年後	湖南省長沙馬王堆1号漢墓	𦐂	𦐂	洀	竹簡・遣策	膝𦐂	1972	
4	成帝綏和元年（B.C. 8）	甘粛省武威磨嘴子62号漢墓	洀	汧	／	漆器刻銘文	髹汧画	1972	2件 4件
5	平帝元始三〜四年（A.D. 3〜4）	貴州省清鎮平壩漢墓群	𦐓	羽	／	漆器刻銘文	髹羽画	1957	
6	昭帝始元二年〜和帝永元一四年（B.C.85〜A.D.102）	楽浪漢墓群	洀	彫	洀	漆器刻銘文	髹洀画	1930年代	54件 『支那漢代紀年銘漆器図説』所載2件
	哀帝建平五年（B.C.6）	ノイン・ウラ古墓群（モンゴル）						1924 1930	

＊「書写」欄の字は発掘報告による。
＊「写真」欄「洀」は写真・模写を見ての筆者の印象。／は写真・模写なし、あるいは不鮮明。
＊髤・膝・髹、汧・𦐂・羽・彫・洀・𦐓等、全てそれぞれの報告書に従った。ただし地の文では髹・洀を使用。

表二　大墳頭一号漢墓
副葬品目録に「洀」を記す項目

木牘			釈文
表面	中段	1行目	膝汧画盂二
		2行目	膝汧画盛二合（円盒）
		4行目	膝汧画小倍十（耳杯）
		5行目	膝汧画大倍十（耳杯）
		6行目	膝汧画小卑虒二（盤）
		7行目	膝汧画閜二（大耳杯）
	下段	5行目	膝汧画勺一
裏面	上段	6行目	膝汧画曲一（六博局）

＊「汧」は発掘報告による。
＊目録は55項目。

表三　長沙馬王堆一号漢墓
副葬品目録に「洀」を記す項目

竹簡№	釈文
192	膝𦐂幸食杯五十
193	膝𦐂幸食杯五十
194	右方膝𦐂幸食杯一百
212	膝𦐂幸食検（奩）一合盛稲食

＊「𦐂」は発掘報告による。
＊副葬品目録竹簡312本。

三「長沙馬王堆一号漢墓副葬品目録（竹簡）」を掲げた。[3]

ところで梅原氏が「問題のあるもの、例へば洀字の如きものはそのまま写した」と付言したこの字は、その後の出土例の写真・模写をみる限り同氏のように写してよいように思う。だが表一に示したように「汧」とするもの二件、「𦐂」とするもの一件、「洀」とするもの一件、「𦐓」とするもの一件で、必ずしも「洀」とはみないようであり、また判読不能を示す□としている場合もある。[4]以下その後の出土例を表一の順に従って紹介しつつ、その意味するところを探ってゆきたい。

一、一九七五年、睡虎地一一号秦墓出土の『秦律』「效律」中に「洀」字が使用されていた。

殳・戟・弩、鬃汧相易殹（也）、勿以為贏・不備、以職（識）耳不当之律論之。(5)（睡虎地秦簡「效律」四五簡）

「洀」の字が文章中に使用されている初例で一例だけである。文章中に使われているという意味で、この文字解釈に大いに資するはずと思われた。ところがこの律そのものの解釈が難解で、その原因の一つにこの字がなっていたのである。この律については後に詳述したい。

二、湖北省雲夢県大墳頭一号秦墓出土木牘副葬品目録中に記されていて、模写では偏が水で、未だ三水にはなっていない。発掘報告はそれを「汧」と書写して「〝汧〟の字は、かつて貴州清鎮平壩・甘粛武威磨嘴子・湖南長沙馬王堆一号墓出土の漢代漆器銘文にしばしばみられ、(6)異なる解釈がなされてきた。この木牘の八つの〝汧〟を……ある人は図案を描くことと解釈した。だがこの木牘に〝膝汧画〟と記されている漆器にはみな文様が描かれているが」、〝汧〟字のない三件の漆器にも文様があり、「汧字を彩絵文様を描くと解釈するのは検討の余地がある」と解釈を留保している（一七頁）。

三、湖南省長沙馬王堆一号漢墓、一九七二年発掘、埋葬当時そのままの大量の漆器と詳細な副葬品目録「遣策」が出土して注目を集めた。発掘報告はこの字を記す遣策四簡の釈文に、「膝丮幸食杯五十」（竹簡一九二）のように「丮」と書写、「この字は漢代漆器銘文中に常にみられ、旧釈には〝彤〟・〝洀〟・〝汨〟・〝羽〟・〝雕〟等諸説あって一致しない。漆器製造工程からいって、文様を描いた後に磨いて光沢をだす事を指すらしい」（上集・一四五頁）と注している。また王仲殊氏はこれを「洀」と写して、同様の解釈をしている。(7)

四、甘粛省武威磨嘴子六二号漢墓、一九七二年発掘、耳杯二件に次のような銘文を残していた。

書写　乗輿髹洀畫木黄耳一升十六籥棓綏和元年考工＝并造洀工豊護臣彭佐臣諍嗇夫臣孝主守右丞臣忠守令臣豊

省

釈文　乗輿、漆汧画木黄耳一升十六勺杯。綏和元年、考工工并造。汧工豊、護臣彭、佐臣諆、嗇夫臣孝主。守右丞臣忠、守令臣豊省。(8)

銘文の形式は、生産主体が「考工」とある他は同形式である。「涓」と書写しながら釈文では「汧」と改めている。ただし解釈は示してない。

五、貴州省清鎮平壩漢墓の漆器銘文は、楽浪のそれと同形式であるので、ここでは省略した。ただし「涓」と書写し、種々の考察を披瀝した後「羽杯・羽觴」（耳杯）の「羽」と釈し、「なお当否は後の研究を待ちたい」とこれも見解を留保している。(9)

以上、「涓」について二〜五の発掘報告はいずれも断定を避けている。だが少なくとも楽浪漆器出土当時前例がなかった為、大家を悩ませたこの字が、秦代既に漆に関わる文字として竹木簡に書かれていた事は明らかになった。

ところで「涓」字は漆器銘文では二つの用法で使用されている。一つはこれまで取上げてきた漆器製作の一工程を担当する工人の職掌名としての「涓工」であり、もう一つは器名に冠した「髹涓画」ないし「髹涓」とする用法である。大墳頭一号漢墓木牘に「髤汧画〇〇（器名）」が五項目、馬王堆一号漢墓遣策に「髤丯〇〇（器名）」が四枚ある（表二・三参照）。更に後述の秦簡における用法も「髤汧」と熟している。これは一語と考えるべきで、「涓」の意味を考察する時、合わせて考えるべきであろう。

「髹涓」の二文字は、下塗りを意味する「髹」と最終工程を意味する「涓」（工程内容は後述）を組合せている。そこから漆を塗る全工程を意味させ、「漆塗る」という意味の用語、「髹涓画」はそれに文様が描かれているという意味を加えての用語となったと考えられないか。従って大墳頭一号漢墓・馬王堆一号漢墓目録の器名に冠して使用されている「膝汧画盂二」・「膝丰幸食杯五十」は「漆塗文様の描かれた盂二点」・「漆塗幸食耳杯五〇点」という意味、最初に掲げた元始三年の銘文中の「髹涓画木黄耳棓」は「漆塗文様の描かれた（木胎の）金銅縁飾り付き耳杯」という事になろうか。

ところで筆者がこのように解釈するについて次の秦律「效律」中の「膝汧」はその補強になるように思う。その観点からこの律文解釈を通じて「汧」の意味を探ってみたい。

二、『秦律』「效律」所載「髹汧（彤）」の解釈

A　殳・戟・弩、髹汧相易殹（也）、勿以為贏・不備、以職（識）耳不当之律論之。

（睡虎地秦簡「效律」四五簡、以後この律を「律文A」、と表記する）

表一に示したように「涓」の字が文章の中で使用されている唯一の例で、文章中におけるこの文字の出現は、この文字の解釈に大いに役立つはずであった。ところが残念な事にこの律文は難解で、そもそもこの文字についての見解の相違がこの律文解釈に諸説を生む原因の一つになっているのである。そこで相違する解釈を手掛かりに「涓」の意味を探ってゆきたい。

「睡虎地秦墓竹簡整理小組」（以後「小組」と表記）は上掲律文Aの「髹汧」に注して「髹」を黒漆、「汧」は「彤」で、古書にみられる「彤漆」「丹漆」は赤・黒二種の塗料を指すとし、この律文では「黒漆・赤漆を塗る」と解釈して次のごとく訳す。

殳・戟・弩に黒漆・赤漆を塗り違えた場合、数の過・不足の問題として処断するのではなく、標識番号錯誤の律

に照らして処断すべきである、

と。だが「殳・戟・弩に黒漆・赤漆を塗り違えた場合」、なぜ「標識番号錯誤の律に照らして処断すべき」なのか、「数の過・不足」とは何を前提とする過不足なのか等、意味するところ判然としない。これについてはまた後に触れる。

また平勢隆郎氏は、

殳・戟・弩の黒塗りや赤塗りの漆が変色してしまった場合、数量の超過・不足の問題として処断してはならない。これは工人の職責の問題ゆえ、製品が要求どおりでない場合の法律をもって処断せよ、[10]

と訳す。律文の解釈に相違はあるものの「髤汧」の解釈は上記「小組」と同じである。

だがこの二つの解釈は、上掲遣策上の「涓」と、その遣策に該当する漆器を照合すれば甚だ不適当であることはすぐわかる。**表二・三**に掲げた大墳頭一号漢墓・馬王堆一号漢墓遣策を例にすれば「黒・赤漆塗盂」「黒・赤漆塗幸食杯」と解釈するわけにはいかないからである。確かに馬王堆漢墓出土耳杯には器内に赤漆、器外に黒漆が塗られている。だが楽浪漆器銘文では「涓」は漆器製作最終段階の一工程を意味し、この銘文の用法に従えば、最初に黒漆を塗り、数工程を経た後はじめて赤漆を塗るということになる。このような事はあり得ない。

后徳俊氏は、この黒赤漆説を批判して、漆器製作には一定の湿度・温度を保った部屋（空間）に入れて乾燥させる工程があり、その部屋を「蔭室」と称す事はすでに『史記』「滑稽列伝」中に二世皇帝と優旃との会話中に出てくる。「涓」はその「蔭」にあたる字で、「涓工」はその事に責任を負う工人とする。更にこの字は三水で水に関係する文字であり、「蔭室」には湿度も必要な事とも合うと、次のように訳す。

殳・戟・弩等兵器の漆を塗る部分に漆を塗るにあたって「髹工」（下塗り）から「涓工」（「蔭室」に入れて乾燥させ

る）に至る工程が乱れて、品質に問題が生じた時、工程の順序不当（乱した）の法律で処罰せよ(11)、と。「涓」についてはまた触れるとして、最終段階の工程と考えており、この解釈が楽浪漆器銘文を踏まえている事がわかる。

以上、平勢・后徳俊の二説は、「涓」についての解釈は異なるものの、この律を工人の作業内容・手順の不備による製品の不良を処罰する法律と解釈している。小組説は、先に意味が判然としないと述べたが、「標識番号錯誤の律に照らして処断すべき」としている事は、所謂ナンバリングの間違いの類を処断する律とみており、前掲二説と異なる見解である事は間違いない。解釈にこうした違いが生ずるのは、律文A単独での解釈が困難な事を示している。同時にこの律文中の次の三用語、1．髤汧　2．職（識）耳　3．相易、の解釈が鍵になるように思われ、そこで、この用語を使用する次掲「律文B・C」と合せて律文Aの解釈を試みてみたい。その前に、理解の便に前掲三氏の訳文中からこの用語の解釈を整理して**表四**に示した。

ではこの三用語を用いる律文を次に掲げる。

B　器職（識）耳不当籍者、大者貲官嗇夫一盾、小者除。　（睡虎地秦簡「效律」四三簡）

C　馬牛誤職（識）耳、及物之不能相易者、貲官嗇夫一盾。　（睡虎地秦簡「效律」四四簡）

A　殳・戟・弩、髤汧相易殹（也）、勿以為贏・不備、以職（識）耳不当之律論之。　（睡虎地秦簡「效律」四五簡）

竹簡番号が示すように律文B・C・Aは継続し、また互いに共通する用語を有しており、内容的に関連する律文とみてよかろう。「髤汧」は律文Aに一箇所のみ、小組の解釈はすでに紹介した。「識（耳）」はA・B・C、三条全てに一箇所ずつ、「相易」はA・Cに一箇所ずつ。小組の釈文は「職（識）耳」と表示しているように「職」を「識」に読み換える事を示唆し（以降「識耳」と記す）、更に律文Bで「識耳」に注して「耳は佴ではないか。『広雅』「釈詁三」

表四　睡虎地秦簡「效律」における「髹汧」・「識耳」・「相易」

№.	律文用語	頻度	小組説	平勢隆郎説	后俊徳説	筆者説
1	髹汧（泪）	1例	黒・赤漆を塗る	黒・赤漆を塗る	髹＝漆を塗る 汧→泪→蔭 ＝乾燥させる	髹汧→髹泪 ＝漆を塗る
2	職（識）耳	3例	識耳＝標識番号	職人の職責	作業工程順序	識耳 ＝標識番号
3	相　易	2例	（黒・赤漆の塗違え）	変色する	入れ替わる	（刻記を）改める・かえる

に［次也］とあり、識佴は標識番号を意味する」とし、更に律文Cで「古時牛馬には常に烙印の類の標記がなされた」と注記している。「相易」についての注記はない。これについては後述する事にして、とりあえず上記小組の1．2．の注記を参照しながら律文B・C・Aを訳せば、次のようになる。ちなみに後に論証する律の省略部分をあらかじめ［　］内に補記しておく。

B　器物の標識番号が簿籍と合わない場合、［識耳不当の律を以て論じ］、その器物が大きな場合、当該官府の嗇夫に罰として一盾を科し、小さな場合は免罪とする。

C　馬牛のように、標識番号を捺し誤って（誤識耳）も改められない＝訂正できない（不能相易）ような物の（標識番号を捺し誤った）場合、［識耳不当の律を以て論じ］、当該官府の嗇夫に罰として一盾を科す。

A　殳・戟・弩に［標識番号を付け誤って］も、漆を塗って（髹汧）改められる＝訂正できる（相易）ので、数の過・不足の問題として処断してはならず、標識番号錯誤の律に照らして処断する。

以上、律文B・Cの「小組」の注による解釈はともに意味は通る。だが何の［律］に抵触するかの記載はない。Bは「識耳不当」、Cは「誤識耳」、ともに「識耳」の「不当」・「誤」の罪を問うているのであるから、この二条は律文Aの「識耳不当之律」に抵触すると理解できる。とすれば、すでに訳文中に補記したようにこの［律名］がB・C律文中に省略されていると考えてよかろう。

では律文Aはどうか。この律は前半の「殳・戟・弩、髤汧相易也」の行為が、「識耳不当之律」に抵触すると読まなければならない。ところがこの部分に何ら違反行為は認められない。ところで前条の律文Cと比較すると、この二条は「識耳」「相易」の二語が共通し、律文も似ている。そこで律文Cの「誤識耳」を律文Aに補うと同形式の律の律文となる。

以上の考察を前提に律文Aを解釈する。「識耳」を付ける対象は「殳・戟・弩」である。その識耳が「誤」ないし「不当」であった場合「識耳不当之律を以て罪を問われる」。ではこの場合「不当」・「誤」のどちらなのか。前条の律文Cとの共通性を考慮すれば「誤識耳」とみるべきであろう。とすると律文Cは、一旦捺せば訂正不能（不能相易）な牛馬の類の物の、律文Aは、漆を塗れば（髤汧）訂正可能（相易）な「殳・戟・弩」の類の物の、ともに「誤識耳」（標識の打ち誤り）を処罰する律となる。「殳・戟・弩」と「馬牛」という、刻記の訂正可能・不可能という、一見逆な状況を想定した律のようにみえて、実は「誤識耳」（標識の打ち違い）という事では同罪、従って適用される律はともに「識耳不当之律」という事になる。

では律文Aに「勿以為贏・不備」（数量の過・不足を以て処罰してはいけない）と、わざわざ「適用を誤りかねない律」（？）を挿入して注意を促しているのはなぜか。刻記訂正可能な場合、ややもすれば「過・不足」の問題として処理、あるいは数合わせが可能な事を予防しようとする周到な法律の整備といえないか。律文Cにその付記がないのは、省略ではあるまい。そもそも馬牛の類の刻記の訂正は不可能であるから、その危惧はないわけである。

ここに先に問題とした「相易」の意味はおのずと解決した。「易」は「かえる」・「改める」の意味があり、「相い易う」「相い易う能わず」を「改める事ができる＝訂正可能」「改める事ができない＝訂正不能」と釈して不都合なかろう。このように律文Aを解釈すれば、前節で漆を塗る工程の最初と最後の字を合わせて、「漆塗る」全工程を意味させたところから生じた用語とする解釈は、ここでも当てはまるように思う。ちなみに律文C中の「物」は「馬牛に類する刻印訂正不能な類の物」と解釈できよう。

以上、この三条の律は同律による処罰規定であるため、互いに省略が生じたと理解した。ではこの省略はどうして生じたのか。法律文である以上、正規の律文での省略は考え難い。これを手もとに必要とする人間が、筆写するまでもないとの判断で省略部分が生ずる事、そしてそれが次々重ねられる事、充分あり得る事と考える。

以下に、省略と推理した語句を［　］内に補い、参考に供す。

B　器識耳不当籍者、［以識耳不当之律論之］、大者貲官嗇夫一盾、小者除。

C　馬・牛誤識耳、及物之不能相易者、［誤識耳、以識耳不当之律論之］、貲官嗇夫一盾。

A　殳・戟・弩、［誤識耳］、髤汧（汨）相易也、勿以為贏・不備、以識耳不当之律論之。

三、『秦律』の公器刻記の義務づけと「髤汨」

これまでみてきたように公器には「標識番号を打つ」事が強制されていた。ではどのような法的裏付けによったのか。また殳・戟・弩の標識番号を付け違った場合「漆を塗る」とは具体的にはどのような事なのか。簡単に触れたい。

D　公甲兵各以其官名刻久之、其不可刻久者、以丹若髤書之。其段（假）百姓甲兵、必書其久、受之以久。入段（假）、而毋（無）久及非其官之久也、皆沒入公、以齎律責之。工。（睡虎地秦簡「秦律十八種」工律一〇三簡）

官有の武器にはすべて所属の官府名を刻記しなければならない。もし刻記できない種類の場合、丹もしくは漆で記す。百姓に武器を貸与する時は必ず武器の刻記を記録し、返還時には刻記と照合する。武器返還時に刻記がなかったり、当該官府の刻記と異なる場合、官は没収し、嗇律によって賠償責任を科す。（睡虎地秦簡「秦律十八種」効律一七八簡）

E　公器不久刻者、官嗇夫貲一盾。效。

官有の器物に刻記がなければ、当該官府の嗇夫に罰として一盾を科す。

以上、律文D・Eは官有の器物に所属官府の名称記載を義務づけた律文で、これには「刻記」と「漆書」の二種あり、それを守らせること厳しく、罰則・賠償等明確に規定されていた。「殳・戟」は槍型武器であるから「刻久」は通常、竹木類が装着されている柄、「弩」は弓と弩臂の部分になされよう。こうした部分にされた「刻久」は誤記しても漆で塗り消し訂正可能である。「髹汧」（漆塗る）は「相易」（訂正可能）と連用されて、そうした意味で律文Aで使用されているのではないか。先にも少し触れたが、この律は「刻久」の訂正が可能な素材について、勝手な訂正を防ぐ意味が「勿以為羸・不備」に込められているのではないか。秦律には在庫整理・決算時における「羸・不備」（剰余・不足）に関する律文が散見する。例をあげる。

F　效公器羸・不備、以嗇律論及賞（償）、毋嗇者乃直（値）之。效。（睡虎地秦簡「秦律十八種」效律一七七簡）

官有の器物を調査して過・不足があれば、嗇律による処置と賠償を科し、嗇律に規定がない場合は、同額を償わせる。

G　為都官及県效律、其有羸・不備、物直（値）之、以其賈（価）多者罪之、勿羸（累）。（睡虎地秦簡「效律」一簡）

都官及び県で效律を適用するにあたっては、過・不足があれば、その物品の値踏みをして、もっとも高額の物の値で論罪し、不足の物品の累計で論罪してはならない。

H　官嗇夫・冗吏皆共賞（償）不備之貨而入羸。（睡虎地秦簡「效律」二簡）

官府の嗇夫と衆吏は不足の財貨を共同で賠償し、余った財貨は官に入れる。

以上、官有物の不足・余剰が出た場合の罰則で、賠償（F）、役所内での過・不足は、その累計ではなく、最高額の物品の価格で論罪する（G）、そうした場合、役所内官吏が共同で賠償し、余剰は官に入れる（H）等、ここではあげなかったが、過・不足の額による罰金額（一盾・一甲等）を定めた律もあり、収支決算・在庫整理など厳しく義務づけ、残高の正確さが求められ、合わない（不足ばかりでなく、余った）場合の罰則が細かく規定されていた。

律文A中に「羸・不備を以て罰する勿かれ」が挿入されている事は、「剰余・不足」を単なる数量の過不足としてでなく、簿籍に登載されている「識耳」と合う事を前提としていたからであろう。「羸・不備」「識耳不当」ともに簿籍と照合の際、前者は数の照合、後者は誤記ないし帳簿と合わない、これには勝手な書き直しも含まれよう。であるからこそ、「殳・戟・弩のような漆を塗って刻記の訂正可能」な類の物の訂正の禁止を明確にする必要があったのではないか。

おわりに

最後に「髹涓」について触れたい。漆器銘文・遣策の「髹涓」について先に「漆塗る」を意味する用語と述べた。律文中でもそれを援用して「漆を塗る」と訳した。繰り返せば「髹」と「涓」の二文字を結びつけて漆塗る全工程を意味させ、「漆塗る」という意味の用語と考えた。だが「涓」の具体的内容は如何なる工程なのか。先に后徳俊氏の涓は蔭室、涓工はその管理にあたる工人とする説を紹介した。

明代の名漆工、黄成の書『髹飾録』の「蔭室」に解説して王世襄氏は、漆器製作には、漆を塗った後、一定の湿度を保った空間に入れて乾燥させる工程がある。その時、塵埃が塗面につく事をきらう。(12)

こうした設備を備えたのが「蔭室」である。その大きさは乾燥させる器により、ある場合は部屋であり、ある場合は箱様のものを用いる。使用する時はその上下周囲を莚や麻、あるいは厚くて充分水分を含む事のできる布（蔭布）でぴったり包むようにする。「蔭室」に入れる前に莚や蔭布は水で湿らせるが、水滴が垂れるほどにしてはいけない、と述べている。

また蔭室という用語はすでに『史記』「滑稽列伝」に、

二世立、又欲漆其城、優旃曰「善。主上雖無言、臣固将請之。漆城雖於百姓愁費、然佳哉。漆城蕩蕩、寇来不能上。即欲就之、易為漆耳、顧難為蔭室」。於是二世笑之、以其故止。

二世皇帝が即位して城壁に漆を塗る事を望んだ。優旃は「主上のお言葉がなくとも、私からもお願いしようと思ってました。……ただ漆を塗る事は容易ですが、蔭室を作るのは困難と存じます」と、城壁に漆を塗るには、それを囲う「蔭室」が必要といわれて、二世はその策を思いとどまったとある。蔭室が如何なるものか明瞭であるとともに、秦代すでに蔭室の設備が必須であった事を知らせている。后氏は泪字が三水である事から水に関係ある字とした。また大墳頭一号漢墓の発掘報告も木牘に記された泪字が、まだ完全な三水に至っていないと述べていた。この墓葬は漢墓といっても被葬者は二世皇帝とほぼ同世代である。当時すでに「蔭室」が漆器制作の一工程として確立しており、それを銘文の工程名にあてるとすれば「泪」しかない。またこの字の旁が「月」であるなら、状況として蔭室につながるといえなくもない。もう一つの理由は銘文では泪工の次に清工・造工の二工程が残っていることである。泪工を馬王堆一号漢墓発掘報告及び王仲殊氏は磨く工程とされた。すると造工は工人の長であるから別として、清工に残る役割は製品検査ぐらいである。このような仕事に一工程を置くであろうか。梅原氏のいわれる「仕上げを兼ねた磨師」とするのが適切ではないか。とすれば「泪」を「蔭」に比定する后説が妥当では、というのが現在のところの類推に類推を重ねた上での結論であり、従って「涓」を彤・彫に釈すことはできないと考える。

注

（1）梅原末治『支那漢代紀年銘漆器図説』桑名文星堂、一九四三年。銘文は一九頁、傍点は人名、括弧内補記筆者、以降同書よりの引用は本文中に頁のみ記す。以下同じ。

（2）拙稿「漆器烙印文字に見る秦漢髹漆工芸経営形態の変遷とその意味」『堀敏一先生古稀記念　中国古代の国家と民衆』汲古書院、一九九五年（本書第六章）。

（3）湖北省博物館「雲夢大墳頭一号漢墓」『文物資料叢刊』四、一九八一年、一七頁、図版陸に木牘写真あり。湖南省博物館・中国科学院考古研究所編『長沙馬王堆一号漢墓』文物出版社、一九七三年、上集、一四五・一四六頁。甘粛省博物館「武威磨咀子三座漢墓発掘簡報」『文物』一九七二年第一二期、一五頁。

（4）赤井清美編『漢簡　第一二巻　馬王堆漢簡併解説』東京堂出版、一九七七年、三九・四一頁。

（5）睡虎地秦簡テキストを次に掲げる。

ⓐ睡虎地秦墓竹簡整理小組『睡虎地秦墓竹簡』文物出版社、一九七七年、線装本、簡文写真あり。

ⓑ睡虎地秦墓竹簡整理小組『睡虎地秦墓竹簡』文物出版社、一九七八年、釈文は横組・簡体字。

ⓒ《雲夢睡虎地秦墓》編写組『雲夢睡虎地秦墓』文物出版社、一九八一年、釈文は縦組・繁体字、簡文写真あり。なお、ここに初めて「日書」の写真・釈文が明らかにされた。本書は第一回発掘、睡虎地秦墓一二基の発掘報告でもある。

ⓓ睡虎地秦墓竹簡整理小組『睡虎地秦墓竹簡』文物出版社、一九九〇年、縦組・繁体字、簡文写真あり。

＊最初の釈文は『文物』一九七六年第六～八期に掲載された。

本文引用秦律は文中に竹簡番号を記す。ただし番号はⓓによる。ちなみにⓐも同方式で、竹簡を編目に分けてそれぞれ一から番号を打っている。

（6）注（3）「雲夢大墳頭一号漢墓」で「貴州清鎮平壩・甘粛武威磨嘴子・湖南長沙馬王堆一号墓出土の漢代漆器銘文」（一七

頁）と述べているが、馬王堆漢墓は遣策の出土であって、所謂漆器銘文はない。

（7）王仲殊『漢代考古学概説』（考古学専刊甲種第一六号）、中華書局、一九八四年、四九頁。

（8）注（3）「武威磨嘴子三座漢墓発掘簡報」一五頁。

（9）貴州省博物館「貴州清鎮平壩漢墓発掘報告」『考古学報』一九五九年第一期、一〇二頁。

（10）平勢隆郎「雲夢秦簡」『図録・秦の始皇帝とその時代展』作品解説（於世田谷美術館）、一九九四年、一八四〜一八五頁。この展覧会に『雲夢秦簡』の「秦律雑抄」と「效律」の一部が出品され、図録にその写真と平勢氏の解説・釈文が掲載されている。その中に律文Aが入っており、写真は鮮明で「涓」にみえる。

（11）后徳俊「〝涓〟及〝涓工〟初論」『文物』一九九三年第一二期。律文Aの訳は七〇頁、ただし意訳。

（12）王世襄『髹飾録解説』文物出版社、一九八三年、二九頁。

第八章　睡虎地秦簡にみる秦の馬牛管理
――龍崗秦簡・馬王堆一号漢墓「副葬品目録」もあわせて――

はじめに

睡虎地秦簡[1]秦律には、馬牛管理に関する規定が散見する。馬・牛が前近代社会で、労働力・動力・食用として、またその固体利用に、それぞれ果たした役割の大きさを考えれば、その管理に意を注いだのは当然であろう。ところで原宗子氏は古代中国における食品としての馬牛飼育について、「従来、商鞅の変法以来の秦の経済政策については、その穀物生産に関する生産・労働形態、生産力関係等をめぐる検討に議論が集中する傾向にあり、牛に関しても耕牛としてのあり様如何が話題になって」きた。だが睡虎地秦簡「廏苑律」で牛の肥瘠が問題になっているのは「食品としての牛の価値が国家財政レベルにおいても重視されているからではあるまいか」と述べられている[2]。

たしかに氏のいわれるように、従来、牛については耕牛としての側面に関心がかたより、食品として注意が払われること少なかったと思う。所謂肉食の範疇には含まれないが、漢代二十等爵制下に行なわれた爵賜与の際、しばしば「女子に、百戸ごとに牛酒」の下賜がなされたが、それには膨大な数の牛を必要としたはずである。その数を保証する牛がどのように飼養されたのか、どのような形で下賜されたのか、その実態は明らかではないが、秦の爵制を継承した漢代の「牛酒」の下賜に、秦での牛の持つ意味の重さをみてよいと思う。以下、睡虎地秦簡における「馬牛」の取り上げ方をみ、あわせて雲夢龍崗秦簡（以後龍崗秦簡と簡称する）・馬王堆一号漢墓「副葬品目録」を参照することで、睡虎地秦簡にみえない部分を補い、秦の馬牛の飼養・管理の二面をみてゆきたいと思う。

一、睡虎地秦簡「封診式」「法律答問」に登場する馬牛

まず睡虎地秦簡「封診式」を取り上げる。ここに馬と牛が登場するのは、以下の二つの事件のみである。

〈盗馬〉爰書：市南街亭求盗才（在）某里曰甲縛詣男子丙、及馬一匹……衣……履、告曰「丙盗此馬・衣、今日見亭旁、而捕来詣。」（睡虎地秦簡「封診式」二一〜二二簡）

「市南街亭」に勤務する求盗甲が「亭の傍」で馬泥棒「丙」を逮捕し、県廷に連行した時の報告を記した爰書である。この馬は、所有者が街でどこかに繋いでおいたかした騎乗用もしくは馬車用であろう。街に食肉用として売るため、ないし買われて引かれてきた馬という可能性もなくはないが、馬は基本的には食肉用を目的に飼養されることはなかったと考えている。この点は後に触れる。

〈争牛〉爰書：某里公士甲・士五（伍）乙詣牛一……、告曰「此甲・乙牛殹（也）、而亡、各識、共詣来争之。」即令令史某歯牛、牛六歳矣。（睡虎地秦簡「封診式」二三〜二四簡）

逃げた牛が捕まり、その所有権を主張する甲・乙二人の争いが県廷に持ち込まれた時の爰書である。睡虎地秦簡は、保持者「喜」の県吏としての職務遂行上のマニュアルであったといわれているが、このような事件の日常性と、「公士」（爵一級）と「士伍」（無爵）、所謂一般民が牛を所有し得たことを確認させる。ここでの「六歳」の牛は、労働力としての牛と考えてよかろう。〈盗馬〉〈争牛〉に登場する馬・牛は、ともに労働力を主体とするとみてよいと思う。民間人所有の馬・牛を、国家が労働力とみていた例を秦律にみることができる。

百姓有貲・贖・責（債）、而有一臣若一妾、有一馬若一牛、而欲居者、許。（睡虎地秦簡「秦律十八種」司空律一四〇簡）

民の「国家に対する債務」（貲・贖・債）を、債務者所有の「一臣（奴）もしくは一妾（婢）」、「一馬もしくは一牛」の労働による代替を許している。

次に睡虎地秦簡「法律答問」について。「法律答問」の内容は多岐にわたるが、所謂家畜を扱っている条に限ると一三条ほどが数えられる（簡文省略）。内容別に分類すると、

一、主人の牛を盗んで売り、その金を持って逃亡しようとして捕まった男女の奴隷の扱いをめぐる一条。五簡

二、家畜泥棒の量刑を問う、二条。登場する家畜は牛と羊。六・二九簡

三、家畜泥棒として告訴したその告訴内容が正しくなかった者の量刑を問う、六条。登場する家畜は牛が四、羊が四、猪が一。扱われている家畜の数が条数より多いのは、内五条が誣告に関わるもので、例えば、羊を盗んだのに、牛を盗んだと誣告、この場合、牛と羊が数に入るからである。四三・四四・四五・四六・四七・五〇簡

四、馬が逃げて他家の収獲物を食べた場合の補償問題、一条。一五八簡

五、小畜生（鶏・ブタの類であろう）に侵入された家の者がそれを殺害した場合の補償問題、一条。簡九二

六、外国（諸侯国）から来た馬車の馬の燻蒸（馬の身体に寄生する害虫の駆除）についての法解釈、一条。簡一七九

七、女子を乗せることのできる馬車の種類についての法解釈、一条。一七五簡

以上、一～七の一三条が取り上げている家畜の種類と数は、牛が六件、羊が五件、猪が一件、小家畜が一件、馬が一件である（議論の性格上、六・七の馬は除く）。これら家畜に関わる問答は、ほとんど盗みに関連し、家畜泥棒が日常的事件であったこと、牛・羊の所有がそれほど特別なことではなかったことをうかがわせる。特に牛に関わる事件が最多なのは、民間での牛の所有が稀でなかったことを反映し、同時に財産性の高さがトラブルを多発させたとみるべ

きであろう。逆に、猪や鶏等庶民に一番近い家畜の登場が少ない（猪）、ないし皆無（鶏）なのは、県廷に持ち込まれるほどの事件性に乏しく、県吏「喜」のマニュアル帳に控える程のことではなかったからではないか。ではより財産性の高いと思われる馬が、盗難事件としてここに登場しないのはなぜか。「法律答問」の世界に生きる庶民にとって手の届かぬ存在だったからか。次節で詳述するが、秦律では、馬・牛は常時同等に扱われており、財産としても同価値とみてよい。それなのに民にとって馬が牛より遠い存在のように思えるのはなぜか。民衆にとって、馬の駿足性を除けば、運搬・農耕・肉をはじめとする固体利用、どれを取っても牛の有用性の方が勝ろう。馬は支配階級にこそふさわしい。その点では格が上という意識はあったにせよ、どちらを取るかとなれば、牛となったであろう。

以上、「法律答問」における牛は、専ら盗難の対象として登場した。また「封診式」「法律答問」に現れる「家畜」をめぐるトラブルは、庶民の日々の生活の有様を彷彿させ、同時に役所にとっても「家畜」は日常的業務の対象としての存在だった、そうした郷里社会の姿をかいまみせてくれる。

二、睡虎地秦簡秦律における考課の対象としての馬牛

はじめに、「秦律」には馬牛管理に関わる規定が散見すると述べた。以下そうした律をあげて検討してゆきたい。

1　以四月・七月・十月・正月膚田牛。卒歳、以正月大課之、最、賜田嗇夫壺酉（酒）・束脯、為旱（皂）者除一更、賜牛長日三旬。殿者、誶田嗇夫、罰冗皂者二月。其以牛田、牛減絜、治（笞）主者寸十。有（又）里課之、最者、賜田典日旬、殿、治（笞）卅。（睡虎地秦簡「秦律十八種」廏苑律一三～一四簡）

田牛（耕牛）管理の考課は年に四回、四月・七月・十月・正月に行ない、正月の最終的考課が最優秀の場合、

田嗇夫に酒一壺・干肉一〇束を与える……最下等の場合、譴責処分にする。……牛を農事に使用して腰囲を痩せさせた場合、一寸ごとに管理責任者に笞打ち一〇を施す。……

耕牛管理者に対する賞罰規定である。

次掲「秦律十八種・廏苑律」は一連の律であるが、内容に即してa～dに分条した。なおaとbとの間にある「小隷臣妾の死亡」に関する条（一六～一七簡）は省略した。

2　a　将牧公馬牛、馬【牛】死者、亟謁死所県、県亟診而入之、其入之其弗亟而令敗者、令以其未敗直（値）賞（償）之。

（睡虎地秦簡「秦律十八種」廏苑律一六簡）

官有の馬牛を放牧中死なせた場合、ただちに死んだ場所の県に報告する。県はただちに検査し、死んだ馬牛は引き取る。その引き取りが遅れて肉を腐敗させた場合は、腐敗する前の価格で賠償させる。

「放牧中の馬牛が死んだ場所の県」とは「移動中に死んだ」ことを意味しよう。官有の馬牛生産の一飼養形態を明らかにしている。

b　其大廏・中廏・宮廏馬牛殹（也）、以其筋・革・角及其賈（価）銭效、其人詣其官。

（睡虎地秦簡「秦律十八種」廏苑律一七～一八簡）

朝廷の大廏・中廏・宮廏、各廏舎所属の馬牛［が死んだ場合］、廏舎の担当者は、その筋・革・角と肉の価格に相当する金銭を所管官府に出向いて納めなければならない。

各廏舎は、aで牧養を終えた成馬・成牛の一配属先であろう。

c　其乗服公馬牛亡馬［＊牛］者而死県、県診而雑買（売）其肉、即入其筋・革・角、及索（索）入其賈（価）銭。銭少律者、令其人備之而告官、官告馬牛県出之。

（睡虎地秦簡「秦律十八種」廏苑律一八～一九簡）

官有の馬車用馬・牛車用牛が逃げて、［逃げた先で死亡した場合］、死んだ場所の県は検査後、その肉を売り、筋・革・角及び肉を売った金銭をただちに所管官府に納める。［売った］金額が規定より少なければ、その馬牛の担当者に補塡させ、所管官府に報告する。所管官府は馬牛の死んだ県にその補塡分を納めるよう通知する。馬牛の逃亡は、いつでもどこでもあり得ることで、官有馬牛に関する一般規定であろう。なお、簡文［＊牛］は補った。文脈上、また後出の「角」からいってもそうなろう。

d　今課県・都官公服牛各一課、卒歳、十牛以上而三分一死。不【盈】十牛以下、及受服牛者卒歳死牛三以上、吏主者・徒食牛者及令・丞皆有罪。内史課県、大（太）倉課都官及受服者。

（睡虎地秦簡「秦律十八種」廄苑律一九～二〇簡）

各県・各都官の官有の牛車用牛は、毎年一回考課を受けなければならない。一年間に牛一〇頭以上の内、三分の一を死なせた場合、一〇頭未満及び牛車用牛を預かったが一年間に三頭以上死なせた場合、牛を主管する吏・牛飼い、上司の令・丞、皆有罪である。考課は、内史が県を、太倉が都官と牛を預かった者を、それぞれ担当する。

a～cは、放牧中・廄舎・官府等の死馬牛の日常的処理規定、dは、その一年間を総括する考課の律としてあるのではないか。とすると、簡文dに「馬」がないのは不自然な気がする。馬についての考課規定は別なのであろうか。(補注)以上、この一連の律は、放牧等による馬牛飼育の主たる目的が公用の馬牛生産にあり、そこで飼育された成馬・成牛は、駅馬・運輸・官吏の移動等を保証するものとして朝廷の各廄舎、各県・都官に供給された、その関係をみせてくれる。同時に官僚制度を支える馬牛の重要さ、需要の膨大さが、厳しい考課の律、死馬牛の処理に関する詳細な規定を用意させたことを了解させる。死馬牛に深い関心をよせた原因に、その資源性があったことはもちろんである

（後述）。

3　官府叚（仮）公車牛者□□□叚（仮）人所、或私用公車牛、及叚（仮）人食牛不善、牛訾（胔）。……、其主車牛者及吏・官長皆有罪。（睡虎地秦簡「秦律十八種」司空律一二六～一二七簡）

官府の公用牛車用牛を借り出し……借り出した官吏の所で、牛車用牛を私用に供したり、借り出した官吏が牛の世話をきちんとせずに痩せさせた場合、……その牛車用牛の直接管理者と借り出した官吏と官長は皆有罪である。

公用牛車についての罰則規定である。

4　膚吏乗馬篤・𨋊（胔）、及不会膚期、貲各一盾。馬労課殿、貲廏嗇夫一甲、令・丞・佐・史各一盾。馬労課殿、貲皂嗇夫一盾。（睡虎地秦簡「秦律雑抄」律名なし、二九～三〇簡）

官吏の馬車用馬が、遅足・痩身、及び評価の場に間に合わなかったと考課された場合、各官吏に罰金一盾を科す。馬の果たしたノルマが最下等の場合、廏嗇夫に罰金一甲、令・丞・佐・史に各々一盾を科す。馬の果たしたノルマが最下等の場合、皂嗇夫に罰金一盾を科す。

各部署のその衡にある官吏の考課が「最下等」の場合の罰金額を規定している。

5　●驀馬五尺八寸以上、不勝任、奔摯（縶）不如令、県司馬貲二甲、令・丞各一甲。先賦驀馬、馬備、乃鄰従軍者、到軍課之、馬殿、令・丞二甲。司馬貲二甲、法（廃）。（睡虎地秦簡「秦律雑抄」律名なし、九～一〇簡）

体高五尺八寸以上の騎乗用軍馬が、軍馬としての使用に耐えない、走行・命令が騎手の意のごとくならない、その場合、県司馬に罰金二甲、県令・県丞に一甲を科す。まず先んじて騎乗用軍馬を集め、馬の数が揃ったら、ただちに従軍者の中から騎士を選抜して［馬をともなって］軍に行って考課を受けさせる。馬が最下等の場合、県令・県丞に罰金各二甲を科し、司馬は二甲を科して免職、以後任用資格を失う。
軍馬に関わる責任あるものに対する考課・罰則の厳しさは際立っている。

6 傷乗輿馬、夬（決）革一寸、貲一盾。二寸、貲二盾。過二寸、貲一甲。●課駃騠、卒歳六匹以下到一匹、貲一盾。●志馬舎乗車馬後、毋（勿）敢炊飭、犯令、貲一盾。已馳馬不去車、貲一盾。

（睡虎地秦簡「秦律雑抄」律名なし、二七～二八簡）

天子の駕車につける馬を傷つけた場合、皮一寸未満は罰金一盾、二寸未満は罰金二盾、二寸以上は罰金一甲を科す。駿足の良馬を考課するに、馴致し終えた馬が一年で一匹以上六匹以下は、罰金一盾を科す。［馬車につけるには不適な］駻馬を駕車につけられるようにした後は、鞭打つことは許されない（暴れることを恐れてであろう）。令に反せば罰金一盾を科す。すでに車につけて走らせた馬を、車から外せば罰金一盾を科す。

天子の馬車につける馬に損傷を与えた場合、馬の調教数のノルマ、その他諸種の馬の管理に関する律。天子をはじめとする朝廷、上級官府用の馬を対象とする律ではないか。

7 吏自佐・史以上負従馬、守書私卒、令市取銭焉、皆署（遷）。

（睡虎地秦簡「秦律雑抄」律名なし、一〇～一一簡）

佐・史以上の吏で、荷駄用馬と荷物持ちの士卒に商行為をさせて金銭を取得すれば、流刑とする。

荷駄用馬が、官吏に貸与されていたことがわかる。

8 乗馬服牛稟、過二月弗稟、弗致者、皆止、勿稟、致。……

（睡虎地秦簡「秦律十八種」田律一一簡）

「田律」にある飼料支給規定であるから、農事に使用される車用馬牛の例。

9 官長及吏以公車牛稟其月食及公牛乗馬之稟、可殹（也）。……

（睡虎地秦簡「秦律十八種」司空律一二八簡）

官有の車用馬牛の貸与を受けている官吏に対する飼料支給規定。

10 牛大牝十、其六毋（無）子、貲嗇夫・佐各一盾。●羊牝十、其四毋（無）子、貲嗇夫・佐各一盾。●牛羊課

（睡虎地秦簡「秦律雑抄」牛羊課三一簡）

牝牛一〇頭のうち六頭に子が生まれなかった場合、牝羊一〇頭のうち四頭に子が生まれなかった場合、当該嗇夫・佐に罰金一盾を科す。

「牛羊課」とは、「牛羊の飼養に関する考課の律」の意。繁殖比率による飼養者に対する罰則である。羊は労働力が期待される家畜ではなく、当然食肉生産をはじめとする固体利用の牧畜であろう。牛の食用としての牧畜も大いにあり得るが、羊とまったく同等に考えることはできないであろう。生産された牛が、労働力として供される例をこれまで各秦律にみてきた。5の「驀馬を賦す」を「軍馬を集める」と訳したが、どこから集めたのか。「民間からの徴発」とも取れるが、するとその馬が軍用に耐えないと考課されて県令以下が罰金刑となる理由は、民間に対する指導がよろしきを得なかったということになる。当時民間における馬牛の飼養がそれほど特別なことではなかったようであるから（後述）、馬の供出はあり得たとして、だが県令以下が民間に「軍馬」の飼養指導をしただろうか。軍馬の恒常的供給は、やはり「苑馬」所謂御料ないし国営牧場に依るところ多かったのではないか。とすれば「喜」などの裁量外であり、この条に10に準ずる馬についての律があったとしても、採録しなかったと考えることもできる。

以上、1〜10までの各律からうかがえる馬牛の役割を列挙すると、1は耕牛、2は各官府に配属された馬牛、3は公用牛車用牛、4は公用馬車用馬、5は軍馬、6は朝廷・上級官府用馬、7は荷駄用馬、8は農業用の車用馬牛、9は官吏貸与の車用馬牛、10は唯一食品・個体利用を予測させる例であるが、牛についてはそのすべてではないにしても、1〜9までの牛の供給を保証する役割も負っていたとみたい。

こうしてみると1〜9の律は、官有の馬牛が動力・労働力として期待される分野のほとんどを網羅し、10はその供

給の責を負う、とみれば、ここに馬牛に関する律は一応揃っているといって差し支えなかろう。そして考課の律も、1～6と10の計七条にほぼ尽きるといってよいのではないか。また問題関心の出発点の一つであった牛の肥瘠について、「肥瘠」を考課の一つとしている1・3・4の三条の律の関心は、食品生産というより、労働力・運動能力の根源としての身体の健康状況にあったとみるべきではないか。

これまで睡虎地秦簡所載家畜関連記事についてみてきて、「封診式」・「法律答問」・「秦律」に登場する馬牛すべてに問われていたのは能力であって、食品生産としての馬牛飼養への関心はみえなかった。ただし、労働力としての馬牛の固体を最後まで利用し尽くす国家の意志は、前掲2「秦律十八種・廏苑律」の「死馬牛」の処理をめぐる詳細な規定などによくみえる。「筋・革・角」は、武器その他あらゆる面での貴重な資源であり、こうした処置は当然といえるが、死肉の売価すら、責任ある当事者に保証を求めている。その意味で「肥」は、最後まで意味を持っていたことは事実であろう。こうした国家の意志は所謂「獣」にまで貫徹していたことは、次掲秦律にもよくみえる。

邑之新(近)皂及它禁苑者、麛時毋敢将犬以之田。百姓犬入禁苑中而不追獣及捕獣者、勿敢殺。其追獣及捕獣者、殺之。河(呵)禁所殺犬、皆完入公。其它禁苑殺者、食其肉而入皮。（睡虎地秦簡「秦律十八種」田律五～七簡）

邑の近くの御料牧場やその他の禁苑に、幼獣の繁殖期に犬をつれて狩猟に入ってはならない。住民の犬が禁苑に入っても、獣を追ったり、獣を捕らえたりしなければ殺さなくてよい。獣を追ったり、獣を捕らえたりすれば殺せ。特別禁止区域に入って殺された犬は、そのすべてを官に納めなければならない。その他、禁苑で殺されたものは、その肉は食してよいが、皮は納めなければならない。

禁苑内の「呵禁所」に入って殺された犬は、すぐ処理できる条件にあることから「肉・皮すべてを官に入れさせた」のであろう。「其の它、禁苑で殺されたもの」とは、「禁令を犯して禁苑で獣を捕らえて殺された民の犬と、その犬に捕らえられた獣」であろう。この犬は狩猟用であり、「捕らえられた獣」は、「禁苑内に棲息する獣」以外あり得ず、両者とも食用・固体利用を予定した所謂家畜でない。それらの「皮も納め」ることを前提としていた。この律は、たまたま捕らえられた「獣」も例外ではなかったことを明確にしている。ちなみに、これと同文の律は龍崗秦簡にもあり、後に触れる。

三、睡虎地秦簡秦律における「公器」としての馬牛

前節では、馬牛の配属を受けた各官府・官吏に、その能力の維持管理に注意を求める国家の意志を秦律にみてきた。この節では、数の管理に視点を置く律を取りあげて、如何に馬牛も含む官有物の管理に意を注いだか、その実態に触れて、国家の意図を探ってみたい。官有物の数の維持と能力の維持（器物の場合は、品質の維持）は車の両輪の関係にあろう。

イ　馬牛誤職（識）耳、及物之不能相易者、［誤識耳、以識耳不当之律論之］、貲官嗇夫一盾。

（睡虎地秦簡「效律」四四簡）

馬牛のように、訂正不可能なものに［誤った標識番号を捺した場合、標識番号誤印の律で処断し］、当該官府の嗇夫に罰金一盾を科す(3)。

整理小組注は「職耳」を「識耳」と訓み、「耳」を「佴」→「次」→標識番号と釈し、「古時、馬牛に烙印の類を常用して標識とした」と解釈する。前掲2ａの放牧中、10の牧場などで馬牛は標識番号の烙印を捺されたであろう。

ロ　公器不久刻者、官嗇夫貲一盾。

（睡虎地秦簡「秦律十八種」效律一七八簡）

官有の器物に刻記しなければ、当該官府の嗇夫に罰一盾を科す。

ハ　公甲兵各以其官名刻久之。其不可刻久者、以丹若髼書之。其段（仮）百姓甲兵、必書其久、受之以久。入段（仮）、而無久及非其官之久也、皆没入公、以齎律責之。工　（睡虎地秦簡「秦律十八種」工律一〇二～一〇三簡）

官有の武器にはすべて所属の官府名を刻記する。刻記できないものは、丹もしくは漆で記す。民に武器を貸与する時は必ず武器の刻記を記録し、返還時には刻記と照合してから受領する。もし刻記がなかったり、当該官府の刻記と異なる場合、官は没収し、齎律によって賠償を科す。工

ニ　公器官□久、久之。不可久者、以髼久之。其或段（仮）公器、帰之、久必乃受之。……（睡虎地秦簡「秦律十八種」工律一〇四簡）

官有の器物には、官府名を刻記する。刻記できないものは漆で記す。貸与した器物の返還は、必ず刻記と照合してから受領する。（刻記の摩滅等の諸事例が続くが省略）

整理小組注は「久」は「記」、官有物に記す標識とする。馬牛に捺された「識耳」は、これにあたろう。ロは一般論として、ハは武器に、ニは所謂「公器」一般に、共に刻記の義務をうたい、ハ・ニでは、刻記は、貸与の際の記録、返還時の照合等の手だてと述べている。粗悪なものに取り替えられることを防止する意味もあったのであろう。官有の馬牛も公器に違いなく、同様に考えてよかろう。ただ所謂「器」とは違い、捺された刻印が訂正不可能なため、イの律が別に用意されたのであろう。

次に残高管理に視点を置く律をみてみたい。

Ｉ　效公器贏・不備、以齎律論及賞（償）、毋齎者乃直（値）之。（睡虎地秦簡「秦律十八種」效律一七七簡）

官有器物の検査で過・不足が発見された場合、齎律による処罰と賠償を科し、齎律に規定がない場合は、相当

額を賠償させる。

Ⅰと後掲Ⅱ・Ⅲともに在庫・残高調査の際、標識は前掲ハ・ニと同様、台帳との照合に用いられたであろう。更にⅡ・Ⅲは、過不足が判明した場合、その額に対応する罰金額を規定しており、馬牛の価値を、他との比較で知る史料としても読むことができる。

Ⅱ　計校相繆（謬）殹（也）、自二百廿銭以下、誶官嗇夫。過二百廿銭以到二千二百銭、貲一盾。過二千二百銭以上、貲一甲。人戸・馬牛一、貲一盾、自二以上、貲一甲。

（睡虎地秦簡「效律」五六～五七簡）

会計検査で誤差が発見され、その誤差が二二〇銭以下の場合、当該官府の嗇夫は譴責。二二〇銭以上二二〇〇銭未満は罰金一盾、二二〇〇銭以上は罰金一甲を科す。人戸・馬・牛［の過不足］一につき罰金一盾、二以上は罰金一甲を科す。

Ⅲ　計脱実及出実多於律程、及不当出而出之、直（値）其賈（価）、不盈廿二銭、除。廿二銭以到六百六十銭、貲官嗇夫一盾。過六百六十銭以上、貲官嗇夫一甲、而復責其出殹（也）。人戸・馬牛一以上為大誤。誤自重殹（也）、減罪一等。

（睡虎地秦簡「效律」五八～六〇簡）

会計上、過不足が規定の限度を超えた場合、支出すべきではないのに支出した場合、その額が二二銭未満は免罪、二二銭以上六六〇銭未満は当該官府の嗇夫に罰金一盾を科す。六六〇銭相当額以上［の貨財の過不足］は当該官府の嗇夫に罰金一甲を科し、その上不足分を賠償させる。人戸・馬・牛一以上［の過不足］は「大誤」とする。会計者自身が誤差を発見すれば罪一等を減ず。

Ⅳ　可（何）如為「大誤」？人戸・馬牛及者（諸）貨材（財）直（値）過六百六十銭為「大誤」、其它為小。

（睡虎地秦簡「法律答問」二〇九簡）

表　睡虎地秦簡にみえる誤差と処罰

律	誤差	人戸・牛・馬の誤差	処罰の内容	
Ⅱ	二二〇銭未満	―	小誤	誶
Ⅱ	二二〇銭以上二二〇〇銭未満	馬・牛各一頭	小誤	一盾
Ⅱ	二二〇〇銭以上	馬・牛各二頭以上	小誤	一甲
Ⅳ・Ⅲ	二二一銭未満	―	小誤	免罪
Ⅳ・Ⅲ	二二一銭以上六六〇銭未満	―	小誤	一盾
Ⅳ・Ⅲ	六六〇銭以上	一戸以上　馬・牛各一頭以上	大誤	一甲と不足分の賠償

1 誤差の金額は、物品の場合は相当額。
2 Ⅳは賠償に触れていないがⅢに従えば「大誤」には賠償も含まれることになろう。
3 処罰の対象は官府の当該嗇夫。
4 Ⅲ・Ⅳの誤差欄に「六六〇銭以上」とあるが、この欄についてはⅣ条に照らして、一点「六六〇銭相当額以上の貨財の過不足」と理解した。

何を「大誤」とするのか？

人戸・馬・牛と六六〇銭相当額以上の貨財［の過不足］を大誤とし、それ以外は小［誤］とする。

Ⅱは会計上生じた誤差、Ⅲは限度を越えた過不足と不正常な支出、それぞれについての罰則で、ⅣはⅢの解釈を補足するものとして読むことができる。この三者を関連させて、誤差の額とそれに対応する処罰との関係を表にした。Ⅱは「誤差」、二二〇銭以上二二〇〇銭未満＝一馬＝一牛→罰金一盾とする。Ⅲは、一馬＝一牛＝家一戸→大誤とする。ではその「大誤」とは何か。Ⅳは「六六〇銭相当額以上の貨財の過不足」を「大誤」といっている。つまり、人戸・馬・牛は監査によって発見された過・不足一で、一気に大誤の域に達してしまうのである。(4) それ以下及びⅡは「小誤」となるのだろうか。

ところで**表**に明らかなように、馬牛の換算率は馬＝牛＝人戸、三者等価値であるが、誤差一が、Ⅱでは「一盾」、Ⅲでは「一甲と不足分の賠償」と二つの換算率がある。これは何によるのか。Ⅱは会計上の通常のミス、Ⅲは規定を越えた過不足、不正常な支出という、ミスの質の差であろう。ともあれ馬・牛は一頭あたり一戸に匹敵し、場合によっては、誤差一が罰金一甲と不足分の賠償に相当したことがわかる。管理に厳しさが求められた所以であり、馬牛の量の維持に対する関心の高さ、また馬と牛が等価値として評価されていたことを確認させる。

更に、ここで取り上げた識耳・刻記、在庫・残高管理に関する律は、馬牛に捺された標識が、放牧中・牧場での管理に必要なナンバリングとしてだけではなく、馬牛も「公器」であって、官府等に配属後も台帳に登載され、死んで抹消に至るまで効力が持続したことを知らせてくれる。死馬牛が生じた時、即刻役所との連絡を義務づけている本章第二節の2a・b・cの規定も、資源回収の他に、この意味も含まれていたと考えてよかろう。b・cに「革」とあるが、肉の処置も共に求めているのであるから、なめし革ではなく「皮」の意味にとってよかろう。皮の返還も、皮に捺された烙印を求める、そうした意味もあったのではないか。

四、秦における肉食のあり様一端

では当時、一般的に肉食はどの程度であったのか。肉が日常的食品でなかったことをうかがわせる例が「法律答問」にある。

A　削（宵）盗、臧（贓）直（値）百一十、其妻・子智（知）、与食肉、当同罪。（睡虎地秦簡「法律答問」一七簡）
夜間盗みをし、盗んだものは一一〇銭相当であった。その妻と子は事情を知りながら、[その金で買った]肉を一緒に食べた。皆同罪である。

B　削（宵）盗、臧（贓）直（値）百五十、告甲、甲与其妻・子智（知）共食肉、甲妻・子与甲同罪。（睡虎地秦簡「法律答問」一八簡）

夜間盗みをし、盗んだものは一五〇銭相当であった。［盗んだ者がこのことを］甲に告げた。甲とその妻と子は事情を知りながら、［その金で買った］肉を［盗んだ本人と］ともに食べた。甲の妻と子も、甲と同罪である。

盗みで得た収入で、親子ともども「肉」を食らう光景は、庶民にとって「肉」がご馳走であったことを象徴していよう。そしてA・Bとも、簡文に「買う」という表現はないが、そう考えてよかろう。次掲史料に「牛を買う」とある。そして肉は普通牛ではなかったのではないか。

『韓非子』外儲説右下に次のような記載がある。

C　秦昭王有病、百姓里買牛、而家為王禱。公孫述出見之、入賀王曰、百姓乃皆里買牛、為王禱。王使人問之、果有之、王曰、貲之人二甲、夫非令而擅禱、……人罰二甲。

D　秦襄王病、百姓為之禱、病愈、殺牛塞禱。郎中閻遏・公孫衍出見之曰、非社臘之時也。奚自殺牛而祠社。怪而問之。百姓曰、人主病、為之禱、今病愈、殺牛塞禱。閻遏・公孫衍説、見王拝賀曰、……王因使人問之何里為之、訾其里正与伍老屯二甲。

秦の昭襄王が病を得た時、民は王の平癒を禱って（C）、快癒のお礼として（D）、牛を犠牲にしたが、その牛は「里ごとに買って」いる（C）。樊噲を例にするまでもなく、当時屠者が生業として成立していたことからも、基本的に「肉」は自給ではなかったであろう。また平時に民の「殺牛」が許されなかったことは、「社臘の時にあらずして、奚んぞ自ら牛を殺す」とあることでも、また「令にあらずして擅に［牛を犠牲にして］禱った」として「人ごとに罰二甲」（C）、「其の里正と伍老ともに二甲を貲す」（D）と、罰金が科されていることでも明らかである。

さらに肉食が一般的でなかったことは、次掲「秦律十八種・伝食律」でも確かめることができる。ア・イ・ウはそれぞれ独立した律であるが、一緒に論ずることにする。ただしアは内容により1～3に分条した。

ア—1　御史卒人使者、食粺米半斗、醬駟（四）分升一、采（菜）羹、給之韭葱。

（睡虎地秦簡「秦律十八種」伝食律一七九簡）

ア—2　其有爵者、自官士大夫以上、爵食之。

（睡虎地秦簡「秦律十八種」伝食律一七九簡）

ア—3　使者之従者、食糲（糲）米半斗。僕、少半斗。

（睡虎地秦簡「秦律十八種」伝食律一七九～一八〇簡）

イ　不更以下到謀人、粺米一斗、醬半升、采（菜）羹、芻稾各半石。●宦奄如不更。

（睡虎地秦簡「秦律十八種」伝食律一八一簡）

ウ　上造以下到官佐・史毋（無）爵者、及卜・史・司御・寺・府、糲（糲）米一斗、有采（菜）羹、塩廿二分升二。

（睡虎地秦簡「秦律十八種」伝食律一八二簡）

アは使者とその従者等、イは爵位四級・三級、宦官、ウは爵位二級以下と無爵の下級官吏、雑役等、これらに対する出張中の食料支給規定である。それぞれに支給される食品名を抜き書きする。

ア—1　御史の卒人＝菜羹（野菜スープ）・醬・韭葱（ニラ・ネギ）。

ア—2　爵五級以上は、爵位によって支給（別に規定があるのであろう）。

ア—3　出張者の従者・僕＝糲米（玄米）。

イ　爵位四級・三級と宦官＝粺米（精白米）・菜羹・醬。

ウ　爵位二級以下、無爵の下級官吏以下＝糲米・菜羹・塩。

支給対象者の身分（爵位）・官職・職種による食品の種類・支給額の差がわかる。ここには畜産品は一切ない。ア—2の五級以上の有爵者には別に「肉」も含めた？支給規定があったのであろう。イの爵位四級（不更）はそれに次ぐ民衆の中ではかなりの高爵者であり、アー1の「御史の卒人」とともに、この「伝食律」の中では高位者であろうが、両者の出張の食事に肉は無縁である。四級と五級を分けるのはキャリアとノンキャリアといったところであろうか。いずれにしても、「肉」は庶民に、それも相当程度の民にとって、縁の薄いものであったことを想像させる。「喜」が県吏として相対した世界は、ここまでだったのではないか。

繰り返しになるが、睡虎地秦簡から、食品としての肉を目的とする牧畜はみえなかった。だがこれはあくまでも睡虎地秦簡の視点であって、中国は六牲を祠りに用いる古い伝統はもとより、肉をはじめとする固体利用を目的とする牧畜の長い前史を積んできた。『史記』貨殖列伝は始皇帝期の事として、倮という人物が、所有する馬牛の数を「谷の数で数えるに至り、諸侯と同等に遇された」等、家畜で財をなした人物の例や、馬牛羊豕の牧畜が、利殖・地位獲得に通じる一つの道であることなど縷々述べている。こうした雰囲気にははるかに及ばないが、睡虎地秦簡にみえない牧畜の一面を、ほぼ同時代史料の龍崗秦簡にみてみたいと思う。

五、龍崗秦簡における家畜・獣

睡虎地秦簡の出土に遅れること一四年の一九八九年、雲夢龍崗六号秦墓（湖北省所在）から竹簡が出土した[5]。もとは一冊の冊書として棺内に巻物状に納められていたが、出土時、すでに大半が断簡零墨となっていた。しかし睡虎地秦簡秦律と照合し得る簡文、共通する内容など、秦代の史料として、また睡虎地秦簡にとって貴重な出土であった。龍崗秦簡にとってはより以上貴重だったというべきであろう。単独では理解しがたい断簡零墨の解釈に、類推材料を提供するところがあったからである。

このほかに被葬者についての記録とされる一枚の木牘が出土した。その記録と所持していた龍崗秦簡の内容から、被葬者は禁苑の吏ではないかとされている。(6) 龍崗秦簡の年代は、前掲睡虎地秦簡「田律」（第二節参照）と同文の律が龍崗秦簡にもあるが、睡虎地秦簡に「百姓」と表記されている個所に「黔首」とあり（後掲［考釈番号］［四八〜四九］参照）、これは統一前の律を統一後「黔首」と改めたことを意味し、また睡虎地秦簡にはない「皇帝」の文字があったことなどから、統一後のものとされている。従って睡虎地秦簡と龍崗秦簡の律は、秦律としては継続するものなのである。ところが龍崗秦簡の馬牛羊に関する記載のあり様は、睡虎地秦簡とは趣を異にする。断簡ではあるが、以下に掲げる。冒頭は［考釈番号］。

［八三］　諸馬牛到所、毋敢穿穽及置它、敢穿穽及置它機能害人馬牛者、［雖］未有

馬牛の放牧場に穽を作ったり、罠を仕掛けたりしてはならない。穽を作ったり、罠を仕掛けたりして、

人・馬・牛に危害を与えれば……

［八五］　没入私馬・牛・［羊］・［駒］・犢・羔県道官▨□［伝］□□▨

［八六］　亡馬・牛・駒・犢・□、馬・牛・駒・犢・□皮及□皆入禁□□▨

［八九］　故県官馬・牛・羊盗□之弗□□▨

［九〇］　馬・牛殺之及亡之、当償而誶□□□両□□▨

［九四］　馬・牛・羊食人稼□□□□□□□□牛▨

［九七］　勿令巨（歫）罪▨馬・牛・羊・犬・彘于人田▨

［八五］は「私有の馬・牛・羊・駒（こうま）・犢（こうし）・羔（こひつじ）を没入」とよめ、民間における「馬〜羔」の多様な家畜飼養の存在を明示し、少なくとも「羊・犢・羔」は食肉を予定とする飼養であろう。［九〇］は

「馬牛を殺したり逃がしたりした場合、賠償と譴責処分を科す」と読め、「誶」は睡虎地秦簡で官吏の責任を問う際の罰であるから、ここでの馬牛は、［八九］の「県官の馬牛羊」とともに、また前述睡虎地秦簡の「公馬牛」と同じく官有であろう。［八九］の官有の馬牛に「羊」が並ぶが、睡虎地秦簡には、家畜の飼養に関する前掲10の律以外、官有の羊は登場しない。繰り返すが睡虎地秦簡「秦律」の関心が牧畜になかったからであろう。［八六］は、禁苑の逃げた馬牛等が［死んだ場合］、その皮・革・筋類はすべて官に納めるとあり、この固体利用は、後掲の［五〇］［五一］にも、また睡虎地秦簡にもみてきたことであり、牧畜の長い伝統が、国家の意志として徹底化したあり様を示している。［九七］の馬牛等が民有か官有か、判然としないが、「□馬・牛・羊・犬・彘が人の畑に入って［荒らしたことにより、その管理担当者が］罪になるようなことにならないようにせよ」とよめ、官有の場合、その飼育施設に、前掲睡虎地秦簡「田律」の「邑の近くの皂（家畜の飼育場）」など考えられよう。また［八三］の「馬牛の放牧場（諸馬牛到所）」に官営の放牧場をみてよいと思う。

ここにあげられている家畜の種類は「馬・牛・羊・犬・駒・犢・羔・彘」であるが、睡虎地秦簡「秦律」に飼養を目的とする「犬～彘」はない。当時犬が食用に供されていたことは事実であるから、ここでの犬は食用・番犬等あり得るが、龍崗秦簡での記載のあり様からいって、「狗」があれば確言できるのだが、食用に重心を置いてみてもよいように思う（前掲睡虎地秦簡「田律」、後掲［四八～四九］の犬は狩猟用）。駒が食用かは留保するとして、基本的に馬は食用を目的とする飼養はなかったと考えている。「犢・羔」は牛・羊の成長段階の名称で、肉としては美味の時期である。家が食用であることはいうまでもない。断簡であるため内容は判然としないが、簡文内容全体が与える印象、家畜の成長段階に応じた名称分け等、食用を優先した「牧畜」を思わせる。

既述のように睡虎地秦簡「秦律」の主たる関心は、労働力としての馬牛とその管理にあった。従って家畜の名称分けはおろか、馬牛以外の家畜に関心がないのは当然であろう。逆に龍崗秦簡に労働力としての関心は感じられない。時間的に継続する睡虎地秦簡と龍崗秦簡の内容に、なぜこのような相違が生じたのか。それは睡虎地秦簡の所持者「喜」が県吏、龍崗秦簡の所持者が禁苑の吏、両者の職掌の違いによるのではなかろうか。次掲簡文は編著者によって「禁苑」に分類され、龍崗秦簡の所持者を禁苑の吏とする所以ともされているが、簡文中に「禁苑」の文字がなくとも、ほぼ関連記事として差し支えないと思う。

〔〇二〕　鹿一・彘一・麇一・麃一・犬二□完為城旦・舂、不□▨

〔一二〕　諸禁苑為耎、去苑卌里禁、毋敢取耎中獣。取者□罪盗禁中□▨

諸禁苑の周囲四〇里を耎として禁猟区とし、耎中での獣の捕獲を禁止する。捕獲した者は「禁苑に入って獣を盗んだ場合と同罪とする」。

〔一七〕　盗死獣、直（値）賈以関。

〔二二〕　然。取其豺狼・豲・豿・狐狸・㲉□雉・兎者毋罪。

〔一三〕　諸取禁中豺狼者毋罪。

〔四八～四九〕　黔首犬入禁苑中而不追獣及捕〔獣〕者、勿〔敢〕殺。其追獣及捕獣者、殺之。河（呵）禁所殺犬、皆完入公。其它禁苑〔殺者〕、食其肉而入其皮。（二節引用睡虎地秦簡「秦律一八種」田律参照）

〔五〇〕　中獣、以皮・革・筋、給用而毋敢射□▨

〔五一〕　入其皮□県道官。

〔〇二〕〔一二〕〔一三〕には、豺狼から鹿・狐・狸・雉・兎に至るまで、禁苑に棲息する「獣」の類が並ぶ。〔一七〕の「盗まれて売られる死獣」、〔五〇〕〔五一〕の皮・革・筋の供給源となる獣、〔四八～四九〕の追われ、捕らえられる禁苑の獣は、前掲「豺狼以下兎」に総称されよう。［一二］は、禁苑から「四十里」の外周を「耎」とし、ここでの捕獲禁止の対象を「獣」と表現し、禁令を破ると禁苑での行為と同罪とある。禁苑を囲む広大な緩衝地帯が、実質的には禁苑と同様の扱いであったことがみてとれる。以上ここに登場するすべては「禁苑ないしそれに準ずる地域の獣」である。

こうしてみてくると、禁苑は原則的には家畜飼養の場ではなく、山林叢沢を囲い込んだ王者・帝王の田猟の場としての機能が優先していたように思える。そしてそこでのすべての山沢の幸は国家によって囲い込まれていたことはいうまでもない。先にも述べたように、家畜によせた国家の関心は、禁苑とそれを囲む広大な地域の獣にも貫徹していたことを、これらの簡文は示している。

おわりに

これまで主として睡虎地秦簡に表れる国家の馬牛に対する関心のあり様をみてきた。そして死馬牛の処理策に、肉を含めた固体利用への強い意志を感じ、そうした側面を龍崗秦簡でいささか触れることができたかと思う。最後に、前掲二史料にはみえなかった食肉生産を主たる関心事とする牧畜の一面を、一列侯家の規模ではあるが、馬王堆一号漢墓出土竹簡「副葬品目録」を手がかりに概観しておわりとしたい。当時の支配階級の家畜飼養の一典型としてみられるのではないかと思うからである。

馬王堆一号漢墓の埋葬年代は、それが確定している息子（同三号墓被葬者）の埋葬年、漢文帝十二年（前一六八）に遅れること数年とされている。秦の状況を反映し得る範囲と考える。この墓から三一二枚の竹簡が出土し、それは料理メニューを含む副葬品目録であった。竹簡一本に一品目名とその点数が記され、その大半は出土物と対応するものであった。その中に、被葬者軑侯夫人があの世に伴ってゆく家畜の目録があった。[7]

「土牛五十」二九九簡
「土羊百」三〇〇簡
「土豕廿」三〇一簡
「土犬廿」三〇二簡
「土鶏五十」三一一簡

「土」は明器を意味しようが、墓中に対応する出土物はなかった。だが目録にあったことは、あの世に連れてゆくことを予定していたと考えて論を進めたい。ところで前掲目録は六畜の類のみピックアップしたが馬は目録になかった。これは食肉を前提とした牧畜だからではないか。事実、料理メニューに馬の料理はなく、副食ないし調味料というべきか「馬醤一�（壺）」（九八簡）があるだけである。馬は原則的に食用の対象ではなかったことを語っているのではないか。

一～二九簡はスープ（羹）のメニューで、うち小計簡五本が含まれているので、実際は二四本がスープメニュー簡であった。牛肉のスープは、合わせる素材（主として野菜類）によって五種五鼎、以下、羊は一種一鼎、鹿は四種四鼎、豕は二種二鼎、豚（こぶた）は一種一鼎、狗は三種三鼎、鶏は二種二鼎、残りの六種六鼎は野鳥・魚類であった。それぞれが組み合わさって一コース、各九鼎・七鼎・三鼎・三鼎・二鼎の五コース、二四通りのスープが、二四の鼎に盛られていたことになる。ただし出土漆鼎は七点、点数は不足しているが、高さ二八cm、腹径二六cmの大型の精品である。他に高さ一八cm、腹径二一cmの陶鼎六件がある。

その他目録には、所謂肉では犬・兎等、野鳥類では雉・梟・鶴・雁・鶉・雀等、魚類に魴・鯉・鯽・鱯・鯿等、山野に遊ぶ鹿や兎、野鳥の数々、川沢の魚類が食材として並んでいる。これらは、列侯軑侯家の「ミニ禁苑」の所産というべきものであろう。こうした豊かさは、肉料理の種類にもあらわれ、料理法を意味する文字には「揚げる」を除く、炙（やく）・膾（なます）・脯（ほしにく）・腊（ほしにく）・熬（あぶる）・濯（ゆでる）等、肉の部位を表示する名称、肩・肝・胃・脂等々、ほとんど後代に通ずるものが揃っている。

三一二本の目録簡のうち、食品関係簡はほぼ半分、それを盛る鼎・耳杯・盂等々の食器関連漆器は、出土数では逸品一六五点ほど、目録はそれ以上の数字を記す。上流階級の食生活の豪華さは、前掲食料支給規定から想像される一般官吏の食事とは隔絶している。

副葬俑には、家丞であろうか立派な男性俑二体、他に侍女俑・召使俑・舞楽俑等、辟邪俑を除いて合計一二六体あった。あの世で軑侯夫人に奉仕する人員である。しかし家畜の数は、その人数に見合うものではなかろう。目録所載の家畜とその数は、彼女の豪華で多様な肉料理メニューを保証し、彼女の食生活を永遠に保証する再生産可能な数字としてあったとみるべきであろう。永遠の生命を予定していたことは、あの世の畑に蒔く野菜の種、五穀の種等の目録簡と共に、それに対応する麻袋に入れられた各種種子類があったことからも明らかである。(8)

注

（1）本文中引用の「睡虎地秦簡」の簡番号は、雲夢睡虎地秦墓編写組『雲夢睡虎地秦墓』文物出版社、一九八一年による。本書は、三次にわたる発掘の最初の一二基の発掘報告。釈文は巻末、縦組繁体字、簡文写真あり。なお簡文引用にあたっては、内容を伝えることを趣旨としたので異体字・仮借字等は改められた通行字のみ載せ、衍字も削除した。以下、睡虎地秦簡テキストの代表的なものをあげる。ⓐ睡虎地秦墓竹簡整理小組編『睡虎地秦墓竹簡』文物出版社、一九七七年、線装本、簡文写真あり。以下ⓑⓒは書名・出版社が同名なので、出版年・体裁のみ記す。ⓑ一九七八年、横組・簡体字。ⓒ一九九〇年、縦組・繁体字・簡文写真あり。ⓓ出版・編輯共に、同編輯委員会編輯『中華五千年文物集刊・簡牘篇二・三』一九八六年、台北。文中テキスト注はⓑを使用、「整理小組注」と簡称。

（2）「『農本』主義の採用過程と環境──古代中国における『共生』への一つの道──」『史潮』新四〇号、一九九六年、四三頁。原氏が肥瘠の例としているのは、本章第二節、冒頭引用睡虎地秦簡「秦律一八種」廏苑律であるが、文中で述べているように、この律の「肥瘠」を、直接食品生産への関心とみることはできないと思う。

（3）解釈については、注（2）原氏論文四二頁、拙稿「『涓』について──『秦律』「效律」解釈を通じて──」『明治大学人文科学研究所紀要』第三七冊、一九九五年、三七二～三七五頁（本書第七章一七四～一七七頁）参照。

（4）周知のことであるが、当時六六〇銭というのは、罪の軽重を分ける境界線であった。例えば、竊盗罪は金額の多寡によって罰金刑から労役刑へと段階を踏むが、六六〇銭を越えると、労役刑に肉刑「黥」が付加されて黥城旦（黥舂）に処された。身体に消えない刻印を残す肉刑の有無を分ける線であった。

（5）（A）劉信芳・梁柱編著『雲夢龍崗秦簡』科学出版社、一九九七年。なお、これに先行する釈文が、（B）湖北省文物考古研究所・孝感地区博物館・雲夢県博物館「雲夢龍崗六号秦墓及出土簡牘」『考古学集刊』第八集、科学出版社、一九九四年にある。両者の間に考釈番号・釈文に若干の相違がある。本稿では、釈文・考釈番号共に（A）書によった（出土登録番号は省略）。

（6）同出の木牘の記載（三八字）は被葬者に関する記録と考えられ、それによると被葬者の名は「辟死」、かつて冤罪で刑余の身となったが、再審で庶人に復帰した。所持していた龍崗秦簡から、以後、禁苑の吏として生き（注（5）・A書、四五～四七頁）、また棺内の遺骨に下肢がないことから、刖足の刑を受けたのではないか（注（5）・B論文、一二〇頁）とされている。B論文に、すでにこの木牘の釈文・解釈がなされているが、A書と異なるところがある。他に、この木牘・被葬者については、胡平生「雲夢龍崗六号秦墓墓主考」『文物』一九九六年第八期、劉国勝「雲夢龍崗簡牘考釈補正及其相関問題的探討」『江漢考古』一九九七年第一期等。なお、発掘報告に、湖北省文物考古研究所・孝感地区博物館・雲夢県博物館

「雲夢龍崗秦漢墓地第一次発掘簡報」『江漢考古』一九九〇年第三期。同「雲夢龍崗秦漢墓地第二次発掘簡報」『江漢考古』一九九三年第一期。

（7）湖南省博物館・中国科学院考古研究所編『長沙馬王堆一号漢墓』上下、文物出版社、一九七三年。竹簡写真は上巻、釈文は下巻。訳書に、関野雄・林巳奈夫他訳『長沙馬王堆漢墓』平凡社、一九七六年。

本文で「馬」の目録簡はないとのべた。実は次掲6・7に「馬」の記載がある。ただし二枚とも小計簡である。

1　「土牛五十」二九九簡

2　「土羊百」三〇〇簡

3　「土豕廿」三〇一簡

4　「土犬廿」三〇二簡

5　「土㒨五十」三〇三簡

6　「右方（小計）土牛馬㒨［数の記載なし］」三〇四簡

7　「右方（小計）土金銭馬牛羊鳥廿牒（枚）」三一二簡（最終簡）

5に「土㒨五十」と釈読不能の文字がある。字体からいって馬とは思えぬが、もし馬であったとしても、本文でものべたごとく、馬を食材とするのは一例のみで、対応する馬の料理はない。それにこれが馬でないことは、6の小計簡に、この字が馬と並んでいることでわかる。簡番号からすれば、簡二九九の「牛」から五枚の目録簡の小計簡として、6はあるはずである。ところが家畜名は揃わず、数の記載もなく、小計簡として甚だ不備である。説明は省くが、7の小計簡もその点同様である。そもそも簡二九九以下の副葬品がないことも含めて、最後の部分は倉卒に済まされたようである。小計簡は、現物との照合はせず、目録簡所載の品名と点数とを照合して記入するのが普通であろう。「馬」を記す二簡共に「小計簡」であるということは、目録記載者が習慣的に「馬牛」と並記してしまったというのが本当のところではないか。

（8）種子の目録簡、数例をあげれば、

「葵穜（種）五斗布嚢一」　一四八簡（フユアオイの種五斗、麻袋に一袋）、現物あり。

「頼（藾）穜（種）三斗布嚢一」一四九簡（ヨモギの種三斗、麻袋に一袋）
「莧穜（種）五斗布嚢一」一五〇簡（ネギの種五斗、麻袋に一袋）
「麻穜（種）一石布嚢一」一五一簡（麻の種一石、麻袋に一袋）、現物あり。
「五種十嚢嚢盛一石五斗」一五二簡（五種類の種一〇袋）麻袋に入ったコメ・アワ・キビ・コムギ・オオムギ・ダイズ・アズキ等あり。

（補注）冒頭の「公服牛」は、あるいは「乗服公馬牛」とあってもよいのではないか。ただしそうすると「十牛」以下の牛の前に「馬」をつけなければならず、馬牛同一死亡率＝同一評価となる。本文中でも明らかなように、秦律では馬牛は同等に扱っており、馬牛同率死亡率に同評価ということはあり得ることと思う。試みに馬を同条に補ってみた。

今課県・都官［乗］服公［馬］牛各一課、卒歳、十［馬］牛以上而三分一死。不【盈】十［馬］牛以下、及受［乗馬］服牛者卒歳死［馬］牛三以上、吏主者・徒食［馬］牛者及令・丞皆有罪。内史課県、太倉課都官及受［乗馬］服［牛］者。

なお、a「将牧公馬牛」の「牧」を「放牧」と訳したが、後条に「放牧中死んだ場合、死んだ県に届けよ」とあることから、この「放牧」が県を跨がる広大な地域を移動するものであったことがわかる。だが「遊牧」ともしかねた。この訳語必ずしも適訳ではないことを断っておく。

（追記）原宗子氏より「環境史から見た『商鞅変法』」（『流通経済大学論集』第三四巻第二号、一九九九年）の恵与を受け、拝読の機会を得た。拙稿で当然言及せねばならない論点、貴重な示唆を多く受けた。だが大変残念なことに再校が済んだ段階で、如何ともなしがたかった。ここに記してご寛恕のほどお願いする次第です。

第九章　睡虎地秦簡よりみた秦の家族と国家

はじめに

中国古代の家族形態についての研究は、戦前からの長い歴史があり、それは端的にいって大家族説と単婚家族説の対立という形でなされてきた。一九七五年中国の湖北省雲夢県睡虎地の秦墓より出土した秦簡は、この研究に新しい史料を提供したことになり、これに刺激されて新しい成果が次々と生まれている。最近の研究においては、戦国中期以降の家族形態を五口の小家族とみる見方が一般的であり、これまでの論争の中で積極的に三族制家族説を主張されてきた宇都宮清吉氏も、家族数については必ずしも五人説を否定されているわけではなく、「五口家族は、多くのヴァリエーションを含んでいる……しかも、そのすべてが、三族制家族の影を負っている」[1]と、五口家族の広汎な存在を認めたうえで、その背景に三族制家族の姿をみ、それを一般の農民家族の経済的制約のために充分な展開をとげられない姿なのだとみる。佐竹靖彦氏は「中国古代の家族と家族的社会秩序」で、戦国中期以降の家族について「いわゆる単家族が広汎に形成され、その一般的規模は五人以下」といわれているが、その氏も、守屋美都雄氏の戦国漢代単家族説については、「必ずしも、漢代の豪族のあり方をも視野に入れている宇都宮氏の体系的学説の全面的批判ではなかった」と、単家族説に全面的に与するものでないことも明らかにしている。これは氏の主眼が「漢代における単家族の広汎な形成という基礎の上に、新たに豪族の家が成長しつつあった状況に、家族形態の観点から接近したい[2]」ということにあるからであろう。

以上の宇都宮・佐竹氏の論にみられるように、かつての単婚家族か、大家族かといった二者択一の論議とは異なった局面にきているように思う。秦簡を利用してのこの分野の研究は、本稿での前掲佐竹靖彦氏、後述する好並隆司・古賀登・太田幸男の各氏はじめ、商鞅の変法との関わりの中で論じられ、そしてそれは漢代までの長い射程を視野にいれたうえでなされている場合が多いが、本稿では、秦簡にみる秦の家族形態、その家族を国家がどのような形でつかまえていたかという二点に限ってみてゆきたいと思う。

一、「法律答問」「封診式」にみられる家族及び「編年記」にみる墓主「喜」の家族

イ、法律答問

睡虎地秦簡の中のこの文書は、当時の法律及び法律用語の解釈、特定の犯罪についての量刑などを問答形式で答えているもので、従って当時想定し得る、あるいは実際に存在したであろう法律問題・事件等を生々しく伝えるもので、その点では当時の社会情況を推察できる材料としてみることができる。この文書はおおよそ一九〇余件の問答から成り立っており、その問答内容は多岐にわたるが、その中から家族を扱っている問答を拾い出して、この文書で想定されている家族が、大勢としてどのような形態のものかみてみたい。

太田幸男氏は「秦簡には、父子又は兄弟が同居していると思われる例がかなり見られる。佐竹論文ではこれを六例列挙され」ていると述べておられるが[3]、この六例を佐竹氏は「変法後の家＝『戸』においては、父と適長子の同居が一般的になった」とする根拠にされ[4]、これについて太田氏は「商鞅が前三三八年に処刑されて以後……父子・兄弟が

再び同居する事態もおこり得たと思われ、その事態に対応した秦律の規定があっても不思議ではあるまい」（一七頁）と佐竹説に賛意を表されている。繁雑になるがその六例を左に掲げる。

〈法律答問〉

(1)　●人奴妾盗其主之父母、為盗主、且不為？同居者為盗主、不同居不為盗主。

（一五九頁／睡虎地秦簡「法律答問」二〇～二一簡）

(2)　士五（伍）甲毋（無）子、其弟子以為後、与同居、而擅殺之、当棄市。

（一八一～一八二頁／睡虎地秦簡「法律答問」七一簡）

(3)　「擅殺・刑・髡其後子、潚之。」●可（何）謂「後子」？●官其男為爵後、（中略）皆為「後子」。

（一八二頁／睡虎地秦簡「法律答問」七二簡）

(4)　「家人之論、父時家罪殹（也）、父死而誧（甫）告之、勿聴」。可（何）謂「家罪」？「家罪」者、父殺傷人及奴妾、父死而告之、勿治。

（一九七頁／睡虎地秦簡「法律答問」一〇六簡）

(5)　可（何）謂「家罪」？父子同居、殺傷父臣妾、畜産及盗之、父已死、或告、勿聴。是胃（謂）家罪。

（一九七～一九八頁／睡虎地秦簡「法律答問」一〇八簡）

〈秦律雑抄〉

(6)　●戍律曰同居毋并行、県嗇夫・尉及士吏行戍不以律、貲二甲。

（一四七頁／睡虎地秦簡「秦律雑抄」三九簡）

(1)(4)(5)は一般的父子同居、(2)(3)は家長と適子の同居、(6)は「一『戸』内に、複数の壮丁の存在することを予想し」て（佐竹論文、一五頁）の律とみる。右の父子同居を推測させる秦簡を、両氏は商鞅の変法から漢代に至る長い過程における一局面の父子同居の論証材料とみている。しかしここでは、秦簡の世界に限っての家族の姿をみてみたいと思う。

まずこの問答の中に夫・妻・子といった家族名の登場する設問を拾い、その家族形態を類推してみたい。父子の場合は前述の六例に含まれるので、ここでは省略する。

(1) 夫の盗に妻が関わった場合（たとえば、盗銭の一部を妻がくすねたり、盗銭であることを知っていて一緒に飲み食いに費消したりした場合）の妻の罪を問うもの（一五七頁／睡虎地秦簡「法律答問」一四～一六簡）[5]、三例。

(2) 夫の盗に妻と子が関わった場合の罪を問うもの（一五八頁／睡虎地秦簡「法律答問」一七～一八簡）、二例。

(3) 嗇夫の地位にある夫が悪事をなし、遷刑に処せられた場合、妻は遷所に従ってゆくべきかどうか問うもの（一七七頁／睡虎地秦簡「法律答問」六二簡）、一例。

(4) 夫が自殺し、官に届けず埋葬してしまった場合の妻と子の罪を問うもの（一八四頁／睡虎地秦簡「法律答問」七七簡）、一例。

(5) 妻が夫に殴打されて傷つけられたときの夫の罪を問うもの（一八五頁／睡虎地秦簡「法律答問」七九簡）、一例。

(6) 夫・妻・子が盗の罪で収監されるべきであるのに逃亡してしまった場合、彼らを捕らえた者に、一人につきいくらの報奨金が支払われるかを問うもの（一例は「夫・妻・子五人共に盗す」、もう一例は「夫・妻・子十人共に盗す」とあり、前者が五人、後者が一〇人の単婚家族の事例）（二〇九頁／睡虎地秦簡「法律答問」一三六～一三七簡）、二例。

(7) 妻が家出したが、自分から戻ってきた場合、捕らえられた場合の妻の罪を問うもの。妻が家出して、やはり家出していた別の男性と夫婦になり、子をなしていて捕らえられた場合の両者の罪を問うもの。家出した人の妻であることを知らないで夫婦となり、二人の間に子をなしていて捕らえられた場合の子の帰属を問うもの（二二二～二二三頁／睡虎地秦簡「法律答問」一六六～一六八簡）、それぞれ一例ずつ、三例。

(8) 離婚して届け出ない場合の当事者二人の罪を問うもの（二二四頁／睡虎地秦簡「法律答問」一六九簡）、一例。

(9)　夫が罪を犯しているのを妻が訴え出た場合、妻の財産は保障されるのかどうかを問うもの（二二四頁／睡虎地秦簡「法律答問」一七〇簡）、一例。

(10)　妻に罪があった場合、妻の財産が夫のものになるかどうかを問うもの（二二四頁／睡虎地秦簡「法律答問」一七一簡）、一例。

以上、夫・妻・子の文字のある設問で、しかも内容が家族のことに限られているもの一〇種、合計一六例を数えることができる。前掲(7)(8)例は、ここでの家族形態を考える材料としては不適当と思うので除いて、他の一二例を分類すると、

夫と妻　七例

夫と妻と子　五例

となる。前者の七例には当然子の存在を考えていいわけで、この一二例はすべて夫妻子型家族を想定しての設問ということになる。また夫や妻の犯罪に関わって問題にされる相手が、常にその妻・夫であること、注意されてよい。連累関係が夫婦子にだけ限られて論じられているこの設問の背景に、複合家族の存在が想定されているとは感じられない。

この他に家族の出てくる設問は、前述の父子同居家族の事例とされる六例を除いて、①父の子よりの盗は罪にならないとする律文（一五九頁／睡虎地秦簡「法律答問」一九簡）、②多子の故を以ての子殺しの罪を問うもの（一八一頁／睡虎地秦簡「法律答問」六九～七〇簡）、③祖父母・曽祖父母を殴った場合の罪を問うもの（一八四頁／睡虎地秦簡「法律答問」七八簡）、④異父兄弟姉妹間の姦の罪を問うもの（二二五頁／睡虎地秦簡「法律答問」一七二簡）、四例である。①③④例の場合、同居・不同居は問わないであろうし、②例はここでの家族形態を考える材料にはならないと考えるので、

以上の四例は挙例から除いた。

以上前掲の父子同居例とされる事例と、夫妻子型家族の事例を比較すると、数量でいえば夫妻子型がまさり、内容的に比較すると、前者が原則的秦律の解釈が中心であるのに対し、後者の夫妻子型は非常に具体的かつ卑近な犯罪の事例である。この二つの型の事例のどちらを一般的家族形態とみるか。卑近な犯罪の事例にあげられている形態、すなわち夫妻子型を一般的形態とみるのが素直だと思う。

ロ、封診式

この文書は、かつてその内容から推して「治獄案例」と名づけられたことからわかるように、「爰書の文例集」ともいえるもので、[6] これも前掲「法律答問」と同じように、当時の社会の有様の一端を生々しく伝えるものである。ここには二五の「事件」があげられているが、そのうちの五例に家族が登場する。次にその事例を紹介する。

(1)「封守」と題するこの事件は、某里の士伍甲が罪を犯して家族・財産すべてを「封守」され、そのとき封守された家族員について次のように記載している。

妻曰某、亡、不会封。

子大女子某、未有夫。

子小男子某、高六尺五寸。

臣某。

妾小女子某（二四九頁／睡虎地秦簡「封診式」八～一二簡）。

(2)「遷子」と題する事例は、某里の士伍甲が実子の同里の士伍丙を「鋈足」[7] して蜀の辺県に遷し、終身そこから帰らせないよう訴え出ている（二六一～二六二頁／睡虎地秦簡「封診式」四六～四九簡）。

(3)「告子」は、某里の士伍甲が、実子の士伍丙を不孝の故をもって死刑に処すよう訴え出ている（二六三頁／睡虎地秦簡「封診式」五〇～五一簡）。

(4)「経死」は、里人丙が経死した事件の現場検証・検死報告を主内容とするが、そのとき役人とともに立ち合っているのは丙の妻と娘であり、遺体を県廷に運んでゆくとき、役人と娘が一緒につきそっていっている（二六七～二六八頁／睡虎地秦簡「封診式」六三～七二簡）。

(5)「穴盗」は、某里の士伍乙が、妻の丙と前の晩、となりの部屋に衣服をしまい就寝し、翌朝目がさめたら、どろぼうに入られていて衣服が盗まれていたという事件の現場検証報告（二七〇～二七二頁／睡虎地秦簡「封診式」七三～八三簡）。

(6)「出子」は、某里の士伍の妻甲が、同里の大女子丙と喧嘩して流産した事によって丙を訴えた事件で、このとき役人は甲の帰宅後の状況を甲の「室人」に訊問している（二七四～二七五頁／睡虎地秦簡「封診式」八四～九〇簡）。

以上、ここでも前項「法律答問」の要領で、その事例を拾い出した。(1)は甲の家族は妻・娘・息子の計四人、それに男女の奴隷を一人ずつ所有している。ちなみに、甲は奴隷を所有しているが士伍（無爵者）である。ここにはあげていないが「告臣」（二五九頁／睡虎地秦簡「封診式」三七～四一簡）の奴隷所有者も士伍である。(2)と(3)は二例とも父と息子が登場する例であり、二例とも「某里の士伍甲」が息子の「同里の士伍丙」を訴えているのからみて、同里に住む父子別居の親子が想定されているのであろう。(4)は、自殺した夫と妻と娘の三人家族、少なくともこの事例にこの他の成人男子の家族は想定されていまい。なぜなら県廷に遺体を運ぶとき、ついていったのは娘だからである。(5)はこの事件の性格のため、家の間取り、家の周囲、どろぼうの足跡など事細かに記している。それなのに、夫妻の他にこの家に家族のいたことを記してない。(6)は妻甲と士伍の夫と「室人」が登場している。文脈からしてこの「室人」は甲の家族のことであろうがただ、その内容が夫のことを指しているのか、その他のいわゆる「家族」を含めての意味か、ここでは明らかではない。「室人」については後にふれる。以上を簡単に示すと、

(1)「封守」夫・妻・娘・息子・臣・妾。
(2)「遷子」父・息子。
(3)「告子」父・息子。
(4)「経死」夫・妻・娘。
(5)「穴盗」夫・妻。
(6)「出子」夫・妻・(室人)。

(2)と(3)は父子が別の家族を形成していたと思われ、とすれば単婚家族の事例として考えることもできる。あとの四例は明らかに夫妻子型家族であり、これは前項の「法律答問」の結果と合致する。池田温氏は「封守」の例を主たる根拠にしてであろう「士伍(平民)の戸の典型的事例は、夫妻と一男一女それに一奴一婢で構想されており、小型家族の一般的存在をその背景に想定することができる」と述べられている。(8)

ハ、編年記

次に「編年記」よりみた一一号墓の被葬者「喜」の家族について考えてみたい。「編年記」が秦の戦争の記録であると同時に、喜の年譜的なものであることは、周知のことであるが、その年譜的部分を抜き出して次に表にし、喜の家族を考える材料としたい。

下欄の「喜の年齢」欄（数え年を記す）と「喜との関係」欄は補った。この年表をみてもわかる通り、家族の生死の他は、喜のことしか書いてない。とすれば、喜が傅してあとの記載はすべて喜についての記載とみるのが素直ではないか。すると「獲」以降の子はすべて喜の子と考えてよいのではないか。以上のことを前提に喜の家族を考えてみたい。まずこの年譜に喜が傅して以後、少なくとも役人生活をはじめて以後の年譜に、弟たちの姿を感ずることはできない。もしそれを兄弟たちとの別居と考えて、その時を喜が故郷を離れた鄢の令史になった時と考えると、下の弟は一一歳、とすれば当然この時喜は父と別居、ということになろう。ここに死を記しているのは父母だけであるが、父母の場合それは、同居・別居を問わずその死を記すのは当然であろうから、その時点、これをもってそのどちらとする材料にならない。以上のことを前提に年譜から考えられる家族形態は、少なくとも喜が官吏の生活をはじめる以前は、喜の父母を中心とする兄弟三人の五人家族、喜が二七歳のときにはじめての子供を持ってから、四三歳の時の子穿耳も喜の子と考えて、喜の家族五人、この間父母が同居する父子同居家族であったとして、でも喜の家族数は五人を越えたことはない。いずれにしても、喜が一家を成してからの弟たちとの同居を、この年譜から想像することはできない。筆者はかつて喜の未来に、漢代に至って成長する豪族を重ねてみたことがある。(9) ここに彼の家族を単家族とみたからといって、その

表　「編年記」喜関係記載

年	事項	喜の年齢	喜との関係
昭王四五年	喜　産る	1	/
四七年	敢　産る	3	弟
五六年	速　産る	12	弟
今　元年	喜　傅す	17	/
三年	喜　揄史となる	19	/
四年	喜　安陸□史となる	20	/
六年	喜　安陸令史となる	22	/
七年	喜　鄢令史となる	23	/
十一年	獲　産る	27	喜の子
十二年	喜　鄢に治獄す	28	/
十三年	喜　従軍	29	/
十五年	喜　平陽軍に従う	31	/
十六年	父死す。自ら年を占す	32	/
十八年	恢　生る	34	喜の子
二〇年	母　死す	36	/
二七年	穿耳　産る	43	喜の子
三〇年	（編年記最終年）	46	/

外の族的関係まで否定しているのではない。それはまた別のことである。

以上、「法律答問」・「封診式」・「編年記」を材料に秦簡における家族形態をさぐってみた。この三文書の示す家族形態がほぼ一致するということは、当時の家族の一般的形態を示すものと考えていいと思う。

二、秦簡における法律用語としての同居・室人・家人

前章でみてきたような、士伍層も奴婢を所有する例が多い小家族を、国家は法的にどのような形でつかまえていたのか。そこで秦簡にみえる家族に関係する言葉「同居」「室人」「家人」について検討してみたい。これらの言葉についてはすでに多くの方が見解を提示されているので、それらを参照しながら私見を述べてみたい。まず同居について、「法律答問」に、

盗及び諸の它の罪に、同居は当に坐すべき所なり。

とあり、この律文を前提に、ではこの律文にある同居の意味はと問うて、

戸を同居と為し、隷に坐すも、隷は戸に坐さざるの謂なり（一六〇頁／睡虎地秦簡「法律答問」二二簡）。

と、戸を同じくするを同居と答え、更に連坐の面でいうと、同居は、同居の隷の犯罪に連坐するが、隷は同居の主人の側の犯罪には連坐しないと答えている。これは同居の範囲に隷も入る、しかし連坐規定の適用においては主人側と隷とは、ずれた扱いがなされるという意味ではないのか。次の問答も同居のこうした意味のもとになされた設問ではないか。

人の奴妾、其の主之父母より盗むは、主より盗む（盗主）と為すか、且た為さざるか。

同居ならば盗主と為し、不同居ならば盗主と為さず（一五九頁／睡虎地秦簡「法律答問」二〇～二一簡）。

奴妾が主人の父母より盗んだ場合、その父母が息子（奴妾の主人）と同居ならば、「盗主」（主より盗む）となると答えている。[10] この設問は「同居の奴妾」が前提になっている設問ではないか。古賀登氏は、この条の「同居」について「『単に居所を同じくする』ということである」[11] といわれているが、その中に隷も入ると考えていいのではないか。前掲「封診式」の「封守」には、主人側の家族に並べて臣妾も記載されていた。これが「同居」を示す姿ではないか。

同居についてはもう一ケ所設問があり、

何をか「室人」と謂い、何をか「同居」と謂う。

「同居」とは、独戸母之謂なり。

「室人」とは、一室、尽く当に罪人に坐すべきの謂なり（二三八頁／睡虎地秦簡「法律答問」二〇一簡）。

と、室人と合わせて設問し、

と答えている、この「独戸母」の母について佐竹氏は「貫」に読み換え、「同居とは独つの戸貫の謂なり」と釈し、とすれば「『戸』は、はっきりと戸籍上の一単位として捉えることができる」（一三頁）とされている。傾聴すべき見解とは思うが、私見を述べる用意はない。

次に「室人」について。これについての問答はすでに掲げたが、この解釈については種々見解がわかれており、古賀登氏は「『室人』とは、この一（家）室の者がことごとくに連坐する、ということ」（二九九頁）とし、この一室の内容を、父子兄弟がそれぞれ別居する単婚家族と考えられており、「室」については「房室の室ではなく、家室の室、すなわち家である」（二九八頁）といわれ、太田幸男氏は「『室人』とは同じ室の人、……同室なるが故に戸籍を同じくする人、の意」（一八頁）であり、「『室』とは、……一壮丁を基準に居住する建造物を指」す（一九頁）といわれ、佐竹氏は「当時の一般的な語におきかえると、おそらく『族』にあたる」（一二頁）とされ、その「族」の範囲を「父母・妻子・同産を要素とする親族関係」（五頁）と考えておられる。氏が「室」を「族」と考えられたのは、「一室尽坐」をこれにつなげて考えられたからである。好並隆司氏もこの点は佐竹氏と同じような理解をされていて、「室人、一室とは連坐の範囲にある者の称」であり、「家族の連坐範囲とは『父母兄弟妻子』である」とされているが、それを同居とつなげて「これら三族が一家・一戸に居住するいみとおもわれる」[12]とされる。以上室人に小家族を考える太田・古賀氏、同居については小家族を想定し、室人には三族を考える佐竹氏、同居と一室をつなげて三族が一戸を形成すると考える好並氏、ここにあげただけでも、このように理解に差がある。これら解釈に相違が生ずるのは、各氏それぞれの商鞅の変法観に由来するわけで、そうした文脈の中で理解せねばならないが、ここではそれぞれの見解を紹介するにとどめ、次に私見を少し述べたい。

まずしばらく「室人」「室」の使用例を検討したい。「法律答問」に、

或ひと自殺す。其室人吏に言わずして之を葬薶す。問う、死者に妻子有らば当に収むべきに、言わずして葬せしは、貲一甲に当す（一八四頁／睡虎地秦簡「法律答問」七七簡）。

小畜生、人の室に入る。室人殳梃を以て之を殺す……何を以て論ぜん（一九〇頁／睡虎地秦簡「法律答問」九二簡）。

前の事例の場合、そのあとに出てくる「妻子」が「室人」の具体的内容であろうし、後者の場合は、小畜生に侵入された家（室）の人間が「室人」であろう。室人の用例は「封診式」の「出子」（二七四〜二七五頁／睡虎地秦簡「封診式」八四〜九〇簡）にも一例あり、妊婦の甲が丙女と喧嘩して流産したことから丙女を訴えた事件で、この時役人は甲の「室人」に、甲が喧嘩して帰宅したあとの様子を訊問している。この「室人」は甲の家族の意と考えてよかろう。

では念のため「室」についてもみておきたい。「法律答問」に、

甲、其の衣銭を把りて乙の室に匿蔵し、即ち亡せりと告して、乙をして之を盗みしと為さんと欲す（二四〇頁／睡虎地秦簡「法律答問」二〇五簡）。

とある「乙の室」は「乙の家」であろうし、「封診式」には「室」の用例が多いが、一、二例あげると、「群盗」（二五五頁／睡虎地秦簡「封診式」二五～三〇簡）での「群盗、某里の公士某の室」を襲う、「告子」（二六三頁／睡虎地秦簡「封診式」五〇～五一簡）での令史、「丙を執えんとして某室で得う」、「経死」（二六七～二六八頁／睡虎地秦簡「封診式」六三～七二簡）での「士伍丙、其の室で経死す」等すべてだれそれの「家」という意味で使われている。また「室」が「室人」の意味をもつ場合もあるので、秦律「司空」の条に、

一室二人以上貲・贖・責に居して其の室を見るもの莫ければ、其の一人を出して云々（八四～八五頁／睡虎地秦簡「秦律十八種」一三三～一四〇簡）

ここで使われている室の意味は家族であろう。室が家の意味なら当然あり得る応用範囲である。

以上、秦簡における普通名詞としての室人が家族、室が家を意味する用例をみてきた。それが法律用語として用いられるとき、その意味する内容に厳密さが要求されるのは当然であり、そこで前掲のような同居と合わせた設問が必要だったのではないか。というのは両者の意味内容が似かよっていたため、その違いを明らかにするためではなかったのか。そもそも「法律答問」の趣旨はそうしたものであろう。そして両者ともに連坐規定で答えられていること、その意味の差を考える材料になる。先に同居は、居を同じくする、その中には奴妾も数のうちに入る「家族」であり、だが連坐規定の適用においては、主人側の罪に奴妾は連坐しないという扱いがなされると述べた。ところが室人の連坐規定は、「一室尽く坐す」のである。連坐規定が一律に適用される「家族」、すなわち「同居」から奴妾を差引いた、本来の家族、これが「室人」ではないか。とすれば、奴妾を所有しない家族には「同居」と「室人」の実質内容は同

じなのである。この二者の意味内容の違いが理解されにくいことから、この設問が二者並べてなされたのではないか。「封診式・経死」で「自殺者には必ず先ず故有り。其れ同居に問うて以て其の故を答えしむ」とあり、「出子」に「甲の室人に甲の室に到りて（後）の居処及び腹痛子出の状を訊く」とあるが、両例ともに事故者の事情を「同居」（経死）「室人」（出子）に訊問している。両者ともに事故者の「家族」のことであろう。法律用語としての厳密な意味での使用をはなれた日常的な使い方では、共通の意味を持つ言葉として使われる場合のあることを、この例は示してはいないか。

次に「家人」について考えてみたい。

家人の論、父の時の家罪ならば、父死して甫めて之を告すも、聴く勿し（一九七頁／睡虎地秦簡「法律答問」一〇六簡）。

家族内の犯罪については国家は一般の犯罪とは異なる扱いをしていた。「家人」の罪は、それが父の在世中の家罪であれば、父の死後それを訴える者があってもとりあげないとしている。この「家罪」について、

何をか「家罪」という。

「家罪」とは、父、人及び奴妾を殺傷し、父死して之を告すも、治す勿し（一九七頁／睡虎地秦簡「法律答問」一〇六簡）。

何をか「家罪」という。

父子同居して、父の臣妾・畜産を殺傷し及び之を盗む。父已に死して、或ひと告す、聴く勿し。是れ家罪と謂う（一九七～一九八頁／睡虎地秦簡「法律答問」一〇八簡）。

とあり、家罪の成立が、父子同居を要件としていることがわかる。ということは、「家人」は「同居」の別の表現で

はないのか。秦簡には「同居」が動詞として用いられている事例があり、例えば「法律答問」に、

士伍甲、子無し、其の弟の子を以て後と為し、与に同居す云々（一八一～一八二頁／睡虎地秦簡「法律答問」七一簡）。

など、その例になるが、もともと動詞的表現が名詞として用いられるようになったのに対し、「家人」はその名詞的表現といえないか。先に「同居」は、奴婢も含めた「家族」のことではないかと述べた。家族内犯罪を規定している「家罪」に、犯罪の被実行行為者としてではあるが、奴妾が入っているのもその一論証材料とみられないであろうか。

浜口重国氏は「家人」の用例について論じられて「漢代において家族や親属を家人と言い、或いは家内の良賤を合して家人と言う」[13]場合のあったことを明らかにしておられる。漢代以前の例はあげておられないが、一つの傍証材料にはなろう。以上、「同居」は本来は動詞的表現として、「家人」は名詞的表現として、奴婢をもその中に含む「家族」の意であり、「室人」は、血族としての家族を意味する称呼であると考えた。従って奴婢を所有していない家族にとって、厳密な意味が問われない時は、同居も室人も同意だったのではないか。こうした背景が、両者並べての設問となったのではないか。このことはまた当時の家族が奴婢を所有していることが、それほど珍しいことではなかったことを示してはいないか。

以上明らかにしてきた同居・家人・室人と表現された「家族」は、刑法上特別な扱いがなされていた。そこで法的にどのような位置づけがなされていたか、次に検討してみたい。

三、秦簡における家族の刑法上の位置

「家罪」が父子間の犯罪として刑法上特別の扱いがなされていたことはすでにふれたが、それと同じような扱いが

なされるのに「非公室告」というのがある。この二者を手がかりに、家族が刑法上どのような位置づけがなされていたかさぐってみたい。「法律答問」に、

公室告とは何ぞや。非公室告とは何ぞや。

と問うて、

它人を賊殺傷し、盗すを公室（の告）と為す。子、父母より盗み、父母擅に子及び奴妾を殺・刑・髡すは、公室の告と為さず（一九五頁／睡虎地秦簡「法律答問」一〇三簡）。

と答え、また、

子、父母を告す、臣妾、主を告すは公室の告に非ず（非公室告）、聴く勿し。

という律文を前提に、では、

何をか「公室の告に非ず」と謂うか。

と問うて、

主、擅に其の子・臣妾を殺・刑・髡す、是れ「非公室告」と謂う。聴く勿し。而るに告を行えば、告者罪す。告者の罪已に行われて、它の人又其れを襲いで之を告すも亦当に聴くべからず（一九六頁／睡虎地秦簡「法律答問」一〇四～一〇五簡）。

と答えている。太田氏は「『公室』とは国家または君主を指すものと思われる。そして『公室告』とは国家に訴え出るべき犯罪、『非公室告』とはそうすべきでない犯罪を指し」（一八頁）、従って「公室」の室は「室人」の室とは違うとされている。従うべきと考える。右掲文によると「非公室告」の基本に「子が父母を、臣妾が主人を訴えること

ができない」という律文があったわけで、とすれば論理的には、父母が子に対して、主人が奴妾に対して、何をしても罰せられないことになる。「非公室告」の答えに、父母が子に対して、主人が奴妾に対して許される行為の範囲が殺まで記していることは、まさにその事を具体的に表現したものであろう。前にも述べたように、家罪と非公室告の内容は非常に類似している。そのためであろう古賀氏は「公室の告でないものを、家罪という」（四八三頁）と「非公室告」と「家罪」を同じものとみているようである。しかし別個のものとみる見解もあるわけで、それについては後にふれるが、こうした見解の相違が出てくるのは、非公室告・家罪の条文が難解なためもある。ただだれが読んでもそれが父子間の犯罪についての規定であるということではほぼ異論がないように思う。

しかしそのような犯罪を「勿治」「勿聴」として国家がとりあげないことについての解釈では、古賀氏は「父が死亡してしまえば、その臣妾・畜産はその子のものとなるから、罪にはならない、ということであろう」（三九九頁）と解釈し、佐竹氏は「非公室告と家罪とを分つものは、『父死して』という部分と、『父子同居して』という部分である……（とすれば家罪は）父と子の同居、同一戸籍への登録がなされており、そこでは、父の死亡後の告も許されない、あるいは告を受けても問罪しない」（一四頁）が、非公室告の場合は「その中で罪がおかされても、告はゆるされないが、父の死後には、告が許される」（一四頁）と、二者を別個のものとみ、太田氏は非公室告について「親子間の犯罪行為は……刑法の適用外」（一九頁）とし、好並氏は前掲の「子盗父母、父母擅殺刑髡子及奴妾」を、「子が家内において犯罪をおかしたばあい、父母はその罪人たる子や奴妾を……私刑にしても……公法で処断する対象とはならない」（五五頁）と、子の犯罪行為に対する父母の私刑というように、因果関係において解釈し、このような場合、国家の干与するところとはならないとしている。だがこの場合、家罪の規定に「父子同居、殺傷父臣妾・畜産及盗之……勿聴」とあり、これは、子の父の所有物に対する侵犯行為を「聴く勿し」といっているわけで、これを参考に解釈すれば、先の条文は因果関係としてではなく、子と父のそれぞれ別個の行為として読み、この行為は両者とも「公室告」の対象とはならないと読むべきではないか。

以上いずれにしても、「家罪」「非公室告」を、父子間の、あるいは親族間の犯罪で刑法の適用外とか、公法の対象外というようにみているが、こういい切ってしまっていいのだろうか。というのは、一つには、父子間、親族間の犯罪といっても、父と子と、同じレベルでの犯罪が許されただろうか。そこには自ずと制約があったはずだと思うこと。もう一つは、刑法の適用外といってしまうには、あまりにも秦簡にそれと矛盾する記載が多いことである。

まず前者について「家罪」「非公室告」の規定を仔細にみると、父の子に対して許される犯罪と、主人の奴妾に対して許される犯罪の最高を、殺まで規定している。それに対し子の父に対して許される範囲は、父の所有物である奴妾・畜産に対する盗から殺までの規定であって、父（母）の身には及んでいない。もう一つ、家族の横の関係間の犯罪には一言もふれていない。これらのことは、「家族内犯罪」といっても無条件ではなく多くの制約・条件があったことを示してはいないか。もしそうであれば、佐竹氏のいわれる「告はゆるされない」（一四頁）とか、太田氏のいわれる「家父長権が国家権力を上回る範囲は大きい」（一九頁）とか、好並氏のいわれる「父が家内構成員にたいして擅断することをおおはばに許容された」（五五〜五六頁）と、一概にいい切れないのではないか。

後者についていえば、紙数も尽きてきたため内容を記すにとどめるが、「法律答問」に、多子の故を以て子を殺せば「殺子」の罪（一八一頁／睡虎地秦簡「法律答問」六九〜七〇簡）、祖父母・曽祖父母を殴った場合「黥城旦舂」（一八四頁／睡虎地秦簡「法律答問」七八簡）、夫が妻に傷害を与えた場合「耐刑」（一八五頁／睡虎地秦簡「法律答問」七九簡）、異父兄弟姉妹間の姦は「棄市」（二二五頁／睡虎地秦簡「法律答問」一七二簡）等、親族内の犯罪についての処罰を規定している。奴婢については、奴が自分の子を殺した場合、黥城旦にし、もとの主人に返す（一八三頁／睡虎地秦簡「法律答問」七三簡）、奴妾が子を笞打って死なせてしまった場合、顔に黥し、もとの主人に返す（一八三頁／睡虎地秦簡「法律答問」七四簡）、銭を盗んだ奴妾を捕えた場合、捕えた人間に与える報奨金はその奴妾の主人ではなく、国家が支払う（二一一頁／睡虎地秦簡「法律答問」一四一簡）等、奴婢に対する国家の処罰権を規定している。このような国家の私奴婢に対する介入の仕方は、国家の支配が私奴婢にも及んでいることを示す強い意志表示であろう。このような例は封診式にもあり、「告臣」では、自分の命令通りに働かない奴を縛って県廷につれてきた主人が、奴を官に売り、城旦の刑に処して欲しいと訴え（二五九頁／睡虎地秦簡「封診式」三七～四一簡）、「黥妾」では、婢を縛って県廷につれてゆき、悍の故をもって「黥劓」の刑に処して欲しいと訴え出ている（二六〇～二六一頁／睡虎地秦簡「封診式」四二～四五簡）。これは処罰権が奴婢の主人にないことを示している。

我々はこのような例を秦末にもみることができるのであって、斉の田氏一族の一人である田儋は、陳勝の反乱を機に、旧斉国の復興を企て、自分の奴を詐りに縛って県廷にゆき、奴を殺すことを願い出にきたふりをして、県令を殺すところから彼の反秦行動ははじまっている。これを記す『史記』巻九四「田儋伝」の注「集解」は服虔の「古は奴婢を殺すは皆当に官に告ぐべし」を引いている。先の「封診式」の例は、まさにこの注のいう通りであろう。田儋はこの律を利用してクーデタに成功したのである。

もし「法律答問」に記す「家罪」「非公室告」を前述の諸氏の如く理解すれば、以上の事例はまさしく親族内処理・主人の専権に属す内容ではないか。であるのに同じ「法律答問」の中に全く逆の処罰規定を明示し、「封診式」では家父長が自ら国家の介入を願い出ているのはなぜか。とはいっても限られた秦簡の中でこうした矛盾・疑問にすべて整合的に答えられる材料が用意されているとは思っていない。しかし「封診式」の「遷子」「告子」「告臣」「黥妾」がそれを解く鍵の一つになるように思う。というのはこの四例はいずれも「家罪」「非公室告」に属す内容をもっている。すなわち「勿聴」のはずであるのに、この中で父が子を、主人が奴婢を、「罪」を理由に官に処罰を願い出ているからである。

この四例の申し立て内容はすでに紹介しているのでここではくりかえさないが、「遷子」についてのその後の処理をみると、紙面の関係で詳細な経過は省くが、それを受理した役所はその息子を刖足（一説には足枷）し、通行証と押送文書を発給して役人が成都まで護送し、成都の太守の管理下に引き渡している。このとき「律」によって家族を帯同し、また遷所では「律」によって食が供せられる（二六一～二六二頁／睡虎地秦簡「封診式」四六～四九簡）としている。「告臣」の場合、受理した役所は、その臣（奴）の健康、値踏み、前科の有無、姓名、身分、籍貫等を取調べ、供述の内容を照会する間「律」を以て身柄を拘束する（二五九頁／睡虎地秦簡「封診式」三七～四一簡）といっている。

以上の事実は、「非公室告」「家罪」（「非公室告」の一部と考えているが）がけっして無条件の「勿聴」「勿治」でなかったことを示しているばかりか、役所が決められた手続に従って事を運び、「律」に従って囚人を待遇していた、すなわち一つのきちんとした制度があったことを示している。更にいえば「告子」「遷子」の場合、親が実子を極刑に処すよう願い出ている事例で、通常、強制（法・制度）でもない限り、このようなことはあり得まい。「爰書の文例集」としてこういうことが載っていることの中に、表面上は親の申し立てになっているが、この背後に法・制度の存在を感じさせる。こうみてくると、「勿聴」がけっして「刑法の適用外」とか、「公法の対象とはならない」といった意味ではないことがわかってくる。とすれば「勿聴」とは何を意味するのか。それは父以外の第三者をも含めた者の告は「勿聴」ということではないのか(14)。従って国家が干与しないということでは勿論ない。父子間、親族間、主人と奴婢間の犯罪は、「父＝主人」を通して官に告がなされ、法は父を通して家族内、親族内に入ってくる、こういう形で家族は国家につなげられていたのではないか。では父＝主人の家族員に対する犯罪は、という疑問が生ずるが、子が父を、奴婢が主人を告すことは「非公室告」として許さない律がある以上、父＝主人は「家族員」の中にあっては、そういう対象として考えられていなかったということになり、そもそもこうした法規は、「父＝主人」を、その場での「全能者」としなければ成立し得ないのではないだろうか。

以上、秦の家族形態を「法律答問」・「封診式」・「編年記」を手がかりに考察し、また家族を意味する「秦簡」の中の用語「同居」「家人」「室人」の意味をさぐり、そうした家族がどのような形で国家支配の末端に位置しているかを「家罪」「非公室告」の規定を手がかりに考えてみた。

注

（1）宇都宮清吉「孝経庶人章によせて」『中国古代中世史研究』創文社、一九七七年、二六一頁。
（2）佐竹靖彦「中国古代の家族と家族的社会秩序」『人文学報』第一四一号、一九八〇年。以上、一二三・四・一二三頁より引用。
（3）太田幸男「商鞅変法の再検討・補正」『歴史学研究』第四八三号、一九八〇年、一七頁。以降同論文よりの引用は本文に頁数で示す。なおここでいう「佐竹論文」は注（4）論文。
（4）佐竹靖彦「秦国の家族と商鞅の分異令」『史林』第六三巻第一号、一九八〇年、二六頁。以降同論文よりの引用は本文に頁数で示す。
（5）秦簡の引用は、便宜的に、睡虎地秦墓竹簡整理小組『睡虎地秦墓竹簡』文物出版社、一九七八年（洋装本）の頁数で示した。以下同じ。
（6）大庭脩「雲夢出土竹書秦律の研究」『関西大学文学論集』第二七巻第一号、一九七七年、四二頁。
（7）鋈足について「釈文」（一九七八年版）では「刖足」の意、一説には足かせを施すこと、としている。
（8）池田温『中国古代籍帳研究――概観・録文――』東京大学出版会、一九七九年、二〇頁。

（9）拙稿「睡虎地一一号秦墓竹簡「編年記」よりみた墓主「喜」について」『東洋学報』第六一巻第三・四号、一九八〇年（本書第一章）。

（10）佐竹氏は前掲注（4）論文で、「盗主」を盗人の主人と解釈しておられる（一二～一三頁）。佐竹・太田両氏はこれを父子同居の事例とされているが、同居・不同居の場合を問うているのであるから、必ずしもそうとはいえないと思う。

（11）古賀登「阡陌制下の家族・什伍・閭里」『漢長安城と阡陌・県郷亭里制度』雄山閣、一九八〇年、二九七頁。以降同書よりの引用は本文に頁数で示す。

（12）好並隆司「商鞅『分異の法』と秦朝権力」『歴史学研究』第四九四号、一九八一年、五七頁。以降同論文よりの引用は本文に頁数で示す。

（13）浜口重国「部曲と家人の語」『唐王朝の賤人制度』東洋史研究会、一九六六年、三八一頁。

（14）家罪における父について少し付言しておきたい。家罪の成立要件に「父子同居」があるが、「家罪」の条文の文脈の中で読む限り「勿聴」「勿治」は、「父死して」につながり、この問答の力点は父死して以後の家罪の取扱いにあり、父在世中の家罪は勿論だが、死後も「勿聴」であることを確認することがこの問答の趣旨ではないか。家罪の告は父しかできないのであるから、父の死とともに父在世中の「家罪」も消滅してしまうと考えられていたのではないか。

第一〇章　睡虎地秦簡における「非公室告」・「家罪」

はじめに

睡虎地秦簡「法律答問」の「非公室告」・「家罪」については、その興味ある内容が関心を引き、多くの解釈がなされてきた。[1] しかし史料の制約もあって解釈が多岐にわたり、これからも大方の一致をみることは至難な事とも思うが、最近、堀敏一氏はそれらについて説得力ある見解を提示されている。[2] 前に「家罪」を「『非公室告』の一部と考えている」と予測したままになっていることもあり、[3] それらを踏まえて、私見の一端をここに述べようと思う。

一、「非公室告」・「家罪」

まず秦簡の「非公室告」・「家罪」の簡文を示し、その意味するところを考えてみたい。[4]

〈非公室告〉

(1)「公室告」【何】殴(也)?「非公室告」可(何)殴(也)?賊殺傷・盗它人為「公室」。子盗父母、父母擅殺・刑・髡子及奴妾、不為「公室告」。

(一九五頁/睡虎地秦簡「法律答問」一〇三簡)

「公室告」とは何ぞや?「非公室告」とは何ぞや?賊、它人を殺傷・盗すを「公室(告)」と為す。子、父母より盗む、父母、子及び奴妾を擅に殺・刑・髡を、「公室告」と為さず。「『公室（国家）』に訴えることのできる（犯罪とは）何か」。「それは賊が它人を殺・傷・盗す事であり」、いわゆる一般犯罪が対象になる。では「『公室』に訴えることのできない（犯罪）とは何か」、それは「子の父母よりの盗みと、父母の子及び奴妾に対する擅な殺・刑・髡」である。

(2)

「子告父母、臣妾告主、非公室告、勿聴。」●可（何）謂「非公室告」？●主擅殺・刑・髡其子・臣妾、是謂「非公室告」、勿聴。而行告、告者罪。告【者】罪已行、它人有（又）襲其告之、亦不当聴。

（一九六頁／睡虎地秦簡「法律答問」一〇四～一〇五簡）

「子、父母を告す、臣妾主を告すは非公室告にして、聴く勿し」。何を「非公室告」と謂うや。主、擅に其子・臣妾を殺・刑・髡す、是を「非公室告」と謂う、聴く勿し。而るに告行なえば、告者罪す。告者の罪已に行なわれて、它人又其れを襲いで之を告すも、亦た当に聴くべからず。

「子が父母を、臣妾が主人を訴える事は、『非公室告』であるため許されない」という律があるが、「非公室告」とは何か？「それは主人・〔父〕の、其子・臣妾に対する擅な殺・刑・髡であり、告訴は許されない。それでも告を行なえば、告者は罪される。（以下略、後述）

以上「非公室告」の内容を総括すると、子の父に対する「盗」と、〔子・奴婢〕の、〔父・主人〕に対する告発は禁じられ、告発すれば罰せられた。

〈家罪〉

(1)

「家人之論、父時家罪殹（也）、父死而誧（甫）告之、勿聴。」可（何）謂「家罪」？「家罪」者、父殺傷人及奴妾、父死而告之、勿治。

（一九七頁／睡虎地秦簡「法律答問」一〇六簡）

「家人の父の時の家罪を論ずるや、父死して甫めてこれを告すも、聴く勿し。」何を「家罪」と謂うや。「家罪」とは、父、人（＝子）及び奴妾を殺傷する（をいい）、父死して之を告すも、治す勿し。

「家人が父の時の家罪を論ぜられる場合、父死後の告訴は受理されない」という律があるが、「（父の死後このような扱いを受ける）『家罪』とは何か」。「『家罪』とは、父が、人及び奴妾を殺傷することであり、父の死後これを告発しても、受理されない」。

「家罪」についての問いかけに対する解答文の部分は、「父殺傷」と「父死而告之、勿治」に分かれ、前半は「家罪」の内容、後半は父死後の「家罪」の扱いを示したものと考える。ではこの答えの中の「人及奴妾」をどう理解するか。字義通りに読めば、

A「他人と他人の奴妾」と読むべきかも知れない。しかし筆者はそれを、

B「子および父ないし子の所有する奴妾」と理解したい。

なぜか。もしAのように理解すれば、それは「父の他人に対する殺傷」であるから、父在世中は所謂一般犯罪に属し、前述の「公室告」にあたる。「法律答問」に、

甲殺人、不覚、今甲病死已葬、人乃後告甲、甲殺人審。問甲当論及収、不当？告不聴。

（一八〇頁／睡虎地秦簡「法律答問」六八簡）

甲が殺人を犯し、発覚しないうちに病死し、すでに埋葬された。その後ある人が甲を告発した、甲の殺人は事実であった。問う、甲の罪は論ぜらるべきか、また家族は「収」せらるべきか。告は受理されない。

とあり、犯罪者の死後の告発は受理されず、また家族の連坐もないことを明確にしている。この例は、犯罪における一般原則を示しているとみてよかろう。とすれば、Aのように理解すると「公室告」にあたり、死後の告発は断るま

でもなく無効であるからここでわざわざそれをうたう必要はない。Ｂの解釈をとれば、「父の子及び奴妾に対する殺傷」であるから、父在世中は「非公室告」で、子は父を訴えることができない。そこで、父死後の扱いについての規定を必要としたのではないか。

(2) 可（何）謂「家罪」？父子同居、殺傷父臣妾・畜産及盗之、父已死、或告、勿聴、是胃（謂）「家罪」。

（一九七～一九八頁／睡虎地秦簡「法律答問」一〇八簡）

何をか「家罪」と謂うや？父子同居し、〔子〕、父の臣妾・畜産を殺・傷する及び之を盗み、父死して、或るひと告すも、聴く勿し、是を「家罪」と謂う。

「家罪」とは、父子同居のもとでの、子の、父の臣妾・畜産に対する殺・傷・盗であり、父の死後に告発する人がいても受理されない。これが「家罪」である。

(1)が父の子に対する例なら、(2)は父子同居のもとにおける子の父の臣妾・畜産（財産）に対する侵害行為である。

以上、「家罪」(1)・(2)の問答から「家罪」を定義すれば、「父在世中の、父の子及び奴妾に対する殺傷」と「父子同居のもとにおける子の、父の所有する臣妾・畜産に対する殺・傷・盗」となろう。従って、最初に掲げた「家罪」に関する律文中の「父の時の家罪」とは、父子両者のこのような「犯罪」行為を指しているとみてよかろう。そして「家罪」(1)の「父死而告之、勿治」、(2)の「父已死、或告、勿聴」ともに父死後の告の無効をうたっている。告発は禁じられてはいるものの、文脈の上でいえば、ここでそれぞれ告発する側、される側、として想定されているのは、(1)では、告発する側は「子ないし奴妾」、される側は父と利益を共有した者、(2)では、告発する側は父と利益を共有した者、される側は、父の財産を犯した「子」であろう。そして断るまでもない死後の告発の無効をうたっているのは、「家罪」が「公室告」ではなく「非公室告」、即ち父在世中は告が禁じられていたのに、そのキーポイントの父が在世しなくなったからであろう。こう理解するについて傍証となる例がある。前掲「家罪」二例を記す「法律答問」一〇六簡と一〇八簡の間の一〇七簡に次のような簡文がある。

葆子以上、未獄而死若已葬、而誧（甫）告之、亦不当聴治、勿収、皆如家罪。

（一九七頁／睡虎地秦簡「法律答問」一〇七簡）

葆子以上、未だ獄せずして死、若しくは已に葬りて（後）、甫めて之を告すも、亦当に聴治すべからざること、収なきこと、皆家罪の如し。

「葆子」以上の犯罪は、裁判が終わらないうちに当事者が死亡ないし埋葬された後の告訴は受理せず、家族の収もないこと、家罪と同様である。

「葆子以上の犯罪」＝「家罪」ではないのに、「葆子以上」の犯罪が審理未了の内に死亡した場合、その扱いは家罪のように扱えといっている。これは先に「家罪」(1)・(2)の後半の文を、「家罪」の父死後の扱いについて述べている部分としたのと符合し、同時に、前掲「家罪」(1)・(2)の問答文の間にこのような例が挿入されているのは、死後「家罪」と同様の扱いを受ける一例として示したのではないか。犯罪が死後追及されないのが一般原則としたら、この「葆子以上」の場合も、なぜこのただし書きがつくのか。

『漢書』巻一一哀帝紀所載「除任子令」の注に引く『漢儀注』に「吏二千石以上、事を視ること三年に満つれば、同産若しくは子一人を任じて郎と為すを得、徳を以て選せず」とあり、これに師古は「任者、保也」と注しており、「葆子」とは「任子」のことであるという。(5)とすれば、「葆子」とは特権によって「郎」となることのできる者のことであり、事実秦簡には「葆子」ないし「葆子以上」として一般と異なる優遇措置を規定している箇所が散見する。(6)「葆子以上」の「以上」が何を指すかは措いて、いずれにしても生前特権に与っていた「葆子以上」が犯罪を犯したとき、一般とは異なる扱いを受けていたことを示すものであろう。

以上「家罪」の定義について考えてきた。ここで想起されるのは「非公室告」の規定が、「家罪」の規定と類似していることである。理解の助けとするため両者のその部分を次に掲げる。

〈非公室告〉

(1) 子盗父母（B—2）、父母擅殺・刑・髡子及奴妾（A）

(2) （父）主擅殺・刑・髡其子・臣妾（A）。

〈家罪〉

(1) 父殺傷人（＝子）及（A）奴妾。

(2) 父子同居、（子）殺傷父臣妾・畜産（B—1）及盗之（B—2）。

前に述べたように「家罪」(1)のAの「人」を「子」と読み替えることが許されるなら、「非公室告」のAと意味内容は全く同じである。「家罪」(1)のAの主語が「父」と表記されているが、これが父のみでなく母、主人をも含むと考えていいことは、文脈上からいっても、また「非公室告」(1)の「父母」、(2)の「主」の表記が、それを以てそれぞれ父・母・主人の三者を意味していることからみて明らかである。そして「家罪」(2)と「非公室告」(1)のB—2は同内容である。残るは「家罪」(2)のB—1の「（子）殺傷父臣妾・畜産」であるが、これも「非公室告」(1)のB—2「子盗父母」の「盗」に「殺傷」を含むと解釈して、同内容を意味すると考えられないだろうか。そして「家罪」(2)の「父子同居」は、「家罪」固有の条件と考える。

以上、「家罪」と「非公室告」を比較してみると、この両者は刑法上の二つの異なる範疇なのか疑問が出てくる。結論を先にいえば「家罪」は「非公室告」の一部なのではないか。これについてはまたのちに触れる。更にこの両者に共通するのは、ともに告訴は受理しない（勿聴）としている点である。違うのは「家罪」は告訴の無効に「父死後」の条件がついていること、次にこの点について考えたい。

二、「勿聴」について

これまで「勿聴」を理解するにあたって大抵の論者は、「非公室告」に付される「勿聴」と「家罪」に付される「勿聴」とを区別せず、これを被害者は勿論、第三者の告訴をも禁じている規定と解釈し、それは同時に家父長権の強さを意味していると理解した。だがそう理解するには矛盾する簡文が随所に目につき、こうした見解については前拙稿（本書第九章）で、父に無制限の権力が与えられていたわけではないと批判した。だが自身最後に、父以外の第三者をも含めた者の告訴の禁止（原載二三八頁、本書二三〇頁）と、結局同じ結論に至る自己矛盾に陥り、堀敏一氏から「第三者の告が許されなくては、父や主人の擅殺は防げないのではなかろうか」と当然の批判を受けた（一一六頁）。この批判は当を得たもので、ここでもう一度考え直してみたい。

この議論の大前提となる前掲「子告父母、臣妾告主、非公室告、勿聴」の律を素直に読めば、「子が父母を、奴婢が主人を、訴えることは『非公室告』なので、受理されない」、すなわち「子・奴婢」の告訴は許されない、意味は甚だ明瞭なのである。ところがこの律文中の「非公室告」の意味を問う問答が次に展開されて、逆に先に述べたような拙論も含めた諸氏の理解の混乱を招いたように思う。というのは「非公室告」の具体的事例「主、擅に其の子・臣妾を殺・刑・髡す」が示され、この場合告訴は受理されず（勿聴）、それでも告訴すれば次のようになると述べていた。

而行告、告者罪。告【者】罪已行、它人有（又）襲其告之、亦不当聴。

告を行えば、告者は罪せられ、告者が罪に服して後、また他人がこの告を引き継いで告しても、受理すべきではない。

この部分を多くの論者は、被害者は勿論、第三者すべての告訴も禁じていると読み、「家罪」の勿聴も同じ意味に解釈した。家父権を重くみる見方に批判を加えながら、筆者もこの部分にひきずられてしまったことは先に述べた。この「告者」が〔子・奴婢〕を指しているのは文脈上明らかであり、この問答の前提となる律文には〔子・奴婢〕の告は禁じられているのであるから、告を行なえば罪せられるのは、当然である。堀氏は「新稿」で前掲律文中の「勿聴」すなわち告訴を認められなかったのは子・奴婢であって「第三者・他人がこれを告発することは当然認められていたと考えなければならない」といわれ、更に「它人又襲其告之」の「襲」は、子・奴婢の告を引き継ぐ意味で、従ってこの告も受理されないのだとされた（三三～三四頁）。至極当然な解釈である。

では「家罪」の「勿聴」になぜ「死後」の条件がつくのか。「家罪」とは、父生前の「父の子・奴婢に対する殺・傷」と、「子の父よりの盗」であるから「非公室告」であり、告の対象とはならない。父の死は「家罪成立要件の喪失」＝「非公室告の成立要件の喪失」、すなわち「告訴禁止」の条件がなくなったことを意味する。

もう一つ「家罪」成立要件に「父子同居」があげられる。この場合の子とは成人の子であろう。とすれば両者の側にそれぞれ係累がいよう。父が亡くなって両者は直接向き合うことになる。ということは「家罪」(1)に即せば、子の側は父死して後、父に奪われたものを父の側にみたであろう。「家罪」(2)に即せば、かつての父の側からみて加害者である「子」はこの世に存在している。「家罪」(2)の子が告発されることを想定しての禁止条項「父已死、或告、勿聴」の「或ひと」とは、被害者父がこの世にいない以上、当然父の係累を含む第三者を指している。以上のことから

「家罪」の「勿聴」は、父在世中「非公室告」であった事件の、残された者の間での告訴を予測した、告発禁止規定であろう。従って「家罪」の「勿聴」は第三者の告発をも禁じているといえよう。

三、「非公室告」・「家罪」における父

では父生前における「家罪」はどのようなものであったのか。次にあげる「封診式」の四例は、「家罪」と父との関係の具体相を示していて参考になると思われる。

〈告子〉

告子　爰書：某里士五（伍）甲告曰「甲親子同里士五（伍）丙不孝、謁殺、敢告。」

（二六三頁／睡虎地秦簡「封診式」五〇簡）

〈遷子〉

䙴（遷）子　爰書：某里士五（伍）甲告曰「謁鋈親子同里士五（伍）丙足、䙴（遷）蜀辺県、令終身毋得去䙴（遷）所、敢告。」

（二六一頁／睡虎地秦簡「封診式」四六～四七簡）

と、不孝を理由に実子の死刑を乞い、と、息子に足かせをつけて（一説に刖足）、終生蜀の辺境に流すよう求め、

〈告臣〉

告臣　爰書：某里士五（伍）甲縛詣男子丙、告曰「丙、甲臣、橋（驕）悍、不田作、不聴甲令。謁買（売）公、斬以為城旦、受賈（価）銭。」

（二五九頁／睡虎地秦簡「封診式」三七～三八簡）

と、「臣が驕慢で働かず、命令も聴かないので、官に売り、城旦の刑にして欲しい、ついては売価を戴きたい」と申し出、

〈黥妾〉

黥妾　爰書：某里公士甲縛詣大女子丙、告曰「某里五大夫乙家吏。丙、乙妾殹（也）。乙使甲曰、丙悍、謁黥劓丙。」

（二六〇頁／睡虎地秦簡「封診式」四二～四三簡）

と、悍の故に、妾を「黥劓」にして欲しいと訴え出ている。

以上の四例は〔父・主人〕と〔子・奴婢〕間の事案であるから、〔子・奴婢〕の側からいえば「非公室告」である。〔父・主人〕の側からいえば、御上に訴え出ていることから家内の「事案」が、家父の専権で処理できなかったことを示している。ただ秦律には犯罪と量刑の関係が細部にわたって規定されている例を多くみるのに、父が刑の指定をしているのはどういうことか。「非公室告」の規定にみえる「擅殺・擅刑・擅髡」は、父が擅にこれらのことができたということではなく、刑としての「殺・刑・髡」すなわち量刑の指定ができたということであろう。また〔父・主人〕が官に届け出ている右の事実は、告も不告も一応、父・主人の「裁量」に属していたのではないか。黙認すれば（告訴しなければ）〔子・奴婢〕は罪に問われなかった。

「法律答問」に、奴婢の主人に対する盗について、次のような問答がある。

●人奴妾盗其主之父母、為盗主、且不為？同居者為盗主、不同居不為盗主。

（一五九頁／睡虎地秦簡「法律答問」二〇～二一簡）

人の奴妾、その主の父母より盗むは「盗主」と為すか、且た為さざるか。同居ならば「盗主」と為し、不同居ならば「盗主」と為さず。

この問答は、奴妾が主人の同居の父母から盗んだ場合、「盗主（主人から盗んだ）」となるのかが問われ、同居の父母からの盗は「盗主」になり、不同居ならば「盗主」にならないと答えている。この問答は、奴婢の、主人の両親からの盗が、いわゆる一般の犯罪に属すのか、それとも「家罪」に属するのかの問題でもあったのではないか。

更に、死後の告発の禁止は、在世中父が告発しなかった事件は、父の死とともに消滅すると考えられたからではないか。しかし告・不告が父の裁量に属したといっても無制限な権利ではなかったことは、次の第三者告訴の一例が示している。

免老告人以為不孝、謁殺。当三環之不?不当環、亟執勿失。（一九五頁／睡虎地秦簡「法律答問」一〇二簡）

免老、人を告して以て不孝と為し、殺を謁う。当に之を三環（許）すべきか、しからざるか。当に環（許）すべからず、すみやかに執えて、失する勿れ。

これは国家の服役義務を免ぜられた「免老」が、村内の一人物を「不孝」を理由に死刑に処すよう訴え出ている例で、告発者が親でないことを除くと「封診式」の〈告子〉〈遷子〉に似ている。これは家父権を越えて、人の子を告発している例である。[7] 筆者は前拙稿（本書第九章）で「親が実子を極刑に処すよう願い出ている事例で、通常、強制（法・制度）でもない限り、このようなことはあり得まい」（原載二八八頁、本書二三〇頁）と述べた。「三たび環してのち」刑を執行する制度が、古い起源をもつことはよく知られていることである。[8] こうした古い習俗の体現者ともいえる「免老」に代表される共同体の、親に働きかける強制力の一面を、この免老告発は示してはいないか。とすれば「非公室告」が第三者の告を免れ得ないこととともに、父の告・不告の裁量権も制約のあるものといえよう。しかし、その制約も父在世中に限られていたからこそ、父死後の「勿聴」が生きてくる。起源の古い習俗が「法」として国家法の中に残り、かつそれがまた法の中で否定されているのは、その終末を暗示していて興味深い。これに関連していえば、「封診式」で〔父・主〕が〔子・奴婢〕を告発するにあたって、刑の指定をしているのは、前代の習俗が種々のチェック機能を伴いながらも、こうした形で国家の法の中に生き残っていたといえないか。

最後に、「非公室告」・「家罪」における母（妻）について少し触れたい。「非公室告」の規定は、子にとって母は父と並ぶ存在として位置付けられている。では夫と妻の関係ではどうか。次の例は法律上の「夫妻」関係をみる上で参考になる。

妻悍、夫殴治之、夬（決）其耳、若折支（肢）指、胅體（体）、問夫可（何）論？当耐。

（一八五頁／睡虎地秦簡「法律答問」七九簡）

妻、悍、夫之を殴治し、其の耳を決し、若しくは肢指を折り、体を胅せしむ。問う、夫、何を以て論ずるか。当に耐刑にすべし。

「夫が妻を殴って耳を切ったり、四肢、指を骨折させたり」した場合の罪を問い、夫は「耐」刑にあたるという。興味あるのは、夫の暴力の原因が「妻の悍」にあるとしていることで、この「悍」は前述〈告臣〉〈黥妾〉で主人が自己の奴妾の処罰を願い出た理由になっているのである。奴婢の場合、重罪に値する処罰理由とされるのに、妻の場合、それが理由で暴力に及んだ夫が、刑の対象となっていることは、法律的に対等に近い地位にあったことを推測させる。先の「母」の問題に立ち返って、こうした観点からも、家罪における家内での父子関係には、母も父と同じ位置に立っていたことを推測させる。ただし「家罪」の扱いに関わる「父死後勿聴」の「父」に母は含まれなかったであろう。

おわりに

この出土文書は、この世にあっては地方の法官吏であった被葬者「喜」の経歴にふさわしい内容を具え、また他の副葬品が頭箱に納められていたのに、被葬者とともに棺に納められていたことなどからみて、「喜」個人の身近な所蔵物であったと考えられる。そして基本的には彼の意志にもとづく系統的収集が為されたであろうことも、本稿のテーマ「非公室告」（「法律答問」一〇三簡）から「家罪」（「法律答問」一〇八簡）へとつながる竹簡番号の順序がそれを示しているように思う。この順序に「喜」の意志が働いていると考えると、「非公室告」と「家罪」の関係を解く鍵を与えてくれているように思う。

犯罪は訴訟形態において「公室告」と「非公室告」の二つの分野に分かれ、後者の「非公室告」に属す「犯罪」の一部に「家罪」がある。「公室の告に非ざる犯罪」がどの程度の拡がりをもつのか、秦簡の範囲ではわからない。ただこの文書の所有者であり、法律関係の官吏であった「喜」が、「家罪」の理解に必要な為に、「家罪」に先んじて、「非公室告」の「家罪」と関連する部分を抜粋した、それが秦簡に残された。秦簡における「非公室告」と「家罪」の内容が非常に似ているのは、その為ではないか。この文書はその限りにおいての整合性は充分あると考えられるように思う。

注

（1）古賀登「阡陌制下の家族・什伍・閭里」『漢長安城と阡陌・県郷亭里制度』雄山閣、一九八〇年。佐竹靖彦「秦国の家族

と商鞅の分異令」『史林』第六三巻第一号、一九八〇年。太田幸男「商鞅変法の再検討・補正」『歴史学研究』第四八三号、一九八〇年。同「睡虎地秦墓竹簡にみえる『室』『戸』『同居』をめぐって」〈追補〉『西嶋定生博士還暦記念　東アジア史における国家と農民』山川出版社、一九八四年。好並隆司「商鞅『分異の法』と秦朝権力」『歴史学研究』第四九四号、一九八一年。

（2）堀敏一「雲夢秦簡にみえる奴隷身分」『東洋法史の探究——島田正郎博士頌寿記念論集』汲古書院、一九八七年、一一六頁の注二九。以後当該文からの引用は本文中に頁数で示す、以下同様、以後「旧稿」と略称。「中国古代の家と戸」『明治大学人文科学研究所紀要』第二七冊、一九八九年、四六頁の注一二九、以後「新稿」と略称。最後尾「追記」参照。

（3）拙稿「睡虎地秦簡よりみた秦の家族と国家」『中国古代史研究』第五、雄山閣出版、一九八二年、二八七頁（本書第九章、二三〇頁）。

（4）以後拙稿に引用する簡文釈文は、睡虎地秦墓竹簡整理小組『睡虎地秦墓竹簡』（文物出版社、一九七八年・洋装本）による。以後『秦簡』と略称。秦簡引用にあたり、簡文末尾に付した数字は、上が《雲夢睡虎地秦簡》編写組『雲夢睡虎地秦墓』文物出版社一九八一年、所載竹簡写真に付せられた竹簡番号、下が『秦簡』の頁数である。※編者注：本章では上が『秦簡』の頁数、下が本書依拠テキスト（解題にかえて参照）の簡番号。

（5）『秦簡』八六頁、注一一。

（6）「秦律十八種」（司空）に、贖罪のため官府で労役に服す際、監視を受けない（『秦簡』八四頁）、「法律答問」に、刑の軽減・肉刑の免除等（同一九七、一九八、一九九頁）の「特権」規定がみられる。

（7）注（2）論文「旧稿」で、堀氏は「おそらく共同体内における長老の権力が、国内法においてこういう形で（免老とか告という形で）伝えられているのであろう」（一〇一頁）と述べておられる。

（8）『三国志』巻八「張魯伝」に「犯法者、三原（三たび許す）、然後乃行刑」とあり、これが後漢末の五斗米道教団の中で行われた事を述べているが、これは古い起源をもつ民間習俗であろうといわれている。

（追記）　本稿がほとんど出来上がった段階で堀敏一氏の「中国古代の家と戸」（『明治大学人文科学研究所紀要』第二七冊、一九八九年）に接した。その第四章「家長と尊長の権限――家の統制」は本稿のテーマと重なる部分があったが、全面的に書き直す余裕がなく、一部手直しするにとどめざるを得なかった。本文で触れたが、前拙稿（本書第九章）の「非公室告」についての批判は、すでに氏の「旧稿」でもなされており、本稿はそれを受け入れて書いたが、「新稿」はそれをさらに深められており、その点は重要と考え本文のなかで触れた。ただ本稿の「家罪」についての理解と、氏の「新稿」における「家罪」の解釈とは大きな差があるが、残念ながらそれについて論議する時間・紙幅の余裕がなかったので敢えて触れなかった。ここにお詫びしたい。

あとがき

二〇一五年六月、明治大学で高村武幸氏にお会いすることができた。退職以来久しぶりの訪問であったが、その時に氏から私の過去の論考をまとめて論文集として出版するつもりがあるかどうか打診された。私としては退職後すっかり研究生活から遠のいていたこともあり、またその後の秦漢史研究の進展と、新たな史料の公開も進んだことから、今更改めて論文集として出版することの意義があるかはなはだ心許ない状況であった。そこでその場はいったん持ち帰らせていただいて後日改めてご返事するという次第となった。

二〇〇一（平成一三）年八月、私は脳内出血で緊急入院し、幸い手術で命は取り留めたものの、その後高次脳機能障害の後遺症で、言語や身体の一部に障害が残ることとなってしまった。何とか回復を目指してリハビリに努めたものの、やはり元の研究生活に戻ることは難しく、長年奉職した明治大学文学部を退職することとなった。今年、私は八〇歳となった。一応健康で、身の回りのことは何とかこなしながら、日々、訪問看護やリハビリの介護を受けながら生活している。そんな私にとって、高村氏の申し出は涙が出るほどうれしいものであったが、同時に、今の私の状況では氏をはじめ多くの方々に多大の迷惑をかけることになるのは明白である。そんなことをしてまで論文集を出すことに本当に意味があるのかなかなか決心がつかなかった。しかし結局は高村氏の熱心なお薦めと温かい励ましに支えられる形で論文集の出版に同意させていただいた。

思えば、私がまだ現役で明治大学で教職にあった頃、毎日のように狭い私の研究室で、秦漢史研究を巡って喧々囂々論争をしていた頃が一番楽しかった。学生たちはみな若く、将来のことはともかく、研究に向ける情熱と真剣な姿は誰にも負けないものであった。そんな中で共に同じ時間を過ごせたことは私の大きな喜びであり誇りであった。あの頃の学生は皆大きく成長され、今それぞれの分野で活躍されている。今回、私の論文集の出版はその方々の助力に支えられている。論考の選出から推敲、校正に至るまですべてその方々の手によるものである。以下のその方々のお名前を列挙して、心からの感謝を述べる次第である。

会田大輔氏・青木俊介氏・石黒ひさ子氏・上田岳彦氏・片野竜太郎氏・鈴木直美氏・髙村武幸氏。特に出版元である汲古書院様との交渉・契約等はすべて髙村氏に一任する形でお世話になった。まことに言葉に尽くせないほどの感謝の気持ちでいっぱいである。

ともあれこのような形で私の拙い論考が再び世に出ることとなった。果たして今の時代の批判に応えることができるものであるかどうか全く自信はない。ただ私はもうすでに一度死んだ人間であると思っている。死んだ人間に毀誉褒貶は関係ない。後は野となれ山となれの心境である。

二〇一六年一一月六日

松崎　つね子

編者後記

本書についての詳細は「解題に代えて」で述べた通りであるが、受講生としても、著者の論考をまとめた本が出版されるというのは有り難いことである。このような企画に快く応じて相談に乗って下さった上、出版へお力添えいただいた汲古書院の三井久人社長、編集の柴田聡子氏に御礼申し上げる次第である。なお、編集・校正に関わった編者は、明治大学ならびに公益財団法人東洋文庫で著者と講義や研究会を共にした、以下の関係者である。併せて御礼申し上げたい（所属等は二〇一七年三月現在）。

会田　大輔（京都造形芸術大学・国士舘大学・明治大学講師）
青木　俊介（学習院大学国際研究教育機構ＰＤ共同研究員）
石黒ひさ子（跡見学園女子大学・東京女子大学・明治大学講師）
上田　岳彦（明治大学文学部卒業生）
片野竜太郎（東京外国語大学アジア・アフリカ言語文化研究所共同研究員）
鈴木　直美（東洋大学・明治大学講師）
髙村　武幸（明治大学准教授）

なお本書の中文目次は、青木・石黒両氏によるものである。

編者代表　髙村武幸

汲古叢書

1	秦漢財政収入の研究	山田　勝芳著	本体 16505円
2	宋代税政史研究	島居　一康著	12621円
3	中国近代製糸業史の研究	曾田　三郎著	12621円
4	明清華北定期市の研究	山根　幸夫著	7282円
5	明清史論集	中山　八郎著	12621円
6	明朝専制支配の史的構造	檀上　寛著	13592円
7	唐代両税法研究	船越　泰次著	12621円
8	中国小説史研究－水滸伝を中心として－	中鉢　雅量著	品　切
9	唐宋変革期農業社会史研究	大澤　正昭著	8500円
10	中国古代の家と集落	堀　敏一著	品　切
11	元代江南政治社会史研究	植松　正著	13000円
12	明代建文朝史の研究	川越　泰博著	13000円
13	司馬遷の研究	佐藤　武敏著	12000円
14	唐の北方問題と国際秩序	石見　清裕著	品　切
15	宋代兵制史の研究	小岩井弘光著	10000円
16	魏晋南北朝時代の民族問題	川本　芳昭著	品　切
17	秦漢税役体系の研究	重近　啓樹著	8000円
18	清代農業商業化の研究	田尻　利著	9000円
19	明代異国情報の研究	川越　泰博著	5000円
20	明清江南市鎮社会史研究	川勝　守著	15000円
21	漢魏晋史の研究	多田　狷介著	品　切
22	春秋戦国秦漢時代出土文字資料の研究	江村　治樹著	品　切
23	明王朝中央統治機構の研究	阪倉　篤秀著	7000円
24	漢帝国の成立と劉邦集団	李　開元著	9000円
25	宋元仏教文化史研究	竺沙　雅章著	品　切
26	アヘン貿易論争－イギリスと中国－	新村　容子著	品　切
27	明末の流賊反乱と地域社会	吉尾　寛著	10000円
28	宋代の皇帝権力と士大夫政治	王　瑞来著	12000円
29	明代北辺防衛体制の研究	松本　隆晴著	6500円
30	中国工業合作運動史の研究	菊池　一隆著	15000円
31	漢代都市機構の研究	佐原　康夫著	13000円
32	中国近代江南の地主制研究	夏井　春喜著	20000円
33	中国古代の聚落と地方行政	池田　雄一著	15000円

34	周代国制の研究	松井　嘉徳著	9000円
35	清代財政史研究	山 本　進著	7000円
36	明代郷村の紛争と秩序	中島　楽章著	10000円
37	明清時代華南地域史研究	松田　吉郎著	15000円
38	明清官僚制の研究	和田　正広著	22000円
39	唐末五代変革期の政治と経済	堀　敏 一著	12000円
40	唐史論攷－氏族制と均田制－	池 田　温著	18000円
41	清末日中関係史の研究	菅 野　正著	8000円
42	宋代中国の法制と社会	高橋　芳郎著	8000円
43	中華民国期農村土地行政史の研究	笹川　裕史著	8000円
44	五四運動在日本	小野　信爾著	8000円
45	清代徽州地域社会史研究	熊　遠 報著	8500円
46	明治前期日中学術交流の研究	陳　捷著	品　切
47	明代軍政史研究	奥山　憲夫著	8000円
48	隋唐王言の研究	中村　裕一著	10000円
49	建国大学の研究	山根　幸夫著	品　切
50	魏晋南北朝官僚制研究	窪添　慶文著	14000円
51	「対支文化事業」の研究	阿 部　洋著	22000円
52	華中農村経済と近代化	弁納　才一著	9000円
53	元代知識人と地域社会	森田　憲司著	9000円
54	王権の確立と授受	大原　良通著	品　切
55	北京遷都の研究	新 宮　学著	品　切
56	唐令逸文の研究	中村　裕一著	17000円
57	近代中国の地方自治と明治日本	黄　東 蘭著	11000円
58	徽州商人の研究	臼井佐知子著	10000円
59	清代中日学術交流の研究	王　宝 平著	11000円
60	漢代儒教の史的研究	福井　重雅著	品　切
61	大業雑記の研究	中村　裕一著	14000円
62	中国古代国家と郡県社会	藤田　勝久著	12000円
63	近代中国の農村経済と地主制	小島　淑男著	7000円
64	東アジア世界の形成－中国と周辺国家	堀　敏 一著	7000円
65	蒙地奉上－「満州国」の土地政策－	広川　佐保著	8000円
66	西域出土文物の基礎的研究	張　娜 麗著	10000円

67	宋代官僚社会史研究	衣川　強著	品　切
68	六朝江南地域史研究	中村　圭爾著	15000円
69	中国古代国家形成史論	太田　幸男著	11000円
70	宋代開封の研究	久保田和男著	10000円
71	四川省と近代中国	今井　駿著	17000円
72	近代中国の革命と秘密結社	孫　江著	15000円
73	近代中国と西洋国際社会	鈴木　智夫著	7000円
74	中国古代国家の形成と青銅兵器	下田　誠著	7500円
75	漢代の地方官吏と地域社会	髙村　武幸著	13000円
76	齊地の思想文化の展開と古代中國の形成	谷中　信一著	13500円
77	近代中国の中央と地方	金子　肇著	11000円
78	中国古代の律令と社会	池田　雄一著	15000円
79	中華世界の国家と民衆　上巻	小林　一美著	12000円
80	中華世界の国家と民衆　下巻	小林　一美著	12000円
81	近代満洲の開発と移民	荒武　達朗著	10000円
82	清代中国南部の社会変容と太平天国	菊池　秀明著	9000円
83	宋代中國科擧社會の研究	近藤　一成著	12000円
84	漢代国家統治の構造と展開	小嶋　茂稔著	10000円
85	中国古代国家と社会システム	藤田　勝久著	13000円
86	清朝支配と貨幣政策	上田　裕之著	11000円
87	清初対モンゴル政策史の研究	楠木　賢道著	8000円
88	秦漢律令研究	廣瀨　薫雄著	11000円
89	宋元郷村社会史論	伊藤　正彦著	10000円
90	清末のキリスト教と国際関係	佐藤　公彦著	12000円
91	中國古代の財政と國家	渡辺信一郎著	14000円
92	中国古代貨幣経済史研究	柿沼　陽平著	13000円
93	戦争と華僑	菊池　一隆著	12000円
94	宋代の水利政策と地域社会	小野　泰著	9000円
95	清代経済政策史の研究	黨　武彦著	11000円
96	春秋戦国時代青銅貨幣の生成と展開	江村　治樹著	15000円
97	孫文・辛亥革命と日本人	久保田文次著	20000円
98	明清食糧騒擾研究	堀地　明著	11000円
99	明清中国の経済構造	足立　啓二著	13000円

100	隋唐長安城の都市社会誌	妹尾　達彦著	未　刊
101	宋代政治構造研究	平田　茂樹著	13000円
102	青春群像－辛亥革命から五四運動へ－	小野　信爾著	13000円
103	近代中国の宗教・結社と権力	孫　　江著	12000円
104	唐令の基礎的研究	中村　裕一著	15000円
105	清朝前期のチベット仏教政策	池尻　陽子著	8000円
106	金田から南京へ－太平天国初期史研究－	菊池　秀明著	10000円
107	六朝政治社會史研究	中村　圭爾著	12000円
108	秦帝國の形成と地域	鶴間　和幸著	13000円
109	唐宋変革期の国家と社会	栗原　益男著	12000円
110	西魏・北周政権史の研究	前島　佳孝著	12000円
111	中華民国期江南地主制研究	夏井　春喜著	16000円
112	「満洲国」博物館事業の研究	大出　尚子著	8000円
113	明代遼東と朝鮮	荷見　守義著	12000円
114	宋代中国の統治と文書	小林　隆道著	14000円
115	第一次世界大戦期の中国民族運動	笠原十九司著	18000円
116	明清史散論	安野　省三著	11000円
117	大唐六典の唐令研究	中村　裕一著	11000円
118	秦漢律と文帝の刑法改革の研究	若江　賢三著	12000円
119	南朝貴族制研究	川合　　安著	10000円
120	秦漢官文書の基礎的研究	鷹取　祐司著	16000円
121	春秋時代の軍事と外交	小林　伸二著	13000円
122	唐代勲官制度の研究	速水　　大著	12000円
123	周代史の研究	豊田　　久著	12000円
124	東アジア古代における諸民族と国家	川本　芳昭著	12000円
125	史記秦漢史の研究	藤田　勝久著	14000円
126	東晉南朝における傳統の創造	戸川　貴行著	6000円
127	中国古代の水利と地域開発	大川　裕子著	9000円
128	秦漢簡牘史料研究	髙村　武幸著	10000円
129	南宋地方官の主張	大澤　正昭著	7500円
130	近代中国における知識人・メディア・ナショナリズム	楊　　韜著	9000円
131	清代文書資料の研究	加藤　直人著	12000円
132	中国古代環境史の研究	村松　弘一著	12000円

133	中国古代国家と情報伝達	藤田　勝久著	15000円
134	中国の教育救国	小林　善文著	10000円
135	漢魏晋南北朝時代の都城と陵墓の研究	村元　健一著	14000円
136	永楽政権成立史の研究	川越　泰博著	7500円
137	北伐と西征―太平天国前期史研究―	菊池　秀明著	12000円
138	宋代南海貿易史の研究	土肥　祐子著	18000円
139	渤海と藩鎮―遼代地方統治の研究―	高井康典行著	13000円
140	東部ユーラシアのソグド人	福島　　恵著	10000円
141	清代台湾移住民社会の研究	林　　淑美著	近　刊
142	明清都市商業史の研究	新宮　　学著	11000円
143	睡虎地秦簡と墓葬からみた楚・秦・漢	松崎つね子著	8000円

（表示価格は2017年４月現在の本体価格）

著者略歴

松崎　つね子（まつざき　つねこ）

1936（昭和11）年10月8日、現東京都墨田区生まれ。

1969年明治大学文学部専任助手、1973年専任講師、以後一貫して助教授・教授として明治大学文学部史学地理学科東洋史学専攻にて教鞭をとる。2003年、退職。

主要論著

『睡虎地秦簡』明徳出版社、2000年
「黄巾の乱の政治的側面――主として宦官との関係からみて――」『東洋史研究』第32巻第4号、1974年
「通過対湖北省内秦墓的探討試論――秦的統一和戦国伝統文化的融合」『中国史研究』1989年第1期

汲古叢書143

睡虎地秦簡と墓葬からみた楚・秦・漢

平成二十九年四月十七日　発行

著者　松崎つね子
発行者　三井久人
整版
印刷　株式会社理想社

発行所　汲古書院
〒102-0072　東京都千代田区飯田橋二―五―四
電話〇三（三二六五）九七六四
FAX〇三（三二二二）一八四五

ISBN978-4-7629-6042-0　C3322

KYUKO-SHOIN, CO., LTD. TOKYO

Chu, Qin, and Han Seen from the Shuihudi Qin Bamboo Slips and Burials

Matsuzaki Tsuneko

从睡虎地秦简与墓葬来看的楚、秦、汉

語句索引

※本文・注に用いられた語句を対象とし、引用史料名・参考文献名内に出てくる語句は対象外とした。

※類似の語句も一つの語句に代表させてある（例:雨台山楚墓と雨台山墓地など)。また、墓葬番号は省略してある（例：鳳凰山10号漢墓→鳳凰山漢墓）が、特に行論との関わりが深いと思われる墓葬については番号まで付して項目を立てたものもある。

た行